MARBURGER THEOLOGISCHE STUDIEN

101

begründet von

Hans Graß und Werner Georg Kümmel

herausgegeben von

Friedhelm Hartenstein und Michael Moxter

MARBURGER JAHRBUCH

THEOLOGIE

XIX

PERSONALITÄT GOTTES

herausgegeben von

Wilfried Härle und Reiner Preul

EVANGELISCHE VERLAGSANSTALT

Leipzig 2007

Bibliografische Information Der Deutschen Bibliothek
Die Deutsche Bibliothek verzeichnet diese Publikation in der
Deutschen Nationalbibliografie; detaillierte bibliografische Daten
sind im Internet   über http://dnb.ddb.de abrufbar.

ISBN: 978-3-374-02564-0

INHALTSVERZEICHNIS

VORWORT

Zwanzig Jahre lang (von 1987 bis 2006) erschienen die Bände I-XVIII des ‚Marburger Jahrbuch Theologie' (MJTh) in derselben schlichten, vertrauten Aufmachung wie die ganze Reihe ‚Marburger Theologische Studien' (MThSt). Dass sich das nun geändert hat, wird an diesem Band XIX MJTh unübersehbar. Dabei signalisiert der Wechsel im Cover zwei weitere Veränderungen: Die Herausgeberschaft der MThSt und damit des Verlagsvereins des Theologischen Arbeitskreises Pfullingen (TAP) e. V. ist ab Band 100 von Wilfried Härle und Dieter Lührmann auf Friedhelm Hartenstein und Michael Moxter übergegangen. Zugleich damit fand ein Wechsel hinsichtlich des verlegerischen Kooperationspartners statt: vom N. G. Elwert Verlag Marburg zur Evangelischen Verlagsanstalt Leipzig. Das führt jedoch nicht dazu, dass die Reihen-Titel von ‚Marburger' auf ‚Leipziger' umgestellt würden.

Schon einmal, nämlich bei seiner organisatorischen Etablierung als eingetragener Verein hat sich der Theologische Arbeitskreis Pfullingen mit großer Mehrheit entschlossen, aus Treue zu den Anfängen an dem Namen ‚Pfullingen' festzuhalten, obwohl inzwischen keine institutionellen Beziehungen zu diesem Ort mehr bestanden und der Name ‚Pfullingen' durch seine Verbindung mit der Person von Ernst Fuchs möglicherweise geeignet war, irreführende Assoziationen zu wecken. Getreu diesem Vorbild haben sich die alten und neuen Herausgeber der MThSt einmütig entschieden, trotz des Verlagswechsels von Marburg nach Leipzig an den bisherigen Namen für die Reihen festzuhalten, die ebenfalls an die Anfänge erinnern, obwohl auch sie geeignet sein könnten, irreführende Assoziationen zu wecken. Ebensowenig ist es bislang zu einem Wechsel in der Herausgeberschaft des MJTh gekommen. Diese Verantwortung verbleibt also vorerst bei den Unterzeichnern dieses Vorwortes.

Die Wahl des Themas für diesen Band und damit für das 20. Graduiertenkolleg des TAP e. V. bedarf keiner ausführlichen Begründung. Dass es sich dabei um ein gleichermaßen theoretisch-theologisch anspruchsvolles wie praktisch-theologisch relevantes Thema handelt, ist evident. Seine theoretischen Herausforderungen resultieren sowohl daraus, dass beide Themabegriffe, ‚Person(alität)' und ‚Gott', sich nicht von selbst verstehen, sondern klärungsbedürftig sind, und dass Vieles für die Vermutung spricht, dass der Person-Begriff, wenn er auf ‚Gott' angewandt wird, zumindest eine *spezifische* Bedeutung erhält oder sogar zur *Metapher* wird. In praktisch-theologischer Hinsicht zentriert sich die Fragestellung regelmäßig und naturgemäß auf die Frage des Gebets, insbesondere des Bitt- und Fürbittengebets: Kann man zu einem soundso verstandenen Gott tatsächlich beten? Wobei auch in dieser Frage zwei bestimmungsbedürftige Größen (‚Gott' und ‚Gebet') zueinander in Beziehung gesetzt werden. Wenn Schleiermacher Recht hat, dass „[f]romm sein und beten … eigentlich eins und dasselbige"[1] ist, dann geht es in dieser Frage sogar um das Ganze des Frommseins, und damit des Glaubens.

Um den für unser Jahrbuch und das zugehörige Graduiertenkolleg charakteristischen Praxisbezug zu unterstreichen, enthält das MJTh seit Band XVI jeweils einen abschließenden Teil mit Buch- bzw. Lektüreempfehlungen, die sich an dem Kriterium wissenschaftlicher Qualität für die pfarramtliche und/oder schulische Praxis ausrichten. Die Resonanz, die dieser Teil gefunden hat, ermutigt uns, auch weiterhin diese Rubrik anzubieten. Insgesamt könnte das MJTh dadurch für Berufspraktiker in Kirche und Schule, die den Kontakt zur Theologischen Wissenschaft nicht verlieren wollen, ein – noch dazu äußerst preiswertes – Mittel sein, sich in jedem Jahr wenigstens *einmal* mehrperspektivisch-theologisch mit einem relevanten Thema intensiver zu befassen und dabei dann auch noch zusätzlich praxisrelevante Leseempfehlungen zu erhalten. Herz, was willst du mehr?

Am Schluss steht – wie immer – der Dank an die Institutionen, durch deren finanziellen Beitrag die Arbeit des TAP e. V. möglich wurde und weiterhin ermöglicht wird. Diese Unterstützung haben wir nie als selbstverständlich, aber immer als lobens- und dankenswert empfunden.

Heidelberg / Kiel, den 19. Juni 2007   Wilfried Härle / Reiner Preul

---

[1] Die Kraft des Gebets, in so fern es auf äußere Begebenheiten gerichtet ist, in: Kleine Schriften und Predigten, hrsg. von H. Gerdes und E. Hirsch, Bd. I, Berlin 1970, S. 167.

Notger Slenczka

EINLEITUNG

„Kommt darauf an" – das ist wohl die einzige Antwort, die auf die Frage danach, ob Gott ‚Person' ist, sinnvoll möglich ist. „Kommt darauf an", nämlich darauf, was man unter Person versteht, dann darauf, was man mit ‚Gott' meint, und nicht zuletzt darauf, welche Relation zwischen den beiden Begriffen man mit der Kopula ‚ist' herstellen will. Und alle drei Fragen bzw. die Antworten auf sie sind engstens verknüpft.

1. ‚Personalität' faßt in einem Begriff die Momente zusammen, die eine Person zur Person machen.

1.1. Alltagsintuitiv wissen wir den Begriff ‚Person' zu gebrauchen, können auf Sachverhalte zeigen, die Personen sind, und solche aufzählen, die es nicht sind. Unsere Alltagsintuitionen reservieren den Begriff der Person für Menschen und wenden ihn durchschnittlicherweise nicht auf Tiere, geschweige denn auf Unbelebtes an. ‚Person' faßt die differentia specifica unserer selbst in einem Begriff zusammen, und es gilt hier dasselbe wie für die meisten Begriffe, mit denen wir uns selbst zur Sprache bringen: Wir wissen vorthematisch mehr von uns, als wir ausdrücklich entfalten können, und dieses Wissen um uns selbst schlägt sich im Bedeutungsgehalt der Begriffe nieder, die uns als Subjekte meinen: Diese Begriffe sind semantisch reichhaltiger als das, was wir auf Befragen explizit über uns sagen könnten, und wenn wir sie analysieren, entnehmen wir ihnen erstaunt das, was wir im Verwenden der Begriffe bereits hineingelegt haben ohne zu wissen, was wir da alles bereits wußten. Zunächst aber kämen wir, wenn wir aufgefordert würden, Begriffe wie den der Person zu definieren, vermutlich ins Schleudern:

„… de persona maxime dubitari potest, quaenam ei definitio possit aptari – Über die Person kann man in höchstem Maße zweifeln, welche Definition zu ihr passen könnte."[1]

---

[1] A. M. S. Boethius, Die Theologischen Traktate, Übers. u. Komm. v. M. Elsässer [PhB 397], Hamburg 1988, dort Tractatus V: Gegen Eutyches und Nestorius, 64-115, hier II, 72,1f. (die Zeilenzählungen richten sich nach den Kapiteln, ich stelle die Zeilenangaben neben die Sei-

1.2. Diese Feststellung stammt von dem Theologen und Philosophen Anicius Manlius Severinus Boethius (gest. 524), der in demselben Text die berühmteste und wirkungsreichste Definition von „Person" bietet und in der Tat von der spezifischen Differenz des Menschen zum Tier ausgeht: „persona est rationabilis naturae individua substantia – die Person ist die unteilbare Selbständigkeit einer vernunftbegabten Wesenheit"[2]. Diesen Begriff der Person erarbeitet er im fünften seiner Theologischen Traktate, und zwar methodisch durch eine Analyse der Art und Weise, wie wir – obwohl wir den Begriff nicht definieren können – ihn faktisch verwenden; es geht um die Erhebung des sprachlich sedimentierten, in allen Prädikationen mitgeführten vorprädikativen Wissens darum, was eine Person ist. In diesem Sinne wäre die Grundlage der Verwendung des Begriffes ‚Person' in der Tat zunächst die Anthropologie – genauer: die Selbsterschlossenheit des Menschen; und auf dieser Basis würde der Begriff analog auf Gott, bzw. im Anwendungsfall: auf Christus, angewendet.

Den Kontext des Traktats des Boethius bildet die Christologie, näher die Auseinandersetzung mit den Häresien, die durch die christologische Definition des Konzils von Chalcedon ausgeschlossen wurden: Der Monophysitismus des Kyrillschülers Eutyches, und der von den Vätern des Konzils der Trennung der Personeinheit verdächtigte Nestorius. Die Absicht des Boethius ist es, durch die präzise Klärung des Sinnes der Begriffe ‚Natur' und ‚Person' diesen Häresien die Grundlage zu entziehen. Zwei wesentliche Komponenten hat die zitierte Definition, nämlich die (rationalis) natura und die (individua) substantia bzw. subsistentia – und über eine Bestimmung beider Begriffe verläuft der Gedankengang des Boethius:

1.3. Der Ausgangspunkt ist der Begriff der natura bzw. der Substanz.

1.3.1. Boethius nimmt eine Dihärese des Begriffes ‚Natur' bzw. ‚Substanz' vor und stellt fest, daß der Begriff der Person sich nur auf Lebewesen beziehe, die vernünftig sind:

> „… aus alledem ist klar, daß man weder sagen kann, daß unter nicht belebten Körpern etwas ‚Person' genannt werden kann … noch wiederum [haben] die Lebewesen, die keine Sinne haben, Person …, noch dasjenige, was keinen Verstand und Vernunft hat (es gibt nämlich keine Person des Pferdes oder des Rindviehs oder der übrigen Tiere, die stumm und ohne Vernunft ihr Leben allein mit den Sinnen führen"

tenangabe nach der gen. Ausgabe. Ich habe allerdings jeweils eine eigene Übersetzung angefertigt.)

[2] A.a.O. cap. III (74,4f.). Dazu: C. Schlapkohl, Persona est naturae rationabilis individua substantia, MThSt 56, Marburg 1999.

– und dann bleiben nur wenige Anwärter auf den Personbegriff übrig:

„aber wir sagen, daß der Mensch eine Person hat, sagen es von Gott und vom Engel."[3]

„Rationabilis natura" ist der Mensch im Unterschied zum Tier, mit dem ihn seine Leiblichkeit und Sinnlichkeit verbindet, von dem ihn aber die Vernunft unterscheidet – und diese Differenz schlägt sich darin nieder, daß das Tier stumm ist (vgl.: animalia quae muta ac sine ratione vitam … degunt). Zur Person gehört die Sprachfähigkeit und damit konstitutiv das Bezogensein auf anderes.[4] Zur Person gehören die mit der Vernunft verbundenen kommunikativen Attribute: der planende Wille und die mit dem Willen mitgesetzte Freiheit; die Ansprechbarkeit auf Argumente, die Fähigkeit, andere und auch den Plan der Natur nachzuvollziehen und zu verstehen und auch die Möglichkeit, verstanden zu werden.

1.3.2. Nicht aber durch diese Sprachfähigkeit allein ist nach Boethius ein Seiendes Person, sondern konstitutiv ist die Individualität – in der Definition: „individua substantia". Naturen bzw. (das ist der allgemeinere Begriff) Substanzen zeigen sich in zwei Modifikationen – als Allgemeinbegriff, und als Partikulares. Substanzen im Sinne des Allgemeinbegriffs (Mensch; Tier; Holz) werden von Einzelnem ausgesagt (*dies* [zeige den Stein] ist ein Stein); Substanzen im Sinne des Partikularen werden nicht von anderem ausgesagt. Sie tauchen im Satz immer als Subjekt auf, es handelt sich um letzte Attributionssubjekte: Platon, dieser Stein, Notger Slenczka. Und Boethius hält fest, daß eine Substanz nur dann Person sein kann, wenn sie Substanz im zweiten Sinne ist:

„… niemals kann der Begriff ‚Person' auf Allgemeines angewendet werden, sondern nur auf Einzelnes und auf Individuelles. Das Tier [im Allgemeinen] oder der Mensch im Allgemeinen hat keine Person, sondern es werden nur einzelne Personen des Cicero oder Platon oder einzelner Individuen ausgesagt."[5]

---

[3] A.a.O. 74,28-37. „… ex quibus omnibus neque in non viventibus corporibus personam posse dici manifestum est … neque rursus eorum viventium qua sensum carent …, nec vero eius quae intellectu ac ratione deseritur (nulla enim est persona equi vel bovis vel ceterorum animalium quae muta ac sine ratione vitam solis sensibus degunt) at hominis dicimus esse personam, dicimus Dei, dicimus angeli."

[4] Gegen die Definition des Boethius wird gern eingewendet, daß sie für die Person eine wesentliche Beziehungslosigkeit behaupte – das hat seinen Anhalt an der gleich im folgenden zu behandelnden Aspekt der Definition, ist aber immer gegenzurechnen gegen die differentia specifica der ‚rationabilis natura'.

[5] A.a.O. 74,47-52. „… nusquam in universalibus persona dici potest, sed in singularibus tantum atque in individuis; animalis enim vel generalis hominis nulla persona est, sed vel Ciceronis vel Platonis vel singulorum individuorum personae singulae nuncupantur." Im Hintergrund dieser Definition der ‚substantia prima' unter Rekurs auf sprachliche Strukturen

Ein Allgemeines, was nicht eine Grenze gegen anderes hat, kann nicht Person sein.

1.4. ‚Individualität' hat hier einen bestimmten Sinn, nämlich den: Wir haben es dann mit einer Person zu tun, wenn etwas Sprachfähiges nur von sich selbst und nicht von einem anderen ausgesagt werden kann und folgeweise auch selbständig ist. In diesem Sinne gehört Selbstidentität zur Person konstitutiv hinzu, und das schließt ein: Es gehört zur Person hinzu, ein (sprachfähiges) Bestimmtes im Unterschied zu anderem zu sein, ein ‚diesesda'. Dasjenige aber, das sich von allem anderen als ein Bestimmtes unterscheidet, ist eo ipso das Endliche, denn: es handelt sich dabei um eine de-finition, eine Be-grenzung.

1.5. Auf seine Weise hat Fichte mit seiner Explikation des Personbegriffs genau diese Einsicht zur Geltung gebracht[6] und damit nun aber die These begründet, daß genau darum das Absolute als Person nicht gedacht werden könne. In der Tat verliert damit die beiläufige Feststellung des Boethius, daß alles, was vernünftig, i.e. sprachfähig, ist, Person sei – und das schließe nicht nur Menschen ein, sondern auch Engel und Gott – ihre Selbstverständlichkeit, und zwar bereits unter den Bedingungen einer vorneuzeitlichen Theologie. Gerade hier gilt, daß die für den Personbegriff konstitutive Unterscheidung zwischen Allgemeinbegriff und Einzelexemplar in Gott nicht durchführbar ist[7]; und selbst wenn man dies mit Grund für unschädlich halten kann, stellt sich dann doch bereits im Rahmen einer scholastischen Summe die Frage, ob das Verhältnis von Gott und Welt, Schöpfer und Geschöpf wirklich und konsequent als effektursächliches Verhältnis eines Individuums zu vielen weiteren Individuen neben ihm gedacht werden kann oder ob nicht das in der abendländischen Geistesgeschichte beständig präsente platonische oder neuplatonische Denkangebot etwas für sich hat, nach dem das Verhältnis von Gottes Sein und dem Sein alles anderen Seienden nach dem Modell von Allgemeinem und Individuum oder umfassendem Ganzen und Moment an diesem zu denken ist – sogar bei dem jeder Häresie gänzlich unverdächtigen Thomas von Aquin gibt es Ansätze dazu. Unter den Eigenschaften der Unermeßlichkeit, der Allgegenwart und der Unendlichkeit wird die Gottheit jedenfalls als etwas gedacht, das unbeschadet seiner Unterschiedenheit von allem anderen alles andere umfaßt, es durchdringt und in sich schließt – jedenfalls Prädikate, die in einem Verhältnis eines Partikularen zu an-

---

steht Buch Z der Aristotelischen Metaphysik, dazu: N. Slenczka, Realpräsenz und Ontologie, Göttingen 1993, 315-325.

[6] Dazu unten die Rekonstruktion im Aufsatz von Hartmut Rosenau, 60-66.

[7] Thomas von Aquin, STh I q 3 a 4resp und 5resp; ders., Quaestio disputata de potentia Dei q 7 a 2 resp.

deren Partikularen schwer unterzubringen sind und dazu tendieren, Gott als das Eine, das Ganze oder den Inbegriff oder als omnitudo realitatis zu fassen.

2. Den Begriff ‚Gott' für ein kommunikationsfähiges, selbständiges Gegenüber und insofern für eine Person zu reservieren ist für das religiöse Vollzüge wie das Gebet tragende, präreflexive religiöse Bewußtsein und dessen Ausdrucksformen eigentümlich; insofern behandelt das religiöse Bewußtsein Gott als Person. Reiner Preul hat diese These in das Zentrum seines Aufsatzes gestellt und das wechselseitige Implikationsverhältnis von Gebetsvollzug und personalem Gottesbegriff herausgearbeitet.

2.1 Religion ist nicht Denken oder Welterklärung und nicht ethisches Handeln, sondern manifestiert sich in bestimmten Akten, Lebenshaltungen und Vollzügen, in der intentionale Korrelate mitgesetzt sind – eben im Gebet das Du, das hört und dessen Wille engagiert werden soll. In der Geschichte des abendländischen Denkens gab es seit jeher das Nebeneinander eines religiösen und eines philosophischen Gottesbegriffs, von Pascal im Mémorial auf den Gegensatz des ‚Gottes der Philosophen' und des ‚Gottes Abrahams, Isaaks und Jakobs' bzw. des Gottes Jesu Christi gebracht. Eigentümlicherweise hat Platon in den Vorschriften für die Rede von Gott ebenso wie Aristoteles in Buch XII der Metaphysik und ebenso wie ihre Nachfolger darauf bestanden, daß der Begriff eines (wie immer) weltkonstituierenden ‚metaphysischen' Grundes, der sich dem weltbezogenen Denken erschließt und wesentlich um die Welt nicht in dem Sinne besorgt ist, daß er sein Herz an sie heftet, der ebenso gut ‚τὸ καθόλου' ist wie ‚τὸ αἴτιον' – daß dieser Begriff eines Weltgrundes dasselbe zum Gegenstand hat, was im religiösen Kult angerufen, rituell vergegenwärtigt oder umsorgt und im Gebet angesprochen wird – wiewohl τὸ θεῖον des Aristoteles oder die platonische Idee kein verheißungsvoller Kandidat für ein Bittgebet oder sonstige kultische Vollzüge ist: Es ist ausgeschlossen, daß sie sich von Bitten bewegen lassen.

2.2. Die kosmologische Rede von Gott wird der Probleme, die sie dem religiösen Bewußtsein bereitet, durchaus ansichtig, erhebt aber den Anspruch, daß das religiöse Bewußtsein über sich selbst und über die Unangemessenheit seiner Vergegenständlichungen – insbesondere die parteiliche Bezogenheit Gottes auf den Menschen – aufgeklärt werden muß; dies ist die These der philosophischen Rede von Gott. Daß das nur geht um den Preis, daß der Gottesbegriff seine seelsorgerliche Funktion und eine Religion ihre Lebensbewältigungskompetenz einbüßt, ist der Einwand des religiösen Bewußtseins, dessen grundlegende Vollzüge – allen voran das Gebet – an einem gewissen Grad an Vergegenständlichung und Personalisierung hängt; ich finde hier nach wie vor das Beispiel des alten Mönches instruktiv, von dem Cassian berichtet und der durch den Diakon Photinus von seinem Irrtum, daß Gott menschengestaltig sei, befreit wurde und nun für die Befreiung von diesem Irrtum danken wollte:

> „… da verfiel der Greis beim Gebet in geistige Verwirrung, weil er spürte, daß jenes Bild der Gottheit, das die Anthropomorphiten haben und das er sich bei Gebet vorzustellen pflegte, in seinem Herzen zerstört sei, so daß er unter bitteren Tränen und immer wieder häufige Schluchzer ausstoßend, auf die Erde ausgestreckt mit heftigem Wehklagen ausrief: ‚Weh, ich Armer! Sie haben meinen Gott von mir genommen, und ich habe keinen, den ich nun festhalte, oder wen ich anbeten soll und an wen ich mich wenden soll, weiß ich nicht mehr.'"[8]

2.3. Die Spannung zwischen dem religiösen und dem philosophischen Gottesbegriff hängt daran, daß der Vertreter eines philosophischen Gottesbegriffs hartnäckig behauptet, daß er über eben dasselbe, über das das religiöse Bewußtsein unangemessen und – so die durchschnittliche Kritik – vergegenständlichend oder anthropomorph spricht, angemessene Aussagen macht. Diese bleibende Spannung macht nun aber zugleich darauf aufmerksam, daß der philosophische Gottesbegriff – ursprünglich jedenfalls – keine dem religiösen Bewußtsein fremde Instanz ist, sondern das religiöse Bewußtsein selbst zum Subjekt hat und ein wesentliches Anliegen des religiösen Bewußtseins zur Sprache bringt: Dieses hat die Bedingung seiner Möglichkeit nicht nur an der Personhaftigkeit Gottes, sondern eben auch daran, daß die Transzendenz Gottes gewahrt bleibt und es der Mensch in seinem Gebet eben nicht mit sich selbst, seinesgleichen oder gar dem Stück Holz zu tun hat, das der Götzenbildner zu einem Teil zum Feuern verwendet, während er aus dem anderen Teil einen Gott schnitzt (Jes 44,16f.). Das religiöse Bewußtsein mag sich den Bezugspunkt seiner Akte vergegenständlichen – es ist sich aber, wo es wohlberaten ist, des uneigentlichen Charakters der Vergegenständlichungen bewußt und somit – wie der Beitrag von Hartenstein wunderbar zu erkennen gibt – von einer kritischen Strömung, der die Transzendenz des Gottes am Herzen liegt, begleitet. Die Religionskritik ist ein Produkt der Religion.

3. Ob Gott Person ist, ist damit eine Frage, die sich im Rahmen einer Theorie des religiösen Symbols oder einer Metapherntheorie oder einer Theorie der religiösen Sprache profilieren muß. Denn was soll die mögliche Feststellung, daß Gott Person ‚ist', besagen: ‚*Ist*' er Person? Oder ist er nicht anders denn als Person *symbolisierbar*? Sagt der Begriff der Person ‚etwas über' Gott, oder etwas über das religiöse Bewußtsein, das sich in diesem Konzept von Gott ausspricht und es mitsetzen muß? Wo liegt – eine metaphorische Deutung des auf Gott bezogenen

---

[8] J. Cassianus, Collectio [MPL 49] 824.

Begriffs der ‚Person' vorausgesetzt – der ‚harte Kern' des Gottesbegriffs, der Metaphern und Symbolisierungen als Metaphern für Gott zu identifizieren und von anderen Metaphorisierungen zu unterscheiden erlaubt? – diese Frage stellt Reiner Preul zu Recht (100). Es wird im Durchgang durch die in diesem Band versammelten Texte deutlich werden, daß sie alle von einer Theorie des religiösen Symbols getragen sind.

4. Die Frage nach der Personalität Gottes wurde in Kontext der neuzeitlichen Theologie in einer der Kontroversen am Ende des 18. Jh.s geführt, in denen sich die Philosophie und deren Rede von Gott gegen die Zumutungen des kirchlichen Gottesbegriffs verwahrte: Im sogenannten Atheismusstreit, der 1798 ausgelöst wurde durch einen Artikel des Fichte-Schülers und Saalfelder Schulrektors Friedrich Karl Forberg im von Fichte herausgegebenen ‚Philosophischen Journal'[9], sowie durch den Text ‚Über den Grund unseres Glaubens an eine göttliche Weltregierung'[10], mit dem Fichte selbst diesen Artikel eingeführt und vorbeugend gegen Mißdeutungen in Schutz zu nehmen versucht hatte.

4.1. Die Auseinandersetzung nahm ihren Ausgang von Fichtes These, daß der Begriff einer göttlichen Transzendenz nichts anderes bezeichnen könne als die moralische Ordnung, als deren Teil sich jedes Vernunftsubjekt weiß und dem es angehört, indem es ungeachtet aller inneren und äußeren sinnlichen Antriebe und Hindernisse sich nur durch das allgemeingültige Sittengesetz (und nicht durch die eigene individuelle Glückseligkeit) motivieren läßt:

„Dies ist der wahre Glaube; diese moralische Ordnung ist das *Göttliche*, das wir annehmen. Er wird konstruiert durch das Rechttun. Dieses ist das einzig mögliche Glaubensbekenntnis: fröhlich und unbefangen vollbringen, was jedesmal die Pflicht gebeut, ohne Zweifel und Klügeln über die Folgen. Dadurch wird das Göttliche in uns lebendig und wirklich ..."[11]

Die wahre Transzendenz ist damit die sittliche Weltordnung und in diesem Sinne das Reich Gottes; diese Transzendenz steht eben den sittlichen Subjekten nicht gegenüber, sondern ist mit ihnen identisch. Fichte grenzt diesen Begriff eines Göttlichen nun ab gegen den Begriff eines (‚persönlichen') Gottes, und er trägt hier im Wesentlichen zwei Argumente vor:

---

[9] F. K. Forberg, Entwickelung des Begriffs der Religion, in: W. Röhr (Hg.), Appellation an das Publikum ... Dokumente zum Atheismusstreit, Leipzig ²1991, 23-38. Ich zitiere im folgenden alle Texte zum Atheismusstreit nach dieser gut zugänglichen Ausgabe. Zum Atheismusstreit vgl. bes.: M. Ohst u.a. (Hgg.), Fichtes Entlassung, KJbPh 4 (1999).

[10] In: Röhr (Anm. 9) 11-22.

[11] Fichte, Grund (Anm. 10) 18.

> „Jene lebendige und wirkende moralische Ordnung ist selbst Gott. Es liegt kein Grund in der Vernunft, aus jener moralischen Weltordnung herauszugehen und vermittelst eines Schlusses vom Begründeten auf den Grund noch ein besonderes Wesen, als die Ursache desselben, anzunehmen."

Die Ordnung bedarf keiner Begründung in einem sie setzenden Willen und die praktische Zugehörigkeit zu ihr keiner Begründung in der Spekulation – und führt doch zu nichts anderem als zum Begriff eines endlichen Ich:

> „Denn wenn man euch nun auch erlauben wollte, jenen Schluß zu machen und vermittelst desselben ein besonderes Wesen als die Ursache jener moralischen Weltordnung anzunehmen, was habt ihr nun eigentlich angenommen? Dieses Wesen soll von euch und der Welt unterschieden sein, es soll in der letzteren nach Begriffen wirken, es soll sonach der Begriffe fähig sein, Persönlichkeit haben und Bewußtsein. Was nennt ihr denn nun Persönlichkeit und Bewußtsein? Doch wohl dasjenige, was ihr in euch selbst gefunden, an euch selbst kennengelernt und mit diesem Namen bezeichnet habt? Daß ihr aber dieses ohne Beschränkung und Endlichkeit schlechterdings nicht denkt noch denken könnt, kann euch die geringste Aufmerksamkeit auf eure Konstruktion dieses Begriffs lehren. Ihr macht sonach dieses Wesen durch die Beilegung jenes Prädikats zu einem Endlichen, zu einem Wesen euresgleichen, und ihr habt nicht, wie ihr wolltet, Gott gedacht, sondern nur euch selbst im Denken vervielfältigt."[12]

Während er hier noch dem Anhänger einer ‚Personalität' Gottes guten Willen und ein sittliches Anliegen unterstellt, wird der Ton seinen Gegnern gegenüber in der 1799 erschienenen ‚Appellation an das Publikum'[13] schärfer; er zeiht hier die Gegner, die ihm Atheismus vorwerfen, seinerseits des Atheismus und des Götzendienstes, zum einen, weil sie Gott als Grund der Sinnenwelt und somit selbst in den Kategorien der Sinnenwelt denken:

> „Ich sage, daß der Begriff von Gott als einer besonderen *Substanz* ein unmöglicher und widersprechender Begriff sei. (Substanz bedeutet notwendig ein im Raum und in der Zeit sinnlich existierendes Wesen …) Ich leugne sonach allerdings *einen substantiellen, aus der Sinnenwelt abzuleitenden* Gott"[14];

zum anderen aber darum, weil dies ein an der Sinnlichkeit und so an der Glückseligkeit orientiertes Selbstverständnis verrate – nur wer in der Sittenlehre Eudämonist ist, wird in der Spekulation Dogmatiker.[15]

---

[12] Fichte, Grund (Anm. 10) 18.
[13] Fichte, Appellation an das Publikum …, ebd. (Anm. 9) 84-126.
[14] A.a.O. 105f.
[15] A.a.O. 106.

4.2. Es war schließlich wieder Jacobi, der in einem im Druck erschienenen Brief an Fichte die Position Fichtes auf dessen transzendentalen Idealismus hin durchsichtig machte, und die metaphysische Wahl so resümierte:

„Eine solche Wahl hat der Mensch, dieses Einzige: das *Nichts*, oder einen *Gott*. Das Nichts erwählend macht er sich zu Gott; das heißt: er macht zu Gott ein *Gespenst*; ... Ich wiederhole: Gott ist und ist *außer* mir ein *lebendiges, für sich bestehendes Wesen*, oder ICH bin Gott. Es gibt kein drittes"[16].

Auch für Jacobi ist die Rede von Gott der Anwendungsfall eines allgemeineren anthropologischen oder subjektivitätstheoretischen Grundprinzips, nach dem ihm Vernunft von ‚Vernehmen' kommt[17] und damit dem Wissen und Denken sein Gegenstand als kritisches Normativ vorgegeben ist:

„Ich verstehe unter dem Wahren etwas, was *vor* und *außer* dem Wissen ist; was dem Wissen und dem *Vermögen* des Wissens, der *Vernunft*, erst einen Wert gibt. [...] Wo diese Weisung auf das Wahre fehlt, da ist keine Vernunft."[18]

Damit ist eine Unterscheidung aufgemacht zwischen dem, was dem Erkennen erscheint, und demjenigen, was sich im Erscheinen von sich selbst her zeigt und worauf die Tätigkeit der Vernunft als Vernehmen abzielt – und diese Selbständigkeit des Erscheinenden bezeichnet der Begriff der Person und die Behauptung, daß Gott ‚Person' sei.

Ob Jacobi der Position Fichtes – der ja sehr wohl zwischen dem endlichen und dem absoluten Ich scheidet und dessen These, Gott sei nicht Person, ja genau diese Differenz wahren will – gerecht geworden ist, kann dahingestellt bleiben; jedenfalls aber wird deutlich, daß die Frage, ob und in welchem Sinne Gott als Person bezeichnet wird, nicht zu trennen ist von der Frage, wie und in welchem Sinne sich das Subjekt selbst versteht: Die Infragestellung der anthropomorphen oder ‚personhaften' Vergegenständlichungen Gottes ist immer zugleich die These, daß die Lebenshaltungen, die diese Vergegenständlichungen ermöglichen oder erzwingen, ‚falsches Bewußtsein' darstellen; umgekehrt weist sich – darauf bauen alle folgenden Beiträge auf – die explizite oder implizit im Gebet mitgesetzte Rede von Gott als Person unter neuzeitlichen Bedingungen dadurch aus, daß sie zeigt, daß darin der menschliche Lebensvollzug und seine Bedingtheit angemessen und heilsam thematisiert ist.

---

[16] Jacobi an Fichte, a.a.O. 153-167, hier 166.
[17] A.a.O. 157.
[18] A.a.O. 162.

5. Die vier Beiträge aus alttestamentlicher, theologiegeschichtlicher, systematischer sowie religionsphänomenologischer Perspektive sind bei allen Unterschieden durch gemeinsame Thesen zusammengehalten, die der folgende Durchgang zu identifizieren sucht:

5.1. Das Alte Testament galt und gilt allen Kritikern religiöser Anthropomorphismen, Vergegenständlichungen und unzulässigen Personalisierungen Gottes von Markion bis zur Gegenwart als das Paradebeispiel einer hinsichtlich ihres Gottesbegriffs aufklärungsbedürftigen Religion. Der Beitrag *Friedhelm Hartensteins* zu *Personalität Gottes im Alten Testament* kann, wie angedeutet, gelesen werden als intensiver Hinweis darauf, daß das religiöse Bewußtsein und seine Rede von Gott als Person von einer beständigen Selbstkritik begleitet ist, die die Transzendenz des in bestimmten Aussagen Identifizierten zur Geltung bringt. Die Einleitung des Textes (I.) bietet eine hermeneutische Grundlegung, die die biblischen Texte und deren Auslegung als Eröffnung einer Sprachwelt deutet, die individuell angeeignet werden kann und so ein Orientierungspotential für den gegenwärtigen Lebensvollzug erschließt. Die Texte erschließen sich so als vielstimmige Einweisung in die Relationalität eines (freilich asymmetrischen) Wechselgesprächs von Gott und Mensch, das gegenwärtige Selbstdeutung und Lebensorientierung eröffnet. Hartenstein kommt es dabei auf dreierlei an – zum einen darauf, daß die ‚Bildwelten' der biblischen Texte plural und nicht unterschiedslos bewohnbar sind; sodann darauf, daß wir mit den Texten nie unmittelbar, sondern als Mitglieder einer ‚Wohntradition' umgehen; diese unbeliebige, weil vorgegebene und auf freie Einstimmung zielende Wahl unter den in den Bildwelten eröffneten Möglichkeiten bestimmt bereits das Verhältnis der frühen Kirche zum Alten Testament; drittens weist er darauf hin, daß die Geschichte der in den alttestamentlichen Texten reflektierten Theologie selbst von Wandlungen durchzogen ist, in deren Verlauf sich die Personidentität Jahwes konstituiert, so daß sie ein Potential von Lebensverständnis aus sich heraussetzt (21-25).

Die dann folgenden beiden Abschnitte (II. und III.) gehen den mit Jahwe verbundenen Personmetaphern nach, und zwar zunächst in II. im Ausgang von der Metapher des Angesichtes, dann in der Verhältnisbestimmung von Liebe und Gerechtigkeit sowie in einer Interpretation der ‚Reue' bzw. des ‚Zornes' Gottes; es ergibt sich – zusammenfassend – das Bild einer zunehmenden Ambivalenz der Rede von Gott, dessen Verhältnis zu Israel zunehmend als unselbstverständlich, auf positiver Wahl und der Selbstdurchsetzung der Liebe beruhend erfaßt wird (36; 38-39; 40); Hartenstein bearbeitet dabei Metaphern, die – das gilt insbesondere für die Reue und den Zorn – spätestens seit Markion als Indiz für den anthropopathischen Charakter des alttestamentlichen Gottesverständnisses galten; er sucht zu zeigen, daß gerade in der Wahrnehmung der Differenziertheit göttlichen Handelns sich ein Bewußtsein der unselbstverständlichen, in Freiheit ‚gewählten' Identität und Eindeutigkeit Gottes herstellt und als Angebot der Deutung der je gegenwärtigen und widersprüchlichen Erfahrung darstellt.

Der dritte Teil verfolgt nun die inneralttestamentliche Bewegung der zunehmenden Betonung der Transzendenz Gottes in seinem Handeln und über seinem Handeln – seine Transzendenz erweist sich in der Handlungstranszendenz des einen Gottes (42), deren neutestamentliche Rezeption und Weiterführung Hartenstein abschließend ausweist. Insgesamt ergibt sich das Bild einer ausdrücklich nicht linear oder gar in der Logik eines Fortschritts verlaufenden internen Selbstkritik und entsprechenden, neue Erfahrungen integrierenden Wandlung des Gottesbegriffes, der die Erfahrung Gottes und die Möglichkeiten der Rede von Gott unter einen Vorbehalt stellt, den Hartenstein als eschatologischen Vorbehalt ausweist und damit darauf aufmerksam macht, daß diese Bewegung der Selbstkritik der Rede von Gott keiner von außen an die religiöse Tradition herantretenden philosophischen Fremdinstanz bedarf.

5.2. Der Beitrag von *Hartmut Rosenau* (*Gott höchst persönlich*) knüpft hier an und konzentriert das Problem der Personalität Gottes und damit den Begriff der Person auf die biblisch bezeugten Grundmotive der Geschichtlichkeit, der Lebendigkeit und der Unverfügbarkeit, die er um den Begriff der für eine Person konstitutiven Relationalität im Sinne der Kommunikation als die Momente anordnet, die die Zuwendung, aber auch die letzte Unverfügbarkeit des Kommunikationspartners markieren (50f.). Für ein religiöses Bewußtsein ist dieser Begriff einer kommunikativen Zuwendung Gottes konstitutiv (47) – der Begriff führt aber in dieser wesenhaften Abskondität Gottes als seinen Schatten die Theodizeeproblematik bei sich. Dieser Problematik entzieht sich, so Rosenau, eine Konzeption, die Gott als apathisches Prinzip faßt; dies aber eben um den Preis der Irrelevanz für die Lebensorientierung. Sein Beitrag zeichnet die großen Streitigkeiten nach, in denen am Ende des 18. Jh.s diese dilemmatische Problemstellung durchgearbeitet wurde, nämlich den Pantheismusstreit, der sich an der zwischen F. H. Jacobi und M. Mendelssohn strittigen Frage, ob und in welchem Sinne Lessing Spinozist gewesen sei, entzündete; den bereits berührten Atheismusstreit um die ‚selbständige' Existenz Gottes, die der erwähnte Schulrektor Forberg ausgelöst hatte; und dann den Versuch einer Überwindung der unfruchtbaren Alternative eines ‚personhaften' und eines ‚unpersönlichen' Gottesbegriffes, den je auf ihre Weise Schelling und Schleiermacher anbieten. Fokussiert man die facettenreiche Darstellung auf die für den Personbegriff entscheidenden Momente, dann zeigt Rosenau zunächst, wie Spinoza durch das Aufgeben des Gegenübers eines allmächtigen, auf das Gute ausgerichteten Gottes einerseits und der Welt andererseits die Wertungsdifferenz für lebensweltliche Erfahrungen ausschaltet, dabei aber den fatalistischen Konsequenzen dieser Position nicht entkommen kann (59). Rosenau skizziert dann den Hintergrund der oben bereits knapp umrissenen Deutung Gottes bei Fichte als des – von der moralischen Weltordnung nicht ontisch unterschiedenen – Garanten derselben, der das endliche Subjekt der Unbedingtheit und damit der Geltung der sittlichen Ordnung, als deren Teil er sich im Gewissen weiß, vergewissert. Rosenau arbeitet heraus, daß Fichte selbst es ausschließt, daß es ein Satz der Erkenntnis sein könne, daß das Absolute Person sei; daß Fichte selbst aber die Anerkennung der Differenz des endlichen Ich in der Selbstunterscheidung vom Absoluten in Begriffen fassen kann, die zumindest ein personales *Verhältnis des Ich* zum Absoluten darstellen könnten (65f.).

Damit eröffnet sich die Möglichkeit, die bei Schelling und Schleiermacher ausdrücklich ergriffen wird, nämlich Gott als mitgesetzten Grund menschlicher Freiheit zu denken (69f.). Die Kategorie der Persönlichkeit verbindet Anthropologie und Theologie oder endliche und unendliche Subjektivität; diese Kategorie wird aber bei Schelling nicht verstanden in der Konzentration auf die differentia specifica endlicher Subjektivität (Vernunft), sondern so, daß sie sich auf einem ‚dunklen Grund' (68; 70) erhebt – der dunkle Grund, für den auf Seiten des Menschen die Naturgrundlage seines Daseins steht wie im Falle des Makrokosmos die Natur. Anthropologisch wie im Blick auf die Gotteslehre eröffnet die damit aufbrechende Differenz von Irrationalem und Rationalem bzw. von Grund und Existenz die Möglichkeit, Personalität als die Herstellung einer von polaren Spannungen durchzogenen Einheit zu verstehen – als ein Wille, der im Vollzug seiner selbst (seines irrationalen Grundes) mächtig wird; im Blick auf das Verhältnis von Absolutem und endlicher Subjektivität ergibt sich ein ‚Ineinander' von absoluter und endlicher Persönlichkeit, so nämlich, daß die endliche Freiheit auch in ihrer Verkehrung den Grund ihrer Möglichkeit in der Natur (als ‚Grund' Gottes) und den Grund ihrer Erlösung darin hat, daß sich an ihr die spannungsvolle Einheit von Grund und Existenz, die Gott ist, durchsetzt.

Die Besonderheit der Schleiermacherschen Stellungnahme zur Personalität Gottes ordnet Rosenau dann so zu (71ff.), daß dieser über den von Kant übernommenen Begriff des ‚Schema' den Begriff der Personalität so einführt, daß dieser Begriff nicht das Wesen Gottes an sich zur Sprache bringt, sondern der Grundstruktur menschlicher Erkenntnis Rechnung trägt, daß diese zum Begriff eines Bildes bedarf; das Schema der Person ist die Regel zum Finden von Metaphern und damit eben auch die Regel zum angemessenen Umgang mit Metaphernangeboten, die eben dafür offen bleiben müssen, daß in ihnen die Verwiesenheit des Selbst auf einen Grund symbolisiert und nicht ein Gegenstand beschrieben wird.

5.3. Der Beitrag von *Michael Moxter*, der in Aufnahme des Titels der Schrift Fichtes, die den Atheismusstreit auslöste, *Über den Grund unseres Glaubens an Personalität* zu handeln verspricht, redet in diesem Titel nicht ausdrücklich von der Personalität Gottes, sondern verschränkt den vom Titel des Bandes her vorgegebenen Glauben an die Personalität *Gottes* mit dem Glauben an die Personalität überhaupt. Damit ist im Modus der Andeutung die These des Beitrags präludiert: Die Rede von der Personalität Gottes ist begründet im Selbstverständnis des Menschen als Person, das dem Angesprochenwerden durch ein anderes (und insofern der Erfahrung einer Person) entspringt (80-82; 95ff.). Moxter verortet zunächst die Frage nach der Personalität Gottes in dem von Fichte aufgenommenen Kontext des Anthropomorphismusvorwurfs und entfaltet dann den von Schleiermacher und Tillich vorgetragenen Vorschlag einer wechselseitigen Verschränkung von menschlicher und göttlicher Personalität, in der die endliche Personalität darauf hin durchsichtig gemacht wird, daß sie externe Bedingungen der Möglichkeit hat und sich in zunächst sozialen Verhältnissen des Angesprochen- und Anerkanntwerdens realisiert – wobei aber das Selbstverständnis als Person einen Anspruch impliziert, der in der Bezugnahme auf rein faktische soziale Verhältnisse nicht zureichend abgedeckt ist. Damit rückt der Begriff ‚Gott' als Letztgrund der Person ins Thema (82).

Mit dem Ziel der Rekonstruktion dieser Position verfolgt Moxter dann die Grundmomente des Personbegriffs – den Aspekt der Rechtsperson im Anschluß an Hegel (85-88) einerseits; und andererseits die Folgen der trinitätstheologischen Rezeption des Personbegriffes, der, so Moxter, eine Begründung des Personseins durch Relationalität impliziere und damit die nach Moxter substantiale Fassung des Personbegriffs bei Boethius (der freilich auch in beständigem Blick auf die Theologie resp. Christologie konstruiert ist; s.o. 1.2. und 1.3.) durchbreche (88-91); dabei sind die in der christlichen Gotteslehre sich niederschlagenden Umbrüche des trinitarischen Personbegriffes gerade ein Hinweis darauf, daß die Semantik des Personbegriffes in seiner Anwendung auf Gott nicht dem schlichten Muster einer Übertragung eines lebensweltlich erschlossenen Begriffes folgt, sondern auf einen komplexeren Weg verweist, nämlich darauf, der mit der neuzeitlichen Reformulierung des Personbegriffes bei Locke angelegten Perspektive zu folgen und den Begriff der Person und folglich auch der göttlichen Person aus der reflexiven Struktur, die der menschlichen Personalität eigen ist, zu gewinnen (91-93), d.h.: Gott und seine Personalität als Implikat der ihrerseits als begründet sich wissenden Personalität des Menschen zu begründen (96f., vgl. 79-82). Damit tritt die Pneumatologie als Erschlossenwerden des Menschen in der Selbsterschließung Gottes ins Zentrum, und so ist die wechselseitige Verwiesenheit von gestifteter menschlicher Personalität und deren göttlichem Grund theologisch verortet; diese These von der personalitätbegründenden Personalität Gottes wird zum Schluß des Aufsatzes als Analogie gekennzeichnet, die ihr Fundament in der im Phänomen des Namens markierten Unverfügbarkeit hat (98) und die von einem Hof von Metaphern umgeben ist und gestützt wird.

Man wird hier auf die Frage und die Aufgabe gewiesen, im Sinne der einleitend skizzierten systematischen Hermeneutik nun auszuweisen, inwiefern nun dieser von der Tradition und den biblischen Texten angebotene Hof von Metaphern, der in der christlichen Tradition gepflegt und gedeutet wird, in der Tat die angemessene Gestalt menschlicher Selbstbeschreibung ist – hier berührt sich der Ansatz Moxters auf's Engste mit den weitreichenden Anregungen, die von der Hartensteinschen Hermeneutik ausgehen.

5.4. Der Beitrag von *Reiner Preul* über *Die Anrede Gottes im Gebet* wählt in seinem „disziplinierten Brainstorming" (122) gleichsam die Konkretion der von Moxter ins Zentrum gestellten Pneumatologie, das Gebet, als Ausgangspunkt einer Reformulierung des Personseins Gottes. Der Grundthese, daß mit dem Vollzug des Gebets die Entscheidung über die Personalität Gottes bereits entschieden ist (99), ist für Preul die Anweisung dazu, den Übergang von dem im Bewußtsein der Abhängigkeit mitgesetzten Woher zu dem als Korrelat des Gebetes mitgesetzten personalen Gott zu explizieren – nicht nur eine Phänomenologie des Gebetes zu bieten, sondern die Frage zu beantworten, warum eigentlich religiöses Bewußtsein nicht umhin kann, sich im Gebet zu realisieren. Das Nachzeichnen dieses Übergangs von einem vergleichsweise ‚schmalen' (101) Gottesbegriff zu einer ‚fülligeren Rede von Gott' vollzieht damit den Übergang zum Ausweis der Unverzichtbarkeit personaler Rede von Gott, und engagiert damit zugleich das Thema des Verhältnisses eines allgemein religiösen Gottesbegriffs und der spezifischen Gestalt der Rede von Gott in den positiven[19] Religionen. Preul weist darauf hin, daß der Übergang vom Allgemeinen zum positiv Christlichen so wenig bruchlos gefaßt werden kann, wie der christliche Glaube sich gegen die Ableitung aus einem allgemeinen Religionsbegriff oder Gotteskonzept sperrt. Die positiven Religionen und ihre Sprachsysteme bieten sich, so Preul im Anschluß an Schleiermacher, an als die unverzichtbaren Symbolisierungen des abstrakten Kerns des Religiösen: des Gefühls der schlechthinnigen Abhängigkeit und seines schmalen Korrelats bzw. der mit dem Menschsein gesetzten Ursprungsbeziehung, und sie weisen sich eben dadurch aus, daß sie diese Ursprungsbeziehung und damit den menschlichen Lebensvollzug deutend er-

---

[19] Das meint nach dem Sprachgebrauch des 19. Jh.s: die einer geschichtlich-kontingenten Offenbarung (und eben nicht in der Instanz der allen Menschen gleichen Vernunft) entspringenden Formen des Religiösen – das ‚Positive' ist das unableitbar Gesetzte.

schließen – jedenfalls aber: Das Gebet ist unwahrscheinlich (101, vgl. 103f.) und geschieht, so ist anzunehmen, ubi et quando visum est Deo.

Preul hebt nun zunächst heraus, daß und inwiefern die unterschiedlichen Formen des Gebetes – Dank, Klage, Appell an die Wahrheitsinstanz, Anliegen der Vergebung – eben nicht exzeptionelle Ereignisse darstellen, sondern eine den gesamten Lebensvollzug begleitende Grundhaltung zur Darstellung bringen – Motive einer unselbstverständlichen Personalisierung Gottes, die Preul dann gegen verwandte Personalisierungen dadurch abgrenzt, daß er auf ihren Grundcharakter – daß sie das menschliche Selbst- und Weltverhältnis im Ganzen zur Sprache bringt – aufmerksam macht (108f.).

Das eröffnet nun die Möglichkeit einer Analyse des Gebetes auf die dem Beter in der Bezugnahme auf Gott zugewiesene und von ihm übernommene Rolle hin, in der – so der Anspruch der religiösen Tradition – der Mensch zu sich selbst und in seine Wahrheit kommt (117). Das Gebet ist entsprechend nicht nur der Ort, an dem Gott als Person angesprochen und ‚behandelt' wird, sondern zugleich der Ort, an dem der Mensch im Vollzug des Gebetes zur Person gemacht wird – und spätestens hier wird die Verwandtschaft des Moxterschen Beitrags zu dem Preuls deutlich – wie gesagt: Das Gebet ist der konkrete Ort des Wirkens des Heiligen Geistes, in dem sich nach Moxter die Rede von der Personhaftigkeit Gottes entscheidet.[20]

Ich weise hin auf den Schluß des Textes, in dem Preul die wechselseitige Verwiesenheit der Rechtfertigungslehre einerseits und der Trinitätslehre andererseits auf die Thematik der Personalität Gottes und des Menschen durchsichtig macht: der Personhaftigkeit des Menschen und Gottes in der wechselseitigen Konstitution, die jeweils aus der Perspektive des Menschen und aus der Perspektive der Implikationen für den Gottesbegriff das Ganze des christlichen Selbst- und Wirklichkeitsverständnisses thematisieren und darin – im Falle der Trinitätslehre – eben den Zusammenhang von Gottes Sein und Gottes Handeln entfalten, in dem die menschliche Existenz untergebracht ist (121f.).

6. Zentrale Argumentationslinien verbinden die vier Beiträge.

6.1. Zum einen die gemeinsame Einsicht, daß am Konzept einer Personalität Gottes das lebensorientierende Potential und die zentralen Vollzüge – gerade des Gebetes – jedenfalls der christlichen Religion hängen; damit ein Konzept von Personalität, das eine Person aus dem Vorgang der Kommunikation als Zentrum eines wesentlich unverfügbaren Willens faßt (Unverfügbarkeit: z.B. Hartenstein passim; Rosenau 49; 67; 75; Moxter 97).

---

[20] Vgl. die ausdrückliche Bezugnahme Moxters auf das Gebet im Zitat von Joh 4,24: S. 95.

6.2. Ferner die Einsicht, daß die Möglichkeit der Reformulierung dieser Personalität unselbstverständlich ist und der Einzeichnung in die weiterreichende Problematik des Umganges mit den metaphernhaltigen Angeboten der biblischen Rede von Gott und ihrer Auslegungsgeschichte bedarf – drei der Beiträge bieten knappe Hermeneutiken (Hartenstein 37-42; Moxter 77f., Preul 116; vgl. auch Rosenau 73f.), die jeweils darauf abheben, daß die Tradition mit der personal konnotierten Rede von Gott und den damit verbundenen Metaphern (natürlich) keine gegenständliche Information, sondern ein Selbstdeutungsangebot darstellt, eine Sprachwelt, die, so der Ausdruck Hartensteins, bewohnbar ist in dem Sinne, daß sie dem, der sich auf sie einläßt, ein in sich schlüssiges und heilsam erhellendes Selbstverständnis eröffnet.

6.3. Gemeinsam ist dann die Einsicht, daß die Rede von Gottes Personalität nur so eingeführt werden kann, daß sie erschlossen wird als Implikat der Begründungsbedürftigkeit der menschlichen Personalität (das ist der Hintergrund der Hartensteinschen Hermeneutik; vgl. Rosenau 65; 66-72; Moxter 79f.; 80-82, bes. 82 u.; 93-95; Preul 103ff.); allerdings weist gerade der Aufsatz Preuls darauf hin, daß eine solche Herleitung der Personalität Gottes es nicht ausschließt, daß der Grund, auf den die Person im Bewußtsein ihres Begründetseins hinweist, seinerseits nicht Person ist. Vielmehr bedarf es eben einer Hermeneutik, die die traditionale Rede von Gott auslegt als unbeliebiges, aber auch unselbstverständliches Angebot eines reicheren Verständnisses eben dieser Situation und der Symbolisierung des in ihr Liegenden bzw. des in ihr mitgesetzten Grundes als Person.

6.4. Als weitere – mit der gerade angerissenen verwandte – Übereinstimmung der Texte – insbesondere der Texte von Preul und Moxter – sei die Verortung der wechselseitigen Erschlossenheit der Personalität des Menschen und Gottes in der Pneumatologie erinnert, die darum interessant ist, weil sie das, was die theologische Reflexion als projektiven oder symbolisierenden Akt des Glaubens fassen muß, ihrerseits als Manifestation des Selbsteinsatzes dessen, der nur im Glauben und durch den Glauben erschlossen ist, fasst.

6.5. Es würde sich entschieden lohnen, der Bedeutung der in drei der Aufsätze apostrophierten Kategorie des Namens, in dem sich die Personhaftigkeit (weil Ansprechbarkeit) Gottes manifestiert, nachzugehen (Hartenstein 31-33; Moxter 97f.; Preul 120).

6.6. Und schließlich ist vielleicht noch dies festzuhalten: Für die Alten war im Begriff der Personhaftigkeit Gottes nicht allein die Tatsache, daß Gott sich im Gegenüber zum Menschen als eigenes und unverfügbares Willenszentrum manifestiert, gemeint – diesen Aspekt bringt die Persondefinition des Boethius unter dem Stichwort der ‚rationabilis natura‘ zum Ausdruck; vielmehr war damit eben auch die These verbunden, daß Gott selbständig und dem Subjekt voraus ist – Jacobi hat auf diesen Aspekt aufmerksam gemacht und diese These als Implikat des religiösen Verhältnisses sowie des Personbegriffs geltend gemacht[21], und Reiner Preul berührt diese These in der Einleitung seines Aufsatzes (99f.). Es scheint in den Beiträgen Konsens darüber zu bestehen, daß ein solcher Begriff der Selbständigkeit Gottes nicht mehr erschwingbar ist – oder jedenfalls nur noch in Anlehnung an die Hegelsche Figur des Voraussetzens, nach dem der Glaube seinen Grund *sich voraus*setzt.[22] Das ist doch immerhin eine Notiz wert.

[21] Vgl. Zitat oben zu Anm. 18.
[22] G. W. F. Hegel, Wissenschaft der Logik [1831], hier: Die Lehre vom Wesen, Werke [Suhrkamp] 5/6, hier 6,26.

Friedhelm Hartenstein

PERSONALITÄT GOTTES IM ALTEN TESTAMENT

I. Gott nennen – Einstimmung in die biblische Rede von und zu Gott
a) Im Vorgegebenen anfangen
b) Sich in Beziehung finden
c) Die Bildwelten bewohnen

II. Gott suchen – Gott als Person im Alten Testament
a) Topologie: Angesicht und Name
b) Pragmata: Liebe und Gerechtigkeit
c) Chronologie: Zorn und Reue

III. Gott denken – Konvergenzlinien auf das Unsagbare
a) Identität und Transzendenz
b) Vielfältige Einzigkeit
c) Grenzausdrücke

I. Gott nennen – Einstimmung in die biblische Rede von und zu Gott

„Personalität Gottes" als Grundbegriff der Theologie verweist auf das *zirkuläre Verhältnis von Glauben und Verstehen*, wie es die Denktradition des Christentums herausgestellt hat. Nicht nur seit den antiken Synthesen von Philosophie und biblischer Gottesvorstellung, sondern bereits in den biblischen Texten selbst zeichnet sich ein Bewußtsein für die schwierige Notwendigkeit ab, *von Gott mit den Mitteln menschlicher Rede zu sprechen.* Dabei ist zwischen der theologischen Deutekategorie der „Personalität" als Ausdruck für die *Relationalität* allen Redens von Gott und deren Grundlage in der *biblischen Rede von Gott als Person* zu unterscheiden[1]. Der Reichtum und die Vielstimmigkeit der biblischen Redeweisen von „Angesicht" und „Name", von „Liebe" und „Gerechtigkeit", von „Zorn" und „Reue", von der „Heiligkeit" und schließlich „Einzigkeit" Gottes bilden bis heute den Quell unserer Glaubenssprache. Ihre Aussagen zielen primär weniger

---

[1] Vgl. zu „Person" und „Personalität Gottes" die Begriffsklärungen bei *W. Härle*, Dogmatik, Berlin/New York 1995, 248-255, sowie den Beitrag von M. Moxter in diesem Band.

auf ein bewußtes Verstehen als auf *Verständigung,* nicht nur als *Übereinstimmung in der Glaubensgemeinschaft,* sondern vor allem im Sinne einer *Einstimmung in das Gespräch mit Gott.*

In diesem Gespräch wissen sich die biblischen Texte immer schon angesiedelt, und aus ihm verabschieden sie sich an keiner Stelle. Das hat konsequent erst die neuzeitliche Kritik am theistischen Gotteskonzept getan und dabei nicht selten *die Verwurzelung jeder Nennung Gottes im Vorreflexiven einer konkret welthaften Verankerung* negiert. Biblisches Reden von Gott zeichnet sich durch eine solche *Verankerung in einem vorneuzeitlichen Weltbild* aus, mit dessen (allzu) gründlicher Entmythologisierung man sich wichtiger Möglichkeiten, Gott zur Sprache zur bringen, beraubt. Stattdessen ist nach meiner Überzeugung eine bewußte „Arbeit am Mythos" (Hans Blumenberg[2]), die *sorgfältige und kritische Interpretation des uns Vorgegebenen,* nötig. Bis heute ist an der Basis theologischer Begriffsbildung die religiöse und kulturelle Symbolik der biblischen Texte entscheidend beteiligt. Am Anfang aller christlichen Rede von Gott stehen insofern die *Vorstellungszusammenhänge israelitischer Institutionen* in ihrem altorientalischen Kontext ebenso wie die in diesem Rahmen entdeckten *innovativen Metaphern,* kurz: *die Sprachwelt des Alten Testaments.* Mit dem Thema der „Personalität Gottes" wird man auf die ganze Breite der dadurch vorgegebenen Weisen, Gott zu nennen (Paul Ricoeur[3]), aufmerksam gemacht. Hier gilt es dann, das Fremde im Licht historischen Fragens wahrzunehmen, um das Eigene in kritischer Verstehensbemühung (re-) formulieren zu können. Bevor ich das an wichtigen Beispielen der alttestamentlichen Traditionsentwicklung zeige, soll der skizzierte Standort meiner Überlegungen noch etwas genauer erläutert werden. Ich tue das in drei Schritten.

a) Im Vorgegebenen anfangen

Der Gedankengang dieses Beitrags erfolgt aus der Perspektive einer *kritischen Hermeneutik,* die sich den unabweisbaren Zirkel bewußt zu halten sucht, in dem allein die reflektierende Suchbewegung des Glaubens auf sich selbst *coram Deo* möglich ist. Es gibt für christliche Theologie keinen wählbaren Anfang ihrer Denkbemühung, sondern nur die auf verschiedenen Ebenen der Reflexion zu leistende Einstimmung in die biblische Rede von und zu Gott. Diese Rede ist dem Nach-Denken in einer doppelten Weise vorgegeben: Zum einen in Gestalt *der biblischen Texte und der ihre Sinnmöglichkeiten immer neu zur Sprache bringenden Auslegungen* unserer religiösen und kulturellen Traditionen. Zum anderen in Ge-

---

[2] Vgl. *H. Blumenberg,* Arbeit am Mythos, Frankfurt a. M. 1979.

[3] Siehe *P. Ricoeur,* Gott nennen (frz. 1977), in: *B. Casper* (Hg.), Gott nennen. Phänomenologische Zugänge, Alber Broschur Philosophie, Freiburg/München 1981, 45-79 (jetzt wieder abgedruckt in: *P. Ricoeur,* Vom Text zur Person. Hermeneutische Aufsätze [1970-1999], Meiner Philosophische Bibliothek 570, Hamburg 2005, 153-182).

stalt *der individuellen Aneignung jeder so vermittelten Textkenntnis* als *erfahrbarer Realisierung von deren Orientierungspotential.* Die Einstimmung vollzieht sich freilich nie reibungslos, sondern – besonders unter neuzeitlichen Bedingungen – notwendig fragmentarisch und in kritischen Brechungen. Gerade in den Widerständen zwischen vorgegebenen Nennungen Gottes und ihrer Bearbeitung in der Aneignung bildet sich die Rede von Gott in jeder Glaubensbiographie neu heraus. Das gilt analog für die Interpretationsgemeinschaften des christlichen Glaubens wie für die Formen ihrer wissenschaftlichen Selbstvergewisserung. Es ist eine „zweite Naivität", zu der – mit Paul Ricoeur[4] – der um sein Selbstverständnis ringende Glaube unterwegs ist, eine reflektierte Fähigkeit zur Einstimmung in die nur scheinbar überholte Bildsprache biblischer Gottesmetaphern. Denn allein indem wir uns *in der Beziehung artikulieren,* die die biblischen Nennungen Gottes als den Horizont des Glaubens aufspannen, *bringen wir uns als Angeredete und Anredende zur Sprache,* verstehen wir uns vor dem Hintergrund des Vorgegebenen.

b) Sich in Beziehung finden

Bevor wir „Gott" sagen in der Anrede und in der Erzählung, ist uns Gott bereits gesagt worden. Dieses grundlegende „sich in Beziehung finden" hat sein Vorbild in den alttestamentlichen und – noch einmal anders und unter Bezug auf diese formuliert – in den neutestamentlichen Texten. Das Alte Testament ist das *Zeugnis der Interaktion und Kommunikation zwischen Gott und Israel* bzw. seinen herausgehobenen Vertretern. Dabei stimmen die sich auf die Gründungsereignisse des Volkes beziehenden Bekenntnisse darin überein, daß es niemals die menschliche Seite gewesen ist, auf deren Initiative die Beziehung zurückgeht. Vielmehr sind das durch die biblischen Texte bezeugte Beziehungs*geschehen* (etwa in der Errettung am Schilfmeer oder der Rückführung aus Babel) und die in ihm zum Ausdruck kommenden Beziehungs*verhältnisse* (wie der Bund und die Königserwählung) stets aufgrund eines *anfänglichen Handelns JHWHs* zustandegekommen. Der vorgängigen göttlichen Initiative folgt die menschliche Reaktion – weil Israel aus dem Sklavenhaus geführt wurde, hört es die Gebote am Sinai und soll sich an ihnen orientieren (Ex 20 // Dtn 5). Der Charakter der so betonten Anfangsereignisse ist *mythisch* im Sinne der Definitionen neuerer Mythosforschung[5]: Indem man von der Gründung des Volkes als einem Gegenüber Gottes

---

 [4] Vgl. *P. Ricoeur,* Die Interpretation. Ein Versuch über Freud, stw 76, Frankfurt a. M. 1974 (frz. 1969), 506f.

[5] Vgl. zu ihr etwa *F. Stolz,* Der mythische Umgang mit der Rationalität und der rationale Umgang mit dem Mythos, in: *H. H. Schmid* (Hg.), Mythos und Rationalität, VWGTh, Gütersloh 1988, 81-106 (wieder abgedruckt in: *F. Stolz,* Religion und Rekonstruktion. Ausgewählte Aufsätze, Göttingen 2004, 165-188); *Chr. Jamme,* „Gott an hat ein Gewand". Grenzen und Per-

erzählt, hat dies *wirklichkeitssetzende und wirklichkeitserhellende Kraft*, nicht nur im kognitiven, sondern auch im ethischen Sinn. Es ist dabei bezeichnend, daß in Israel – anders als in den Kulturen des Alten Orients – die Dimension des paradigmatischen „ersten Males" betont auf die *Ethnogenese* zugespitzt wird. Die Rede von der *Welt- und Menschenschöpfung* als einem größeren Orientierungsrahmen wird erst nachgängig begründungskräftig, und das nicht zufällig zu einem Zeitpunkt, als man den Verlust der staatlichen und institutionellen Ordnungen beklagt und nach Zeichen der Verläßlichkeit des Gotteshandelns sucht.

Sich in Beziehung finden mit dem göttlichen Gegenüber, das gilt für die verschiedenen Traditionsbereiche und Literaturformen des Alten Testaments *in je unterschiedlicher Weise*: von der Anrede und Antwort an Gott in Hymnus und Klage über die Anrede durch Gott und den Bericht über diese Anrede in den prophetischen Texten zu den großen Erzählungen über Gottes Handeln in Gnade und Gericht bis hin zur Reflexion auf seine Unerkennbarkeit in den Texten „kritischer Weisheit" (Thomas Krüger[6]). Es geht mir bei dieser unvollständigen Aufzählung lediglich um den Hinweis auf *die darin vorausgesetzte grundlegende Relationalität von Gottes Menschen- und Weltverhältnis*. Die menschliche Sprache von und zu Gott *als einer Person* ist das vorfindliche Mittel, sich in der Beziehung zu ihm zu halten und dieser zu entsprechen. *In gewisser Weise „ist" Gott als Vorstellung und als Ziel des Glaubens allein durch die „doppelte zweite Person" (Ricoeur[7]) der ihm antwortenden Rede eines Angeredeten gegeben.* Drei wichtige Aspekte gilt es hier noch zu bedenken:

1) Das durch das Alte Testament bezeugte Beziehungsgeschehen zwischen Gott und den Seinen ist immer als ein *asymmetrisches* wahrgenommen und artikuliert worden. Das göttliche Gegenüber wird *als* Gott durch Symbole einer *Übermacht und Überlegenheit* zur Sprache gebracht – darin gleicht Israel seiner altorientalischen Umgebung (vgl. die Konzeption vom Königtum Gottes).

2) In der Asymmetrie sind *Spannungen* begründet, die das Gottesverhältnis der biblischen Texte durchziehen. Zum einen handelt es sich um *Spannungen in der Gottesvorstellung selbst* (zwischen Nähe und Ferne, zwischen Gnade und Zorn, zwischen Liebe und Gerechtigkeit, zwischen Abgründigkeit und Nachvollziehbarkeit des Gotteshandelns). Zum anderen sind es *Spannungen, die die Beziehung von seiten der Menschen prägen.* Eine grundlegende Wahrnehmung der *Ambivalenz*

---

spektiven philosophischer Mythos-Theorien der Gegenwart, Frankfurt a. M. 1991; *J. Mohn*, Mythostheorien. Eine religionswissenschaftliche Untersuchung zu Mythos und Interkulturalität, München 1998.

[6] Vgl. seine in dem gleichnamigen Aufsatzband zusammengestellten Studien: *Th. Krüger*, Kritische Weisheit. Studien zur weisheitlichen Traditionskritik im Alten Testament, Zürich 1997.

[7] Vgl. *P. Ricoeur*, Gott nennen (vgl. Anm. 3), 64.

des Menschen durchzieht die alttestamentlichen Texte. Er erscheint in ihnen als ein *fehlbares,* zur Verfehlung nicht nur neigendes, sondern diese immer schon faktisch vollziehendes Gegenüber Gottes. Die Paradieserzählung Gen 2-3 bildet insofern – wie ihre Parallele im priesterschriftlichen Konzept von Schöpfung und Sintflut – eine narrativ verdichtete *Reflexion auf den Menschen im Widerspruch zu Gott, dem Gott seinerseits durch ein unverdientes Rettungs- und Bewahrungshandeln widerspricht*[8] (aufgrund dessen nach Gen 3 und Gen 9 die Menschheitsgeschichte trotz der Verfehlungen weitergehen wird). In dieser doppelten narrativen Sequenz zeichnet sich der dritte noch zu nennende Aspekt ab:

3) Die alttestamentlichen Texte bezeugen eine Geschichte der Beziehungen zwischen Gott und Israel bzw. der Menschheit, die *zunehmend als eine Geschichte Gottes selbst lesbar wird.* Indem in der Religionsgeschichte Israels ebenso wie in der alttestamentlichen Literatur- und Theologiegeschichte die Nennungen Gottes *auf seine Einzigkeit hin konvergieren,* werden *Wandlungen biblischer Gottesvorstellungen* faßbar. Neben einer zunehmend bewußten *Transzendenz* und Betonung der *Fremdheit seiner Wege* steht die Betonung auch der *Freiheit seiner Liebe,* wie sie z.B. in der „Selbstbeherrschung" Gottes als Nichtvollstreckung von Strafhandeln zum Ausdruck kommt (vgl. unten II.c). Damit soll keiner aufsteigenden Evolutionslogik das Wort geredet, sondern darauf verwiesen werden, daß im Alten Testament „Personalität Gottes" zuletzt auch im Blick auf eine *Wesensbestimmung Gottes im Wandel* Anhalt hat. Die personale Identität JHWHs erweist sich durch seine Geschichte als *Mitteilung eines prozeßhaften Beziehungsgeschehens* (vgl. unten II.b-III.b). Dabei ist schließlich zu beachten, daß diese Perspektive die christliche Einstimmung in die Nennung Gottes in der zweiteiligen Bibel Alten und Neuen Testaments voraussetzt. Es sind *bestimmte Züge* der alttestamentlichen Gottesbilder, die sich als wegweisend für die christlichen Wahrnehmungen Gottes erwiesen haben, indem sie den gekreuzigten Christus nicht als „Torheit", sondern als Manifestation der „Kraft" und „Weisheit" Gottes verstehen lassen (1 Kor 1,23f.). In solcher selektiver Bezugnahme war die biblische Hermeneutik christlicher Tradition schon vor der historischen Kritik kritisch unterscheidend. Und auch wir bewohnen die Bildwelten unseres Glaubens *aufgrund einer Auswahl,* die uns vorgegeben ist und die wir uns gleichwohl immer neu in Zustimmung und Kritik anzueignen haben.

c) Die Bildwelten bewohnen

Wenn es die konkreten Akte der Aneignung sind, in denen sich jeweils *die Welt der biblischen Texte* (und ihrer überlieferten Auslegung) *mit der Welt gegenwärtiger*

---

[8] Siehe dazu *F. Hartenstein,* „Und sie erkannten, dass sie nackt waren..." (Gen 3,7). Beobachtungen zur Anthropologie der Paradieserzählung, EvTh 65, 2005, 277-293.

(Glaubens-)Erfahrung überschneidet[9], so muß man danach fragen, *was* die biblischen Bildwelten für uns überhaupt „bewohnbar", d.h. identifizierend rezipierbar macht. Und weiter, *welcher Gewinn an Wirklichkeit* damit verbunden ist und *wie* man mit einer solchen Erfahrung verantwortlich umgeht. Zu allen drei Punkten einige Bemerkungen:

1) Auch unsere mediale Moderne des „digitalen Zeitalters" folgt in ihren Vermittlungs- und Rezeptionswegen uralten Mustern narrativer und symbolischer Wirklichkeitserschließung. In dieser Hinsicht ist daran festzuhalten, daß vieles dafür spricht, „daß der Mensch allezeit gleich gut gedacht hat" (Claude Lévi-Strauss[10]). Indem die Theologie die anthropologischen Erkenntnisse über die Strukturen menschlicher Erfahrungsdeutung und -weitergabe anerkennt, bestätigt sie die *Verankerung unserer Äußerungen im konkret Welthaften* ebenso wie die Unhintergehbarkeit der *Leiblichkeit* als basale Form unseres „In der Welt-Seins".

2) Neben langzeitigen anthropologischen Fähigkeiten, sich in Bildern und Erzählungen zu artikulieren und zu verorten, prägen die *spezifischen Vorgaben christlicher Traditions- und Interpretationsgemeinschaften* die *Fähigkeit gegenwärtig Glaubender, biblische Bildwelten zu bewohnen*. Mit der – durch eine entsprechende Sozialisation früher oder später in einer Glaubensbiographie einsetzenden – Einstimmung in biblische Redeformen und damit verbundene Gottesbilder *eröffnet sich die Möglichkeit eines Zuwachses an Wirklichkeitswahrnehmung*. Gott zu nennen vor dem Hintergrund biblischer Vielstimmigkeit und in Übereinstimmung mit und im Widerspruch zu eigenen Erfahrungen, erschließt *Räume der gelenkten Imagination*. Diese Bildwelten des Glaubens meinen keine „Hinterwelt" im Sinne eines metaphysischen „Jenseits", sondern *die Ausweitung des Möglichen durch eine Horizontverschiebung*.

3) Wenn biblische Rede von Gott die Bemühung eines Verstehens in der Gegenwart „überschneidet" bzw. „überblendet", so kann „Gott" *als Möglichkeit des Lebens bestehen und bestätigt werden*. Dabei ist der Charakter dieser Möglichkeit im präzisen Sinne mehrdeutig und als solcher auszuhalten. Wir stehen hier in einem „Konflikt der Interpretationen" (Ricoeur[11]), den wir selbst im letzten nicht auflösen können. Aber gerade diese Offenheit des ontologischen Status dessen, auf den hin wir glauben, weil wir uns als „angeredet" erfahren, befähigt zur (Selbst-) Kritik aufgrund der Anerkennung der Vorläufigkeit der Verstehensbemühun-

---

[9] Vgl. zu dem hier vorausgesetzten hermeneutischen Modell des Textes v.a. *P. Ricoeur*, Was ist ein Text? (frz. 1970), in: *Ders.*, Vom Text zur Person (vgl. Anm. 3), 79-108.

[10] *C. Lévi-Strauss*, Die Struktur der Mythen, in: *Ders.*, Strukturale Anthropologie I, stw 226, Frankfurt a. M. 1977 (frz. 1958), 226-254 (Zitat auf S. 254).

[11] Vgl. die beiden Aufsatzbände: *P. Ricoeur*, Hermeneutik und Strukturalismus. Der Konflikt der Interpretationen I, München 1973 (frz. 1969); *Ders.*, Hermeneutik und Psychoanalyse. Der Konflikt der Interpretationen II, München 1974 (frz. 1969).

gen. Hierin liegt auch der Grund zur stets nötigen *Sachkritik an vorgegebenen Nennungen Gottes* und ihrer Auslegung. Die Bildwelten verantwortlich bewohnen heißt dann, *der Idolisierung einzelner Redeweisen und Vorstellungen vorzubeugen* und für jede Gegenwart *die* präzise Mehrstimmigkeit festzuhalten, die den Glauben auf den einzigen Gott hin ausrichtet (vgl. unten III.c). Daß dies bereits das Alte Testament in seiner Weise, Gott als Person zur Sprache zu bringen, bewußt bezeugt, sollen die folgenden ausgewählten Beispiele detaillierter beleuchten.

II. Gott suchen – Gott als Person im Alten Testament

Mit der Überschrift „Gott suchen" verbinden sich im alttestamentlichen Sprachgebrauch grundlegende Gesichtspunkte: Zum einen die Überzeugung, daß Gott *gesucht werden kann und will*, weil dies dem Menschen zum Heil dient (vgl. etwa Am 5,4: „Sucht mich, so werdet ihr leben"). Zum anderen die zugleich in den Texten ausgedrückte Erfahrung, *daß sich Wahrnehmungen Gottes nicht von selbst verstehen*, insbesondere dann, wenn Gott als *abwesend und verborgen* erfahren wird, sei es aufgrund menschlicher Schuld (so in der vorexilischen Gerichtsprophetie und im deuteronomistischen Denken), sei es aufgrund eines unerklärbaren Ausbleibens des rettenden Handelns JHWHs (so in vielen Klagepsalmen, vgl. nur Ps 13 und 88, und im Hiobbuch). Weiter verweist die Rede vom „Suchen" Gottes in der präziseren Form des „(Auf-)Suchens *des Angesichts* Gottes" auf das Phänomen einer zentralen Hintergrundmetaphorik der biblischen Rede von Gott: Das Modell einer *Audienz*, wie es vorrangig die Sprache des Kultes bestimmt. An diesem gleich näher zu beleuchtenden Beispiel wird Wesentliches für die metaphorische „Erschließung" der Personhaftigkeit Gottes im Alten Testament sichtbar[12]. Indem die an einem Heiligtum (aber auch außerhalb) erfahrene Gottesbegegnung den Regeln des Zutritts vor einen Höhergestellten folgt, *verortet sie Gott in Raum und Zeit und macht ihn zugänglich*. Die viel behandelten und kritisierten Anthropomorphismen und Anthropopathismen, von denen die folgenden Beispiele handeln, sind demnach nicht nur Illustrationen abstrakter Konzepte, sondern im Konkreten verhaftete Redeformen mit einer unverwechselbaren Eigenleistung.

Solche Gottesmetaphern liegen meistens auf zwei Ebenen: Einerseits handelt es sich um *konventionelle, kulturell langzeitig verankerte Symbole*, wie „Angesicht" und „Gestalt" Gottes im Rahmen des Audienzmodells. Andererseits gibt es vor diesem Hintergrund der religiös-kulturellen Symbolik Israels (und des Alten Orients) *neu entdeckte Metaphern im engeren Sinn*. Für sie ist *eine poetische Bedeu-*

---

[12] Vgl. dazu ausführlich meine Habilitationsschrift: *F. Hartenstein*, Das Angesicht JHWHs. Studien zu seinem höfischen und kultischen Bedeutungshintergrund in den Psalmen und in Exodus 32-34 (erscheint 2007 in den FAT, Tübingen).

tungsverschiebung charakteristisch, die die vorgegebene Symbolik nicht aufhebt, sondern ausweitet[13]. Die biblischen Nennungen Gottes zeigen insofern eine *Tendenz zur Erschließung neuer Sinnmöglichkeiten*. Wenn etwa in Ps 104,29f. die traditionell an den Tempel gebundene Rede vom „Angesicht" JHWHs *auf den Rhythmus des Lebens und Sterbens der Geschöpfe in der geordneten Weltwirklichkeit* übertragen wird, so liegt ein Bedeutungszuwachs vor, der *auch Neues über die Person Gottes zur Sprache bringt*.

Die Reihenfolge, in der ich der so umschriebenen Dynamik der alttestamentlichen Rede von Gott als Person nachgehen möchte, folgt drei Kategorien, anhand derer Ernst Cassirer im zweiten Band seiner Philosophie der symbolischen Formen den Mythos analysiert hat[14]: *Raum und Zeit sowie Kausalität*. Letztere wird dabei in der konkreten Symbolisierung als *„Handlung"* gefaßt, denn die altisraelitische Kultur folgte dem mythischen Interpretationsschema einer „Welt als Handlung"[15]. Danach erscheinen die in der „Tiefe der Welt" hintergründig wirkenden Instanzen als willentlich agierende, sozial „lesbare" Wesenheiten. Derartige „Personen" im engeren Sinn waren die Gottheiten im Rahmen der polytheistischen Symbolsysteme des Alten Orients vor allem im Blick auf „Ihresgleichen", zu denen sie in familiärer und hierarchischer Beziehung standen. Bereits in den altorientalischen Religionen gab es aber neben der vielgestaltigen Götterwelt eine – zumeist unthematisch mitgesetzte – Wahrnehmung transzendenter *Einheit der göttlichen Sphäre*, die das Personhafte relativierte, ohne es aufzuheben (vgl. z.B. den Befund in Ugarit und in Altägypten)[16]. Auch im Alten Testament umfaßt die Sphäre des einen Gottes, bis hinein in das Neue Testament, eine Reihe von – aufgrund der Königsmetapher naheliegenden – untergeordneten Größen und Wirkmächten. Die alttestamentliche Rede von Gott als Person speist sich aber vorrangig *aus seiner exklusiven Beziehung zu Israel (später auch zur Völkerwelt)*. Und diese Bindungen an die Menschen bestimmen schließlich entscheidend seine personale Identität – auch als des einzigen Gottes, wie im weiteren auszuführen sein wird.

---

[13] Vgl. dazu *P. Ricoeur*, Poetik und Symbolik, in: *H. P. Duerr* (Hg.), Die Mitte der Welt. Aufsätze zu Mircea Eliade, st 981, Frankfurt a. M. 1984, 11-34.

[14] Vgl. *E. Cassirer*, Philosophie der symbolischen Formen II. Das mythische Denken, Darmstadt 1964 (1924), 85ff. (mythischer Kausalitätsbegriff); 104ff. (Grundzüge einer Formenlehre des Mythos: Raum, Zeit und Zahl).

[15] Vgl. dazu etwa *B. Gladigow*, Gottesvorstellungen, HrwG III, Stuttgart/Berlin/Köln 1993, 32-49, bes. 45-47; *G. Dux*, Die Logik der Weltbilder. Sinnstrukturen im Wandel der Geschichte, stw 370, Frankfurt a. M. ³1990 (1982).

[16] Vgl. *E. Hornung*, Der Eine und die Vielen. Altägyptische Götterwelt,. Darmstadt ⁶2005 (umfassend überarb. und erw. Auflage); *F. Stolz* Einführung in den biblischen Monotheismus, Die Theologie, Darmstadt 1996, 39ff.; *F. Hartenstein*, Religionsgeschichte Israels – ein Überblick über die Forschung seit 1990, VF 48, 2003, 2-28, bes. 8-16.

a) Topologie: Angesicht und Name

Die alttestamentliche Rede vom „Angesicht" JHWHs ließ für damalige Rezipienten aufgrund der vertrauten Szenerie einer Begegnung mit dem Höhergestellten „Gott" als Person erfahrbar werden. Sind „Personen" dadurch definiert, daß sie in einer gleichursprünglichen Relation *zu sich selbst, zu anderen* und (im Prinzip) *zu jedermann* stehen[17], so entspricht das „Angesicht" JHWHs dem in vorzüglicher Weise: Es handelt sich weniger um einen Anthropomorphismus als um eine *soziomorphe* Vorstellung[18]. Dabei sind zwei wichtige Aspekte impliziert:

1) Das „Angesicht" JHWHs steht *pars pro toto* für die in der Vorstellung evozierte „Gestalt" Gottes, wie sie das Alte Testament an keiner Stelle negiert (auch nicht in Dtn 4[19]). In diesem Sinne stellt das „Angesicht" Gottes ein konventionelles Symbol dar. Das zeigen die genauen terminologischen Entsprechungen zwischen dem „Aufsuchen", „Hineingehen", „Entgegentreten", „Sehen" und „Sich niederwerfen" vor dem „Angesicht" JHWHs und dem „Angesicht" eines menschlichen Gegenübers, zumeist des Herrschers.

2) Zugleich überschreitet die Rede vom „Angesicht" Gottes den sozialen Code nicht zufällig an wichtigen Punkten: So wird zum einen *ausschließlich vom göttlichen Gegenüber das „Verbergen" des Antlitzes*, die unheilvolle Unterbrechung der Kommunikation mit *umfassenden negativen Folgen*, ausgesagt. Und ebenfalls nur bei JHWH wird das – gelegentlich schon für den König gebrauchte (Prv 16,15) – *„Leuchten" bzw. „Licht" seines „Angesichts"* zu einer mit *umfassenden Segens- und Gnadenwirkungen* verknüpften Weise von Zuwendung.

Als Illustration für den Vorstellungszusammenhang soll Ps 27 dienen, ein zweiteiliger Psalm (V.1-6 und V.7-14), den man von hinten her lesen muß, um die Bezüge des Gesamttextes wahrnehmen zu können. Ich beginne daher mit Ps 27,7-9:

7 Höre, JHWH, meine Stimme! Ich rufe dauernd, so sei mir gnädig und antworte mir! 8 Zu dir hin dachte mein Herz: *„Sucht auf mein Angesicht!" Dein Angesicht, JHWH, das suche ich immerfort! 9 Verbirg (nun) nicht dein Angesicht vor mir,* weise nicht ab im Zorn deinen Knecht! *Meine Hilfe* warst du (doch)! Gib mich nicht auf, verlaß mich nicht, *Gott meiner Rettung!*

Das betende „Ich" des Psalms bittet JHWH darum, an seiner Aufforderung festzuhalten, sich denen, die ihn „(auf-)suchen", zuzuwenden. Dabei ist es wich-

---

[17] Vgl. *P. Ricoeur*, Annäherung an die Person (frz. 1990), in: *Ders.*, Vom Text zur Person (vgl. Anm. 3), 227-249; *Ders.*, Das Selbst als ein Anderer, Übergänge 26, München 1996.

[18] Siehe dazu und zum Folgenden: *F. Hartenstein*, Angesicht JHWHs (vgl. Anm. 12).

[19] Vgl. dazu *F. Hartenstein*, Die unvergleichliche „Gestalt" JHWHs. Israels Geschichte mit den Bildern im Licht von Dtn 4,1-40, in: *B. Janowski, N. Zchomelidse* (Hg.), Die Sichtbarkeit des Unsichtbaren. Zur Korrelation von Text und Bild im Wirkungskreis der Bibel, AGWB 3, Stuttgart 2003, 49-77.

tig zu beachten, daß sich der Beter als „*Knecht*" JHWHs bezeichnet, während er
diesen den „Gott *meiner Rettung*" nennt: Die asymmetrische Beziehung ist nicht
einfach ein Herrschaftsverhältnis, sondern *eines, das auf der vorlaufenden Erfahrung
der „Rettung" durch Gott beruht* (sei es, daß diese Erfahrung im eigenen Leben
ihren Anhalt hatte, wie es die Formulierungen „*meine* Hilfe" und „Gott *meiner*
Rettung" nahelegen, sei es, daß sie auf der Kenntnis der Überlieferungen Israels
beruhen, vgl. z.B. Ps 22,5: „auf dich vertrauten unsere Väter [...] zu dir riefen sie
und wurden errettet"). Deutlich ist in jedem Fall die *persönliche Nähe* des Beters
zu seinem Gott, der zu Fürsorge und Schutz verpflichtet ist („Knecht" und
„Herr" bilden im Alten Testament ein festes *wechselseitiges Personalverhältnis*). Die
Bitten um bleibende Zuwendung JHWHs schließt Ps 27,13 mit einem (unvollständigen) Konditionalsatz ab:

13 Wenn ich nicht Vertrauen hätte, *zu sehen das Gute JHWHs* im Land der Lebenden ...

Alle Bedürfnisse des Beters faßt der Wunsch zusammen, *das „Gute JHWHs" zu
„sehen"*. Blickt man von hier auf den von Vertrauensaussagen geprägten ersten
Teil des Psalms (V.1-6), so zeigen sich überraschende Parallelen zu V.13. In Ps
27,4 heißt es nämlich:

4 Eines habe ich erbeten von JHWH, das suche ich immer wieder: Mein Bleiben im Hause
JHWHs alle Tage meines Lebens. *Zu schauen auf die Schönheit/Freundlichkeit JHWHs und zu
betrachten seinen Palast/Tempel(-raum).*

Dreimal begegnet in Ps 27 ein *Verb der visuellen Wahrnehmung* (V.13 *ra'ah*, V.4
chazah und *biqqer*) in Verbindung mit der – den Kontakt zu den Objekten besonders betonenden – Präposition *beth*. Diese Konstruktion drückt eine Form *intensiver Begegnung* aus. Das „*Gute JHWHs*" in Ps 27,13, die „*Schönheit/Freundlichkeit
JHWHs*" und „sein *Palast/Tempel(-raum)*" in Ps 27,4 sollen „mit Lust" „gesehen"
und „geschaut" werden, was mehr umfaßt als optische Wahrnehmung. Es geht
um eine symbolisch vermittelte Gottesbegegnung, für die die Unterscheidung
zwischen „sinnlicher" und „geistiger" Wahrnehmung wenig austrägt, um *ein
mentales Gottesbild, das in einem „temple imaginaire"* verortet ist. Das zeigt vollends
Ps 27,5, in dem im Blick auf den „Ort" des erstrebten Gotteskontakts vom
„Schutz seines *Zelts*" gesprochen wird. Wie es die folgenden Parallelismen bele-
gen, evoziert auch diese Formulierung die Vorstellung eines Raumes rings um
eine Königsgestalt, für die das „Angesicht" stellvertretend steht[20]:

---

[20] Dies habe ich ausführlicher begründet in: *F. Hartenstein*, Das „Angesicht Gottes" in Exodus 32-34, in: *M. Köckert, E. Blum* (Hg.), Gottes Volk am Sinai. Untersuchungen zu Ex 32-34
und Dtn 9-10, VWGTh 18, Gütersloh 2001, 157-183, bes. 172-176.

Ps 27,5:	im Schutz seines *Zelts*	//	in seiner *Hütte*
Ps 31,21:	im Schutz deines *Angesichts*	//	in einer *Hütte*
Ps 61,5:	im Schutz deiner *Flügel*	//	in deinem *Zelt*
Ps 91,1:	im Schutz des *Höchsten*	//	im *Schatten Schaddajs*

Zahlreiche Beispiele der phönizischen Ikonographie des 1. Jt.s v. Chr., in denen menschliche Adoranten in einem Schrein vor thronenden Gottheiten stehen, können weiter verdeutlichen, daß „Zelt" und „Hütte" hier das Allerheiligste (in Jerusalem: den wohl von einer Flügelsonne bekrönten *Debir*) des Tempels meinen. Das „Angesicht JHWHs" hat demnach seinen „Ort" in einem traditionellen Symbolzusammenhang, *der JHWH eine „Gestalt" verleiht, ohne sie auf ein bestimmtes „Aussehen" festzulegen.*

Genau hier setzt dann *bewußte theologische Interpretation* an, die die Sinnmöglichkeiten des „Angesichts" Gottes im Blick auf ihre Grenzen auslotet. Das berühmteste Beispiel ist die Begegnung Moses mit JHWH nach dem Bundesbruch des Volkes in *Ex 33,18ff.* Sie muß im größeren Zusammenhang der Textkomposition Ex 32-34 gelesen werden, die mit der Herstellung des goldenen Stierbildes beginnt[21]. Mose als der einzige Gerechte in Israel hat durch seine Fürbitte bei JHWH erreicht, daß die strafende Vernichtung Israels aufgeschoben wurde (Ex 32,7-14, mit V.34). In Ex 33 versucht er, *den Beziehungsfaden zu Gott im Blick auf das Volk wieder fester zu knüpfen.* Ein Leitbegriff für dieses Kapitel ist das „Angesicht" JHWHs. Synchron gelesen findet sich in dem literarisch mehrschichtigen Text zuerst die Ankündigung JHWHs, er werde zur Unterstützung Moses *seinen Boten* senden, um das Volk vom Gottesberg in das verheißene Land zu führen. Er selbst könne nicht mitziehen, da er das Volk dann vertilgen müsse (V.3). Dieses *Dilemma der bleibenden Abgewandtheit der vollen JHWH-Präsenz* versucht Mose zu lösen: Zunächst schafft er außerhalb des Lagers mit dem „Zelt der Begegnung" einen Ort, an dem er JHWH aus nächster Nähe – „von Angesicht zu Angesicht" begegnen kann (V.7-11). Indem so seine Rolle als Vermittler nicht mehr an den Berg gebunden ist, sondern dieser gewissermaßen mobil zu werden vermag, sind die Voraussetzungen für das Folgende gegeben. In V.12-17 bittet Mose noch einmal um Benennung desjenigen, der ihn beim Volk unterstützen soll. Als ihm nun nicht mehr der Bote, sondern das „*Angesicht*" Gottes genannt wird, ist er einen Schritt weiter. Aber auch diese, allein auf Mose bezogene Zusage der Präsenz der positiv zugewandte Seite JHWHs ist noch nicht die Wiederherstellung der vollen Beziehung zum Volk:

15 Und er sagte zu ihm: „Wenn *dein Angesicht nicht [mit mir/vor mir] einhergeht,* so laß uns gar nicht von hier hinaufsteigen! 16 Denn wodurch würde sonst kundgetan, daß ich Gnade

[21] Zur folgenden Auslegung siehe *F. Hartenstein,* „Angesicht Gottes" (vgl. vorige Anm.).

gefunden habe in deinen Augen, *ich und dein Volk*? Ist es nicht *durch dein Einhergehen mit uns*, daß wir ausgezeichnet werden, *ich und dein Volk*, vor jedem Volk, das auf der Erdoberfläche ist?"

Vom „Angesicht" JHWHs *bei Mose* zu JHWH selbst *beim Volk* ist es – so legt Mose es JHWH nahe – nur noch ein kleiner Schritt. Dafür aber, das zeigt die Fortsetzung von Ex 33-34, muß es zu einer *erneuten Theophanie mit Bundesschluß* kommen. Um sie bittet Mose in den berühmten Versen Ex 33,18ff. unter Rückgriff auf die oben betrachtete Psalmenterminologie:

18 Da sagte er: „Laß mich doch *deine Herrlichkeit sehen*!" 19 Und er sagte: „Ich will vorüberziehen lassen *all mein Gutes vor deinem Angesicht*, und ich will *den Namen JHWHs* ausrufen *vor deinem Angesicht*: ‚Ich bin gnädig, wem ich gnädig sein will, und ich erbarme mich, wessen ich mich erbarmen will'" 20 Und er sagte: <u>„*Nicht kannst du mein Angesicht sehen*, denn nicht sieht mich ein Mensch und bleibt am Leben!"</u> **21 Und JHWH sagte: „Siehe, *(da ist) ein Ort bei mir:* So stelle dich aufrecht auf/vor den Felsen! 22 Und es wird sein: *Beim Vorüberziehen meiner Herrlichkeit* da will ich dich in die Felsspalte stellen, und *will meine Handfläche absperrend/schützend über dich halten während meines Vorüberziehens.* 23 Dann will ich meine Handfläche wegwenden und du kannst *meine Rückseite sehen. Mein Angesicht aber kann/darf man nicht sehen!"***

Auch dieser Abschnitt ist literarhistorisch mehrschichtig, und ihn muß man, um ihn nachvollziehen zu können, *in der vermutlichen Reihenfolge seiner Entstehung lesen*:

1) *V.18 und 21-23*: Die älteste Fassung der Theophaniebitte bittet um die ansonsten mit dem Jerusalemer Tempel verbundene „Schau" der königlichen „Herrlichkeit" Gottes (vgl. Ps 63,3f. und Jes 6,3). Sie blickt bereits auf die in Ex 34,5f. geschilderte Theophanie voraus, in der JHWH gerade nicht „von Angesicht zu Angesicht" erscheint, sondern nur „vorüberzieht" (*'abar*). Diese Abweichung von der in den Psalmen erbetenen und ersehnten Gottesschau bildet den Anknüpfungspunkt für die Interpretationen in Ex 33,18ff. Das *„Vorüberziehen"* JHWHs hat ansonsten im Alten Testament sowohl die Konnotationen der „Verschonung" (vgl. Am 7,8; 8,2) als auch des Unheils (vgl. Ex 12,22f.; Hi 9,11f.). Offenbar hat Ex 33,18.21-23 beides im Blick und läßt Mose bewußt durch JHWH vor dessen (kontextbedingt auch zorniger) Nähe schützen (durch seine „Hand" und die Felsspalte): *Selbst Mose darf nur die Rückseite JHWHs, nicht aber sein „Angesicht" sehen* (vgl. unten III.). Der Text offenbart eine Dialektik von Nähe und Ferne, von Enthüllung und Verbergung JHWHs, die bei aller Häufung von Anthropomorphismen eher in Richtung einer bewußten Relativierung des Vorgegebenen weist: *Nur in der Spannung zwischen Gottesschau und Verschonung kann Mose JHWH in dieser Situation begegnen.* Damit wird der in Ps 27 so klar formulierte Heilscharakter des

Sehens des „Angesichts" Gottes *unter einen von Menschen nicht aufhebbaren Vorbehalt gestellt.*

2) Die beiden Fortschreibungen in *V.19f.* beleuchten diese Spannung noch einmal je anders:

a) Die späteste Aussage in *V.20* wendet (wohl aus V.23b inspiriert) die – situativ bedingte – Problematik, Gottes „Angesicht" zu sehen, ins Grundsätzliche (wer Gott sieht, muß sterben) – ein Spitzensatz, der lange fälschlich als für den alttestamentlichen Gottesglauben zentral gegolten hat, der aber hermeneutisch präzise den Charakter des „Angesichts" Gottes als den eines *Grenzausdrucks* hervorhebt (vgl. unten III.c).

b) Dagegen setzt *V.19* zwei andere Manifestationen an die Stelle der erbetenen „Herrlichkeit" und des „Angesichts": Das schon aus Ps 27,13 bekannte *„Gute"* *JHWHs* (ein Sammelbegriff für seine lebensförderlichen Gaben an die Menschen) und – entscheidend – den dann in Ex 34,5-7 prominent als Wesenserschließung JHWHs interpretierten *Gottesnamen.* Ihm sind die nächsten Überlegungen dieses Abschnitts gewidmet[22]. Denn wie das „Angesicht" verleiht auch der „Name" Gott Ansprechbarkeit und Präsenz, kurz: eine Verortung, wenn auch von anderer Art. Dies gilt es knapp zu erläutern.

Das sprachliche Phänomen des *Eigennamens* hat einen *besonderen Gegenstandsbezug*[23]. Sowohl dann, wenn mehrere Entitäten denselben Eigennamen tragen, wie auch dann, wenn der Name mit nur einem Gegenstand verbunden ist, fungiert der Eigenname *identifizierend.* Ihm eignet *eine deiktische, die sprachliche Bezeichnung und den bezeichneten individuellen Gegenstand raumzeitlich verortende Funktion,* die durch keinen anderen Akt der Bezeichnung ersetzt werden kann. Dabei muß der mit dem Eigennamen angezielte Gegenstand keineswegs ein zu jeder Zeit unmittelbar gegebener sein. *Die spezielle Beziehung zwischen dem Namen und seinem „Träger" kann z.B. auch mittelbar innerhalb einer Interpretationsgemeinschaft tradiert werden* und auf diese Weise einen adäquaten Gebrauch des Namens sicherstellen, indem man sich auf eine Anfangssituation zurückbezieht, die die korrekte Gegenstandsbeziehung des Namens bezeugt.

Stellt man all dies in Rechnung, wird sofort deutlich, *wie sehr der Name insbesondere personale Beziehungen prägt.* Erst die direkte Anrede zu – und davon abgeleitet auch die indirekte Rede von – einer Person mit Hilfe des Eigennamens ermöglicht wechselseitige Kommunikation im Vollsinn. Nicht zufällig findet sich daher in den Zeugnissen der altorientalischen Kulturen wie im Alten Testament

---

[22] Siehe zum Folgenden: F. *Hartenstein,* Die Geschichte JHWHs im Spiegel seiner Namen (erscheint 2007 in einem Sammelband zu der Tagung, die 2005 unter dem Titel „Der Name Gottes" von der Theol. Fakultät der Universität Zürich veranstaltet wurde).

[23] Vgl. zur philosophischen Debatte: U. *Wolf* (Hg.), Eigennamen. Dokumentation einer Kontroverse, Frankfurt a. M. 1985.

die Auffassung, daß der Eigenname so eng mit der Person verknüpft ist, daß er diese so-
zusagen wesenhaft zu verkörpern vermag. Die Anrufung oder Ausrufung des Eigennamens läßt „etwas von der Person" anwesend sein – das gilt besonders für die
ansonsten primär medial (etwa durch Kultbilder) vermittelte *Präsenz von Gotthei-*
ten. Insofern bildet auch der Name des Gottes des Alten Testaments eine – gegenüber der eben geschilderten Rede vom „Angesicht" JHWHs – *vermutlich noch*
basalere Weise der Verortung der göttlichen Person. Um dies genauer beschreiben zu
können, müssen auch historische Aspekte zum Namen Gottes berücksichtigt
werden.

Der Eigenname JHWH gehört zu den wenigen, sich im Dunkel der Frühge-
schichte Israels verlierenden *unableitbaren Elementen* in der Geschichte dieses Gottes. Er ist vorisraelitisch weder in den altorientalischen Quellen Syriens und Me-
sopotamiens belegt, noch scheint er ursprünglich in Palästina beheimatet gewesen zu sein. Die einzigen Hinweise auf seine Herkunft bilden ägyptische Inschrif-
ten der Ramessidenzeit (14./13. Jh. v. Chr.), die die Konsonantenfolge JHWH als
eine Bezeichnung für den ostjordanischen Herkunftsbereich von *Schasu-*
Nomaden bezeugen (vgl. dazu die alttestamentlichen Angaben über einen Aus-
gangs- bzw. Wohnort JHWHs im Gebiet Edoms in Dtn 33,2; Ri 5,4; Hab 3,3).
JHWH wird demnach am ehesten aus der gebirgigen Wüste südöstlich der Araba stam-
men, was seinen späteren Aufstieg zum Hauptgott Israels und Judas und schließlich zum einzigen Gott um so erstaunlicher macht (zumal nach neueren archäo-
logischen Erkenntnissen für die Entstehung Israels kaum mit einer nennenswer-
ten Einwanderung von außen zu rechnen ist). Jedenfalls ist der Name JHWH in
Israel alt und wurde – wohl auch aufgrund seiner Herkunft aus dem Ausland –
im Alten Testament in seiner anfänglichen Bedeutung nicht mehr verstanden.
Schon die Vokalisierung muß ebenso offen bleiben wie der ursprüngliche Sinn
des im Namen enthaltenen Verbs. So verweisen die oben genannte (geschichts-)
theologische Deutung des Namens durch die sog. „Gnadenformel" in Ex 33,19
und Ex 34,6f. ebenso wie die Schilderung der Offenbarung des Namens an Mose
auf eine *ebenso verhüllende wie erhellende Suche nach der Bedeutung des Namens.* Ich
erinnere hierfür ohne weitere Erläuterung an den berühmten Vers Ex 3,14:

13 Da sagte Mose zu dem Gott: „Siehe, (wenn) ich zu den Israeliten komme und zu ihnen
sage: ‚Der Gott eurer Väter hat mich zu euch gesandt!' Und sie sagen (dann) zu mir: ‚*Was ist*
sein Name?' – Was soll ich ihnen sagen?" 14 Da sagte Gott zu Mose: „*Ich werde (da) sein, als der*
ich (da) sein werde (oder: ich werde sein, wer immer ich sein werde)."

Die historisch und theologisch von Anfang an am Namen JHWH haftende Opakheit
bildet wohl ein Element seiner Sonderstellung und der Betonung der Namensoffenba-
rung. Da JHWH – nach allem, was man vermuten kann – ohne andere Gottheiten
seines früheren Umfelds in die palästinischen Verhältnisse eingeführt wurde,

eignet ihm auch ansonsten ein in der kollektiven Erinnerung Israels und Judas bewahrtes *Odium des Singulären.*

Es würde an dieser Stelle zu weit führen, die Geschichte JHWHs auch im Spiegel seiner – das Tetragramm gewissermaßen umgebenden – anderen Namen nachzuzeichnen. Man könnte daran grundlegende Linien der Religions- und Theologiegeschichte Israels im ganzen entwickeln. Dazu gehört auch der überraschende Befund, daß der Eigenname JHWH keineswegs mit der aus dem Dtn und der daran anschließenden Theologie bekannten Exklusivität als Garant des Monotheismus galt. Hierfür ist vor allem auf den Jerusalemer Kultnamen „JHWH Zebaoth" (JHWH der Heerscharen) zu verweisen, der die oben erwähnte Plastizität der – mit der Königsmetapher gedeuteten – Sphäre JHWHs als Wirkfeld auch untergeordneter göttlicher Kräfte bis in späte Traditionen des Alten Testaments bewahrt. Auch das Tetragramm hat insofern Anteil an der Mehrstimmigkeit und Dialektik der Nennungen Gottes im Alten Testament. Diese konvergieren zwar auf das endgültige Offenbarwerden der Einzigkeit JHWHs hin (vgl. unten III.), setzen aber nach innen und außen eine pluralistische Situation voraus. Im Blick darauf formuliert der späte schriftprophetische Reflexionstext Sach 14 in Vers 9 ein eschatologisches Bekenntnis:

> Und JHWH wird König sein über die ganze Erde. Und an jenem Tag *wird JHWH einer sein* und *sein Name einer*!

Das ist sicher nicht nur im numerischen Sinn gemeint, sondern faßt präzise die Erkenntnis in Worte, daß Gott selbst am Ende die notwendig mit seiner Wahrnehmung als Person verbundenen Spannungen in einem neuen Licht erscheinen lassen wird – dem *Licht der Eindeutigkeit*, wo Menschen nur Mehrdeutiges zu sehen vermögen. In einem solchen Licht steht dann am Ende auch das *Gesamthandeln* JHWHs, das sich im Blick auf die großen Traditions- und Literaturbereiche des Alten Testaments exemplarisch unter dem doppelten Aspekt von „Liebe" und „Gerechtigkeit" erfassen läßt.

b) Pragmata: Liebe und Gerechtigkeit

Die Spannung zwischen JHWHs *Erwählungshandeln* und seinem angesichts von Israels verweigerter Antwort erfolgenden *Gerichtshandeln* prägt die Geschichtstheologie der Prophetenbücher des Alten Testaments. Sie bilden so etwas wie eine Dokumentation des unter dem Aspekt persönlicher Bindung verstehbaren (dennoch aber auch abgründigen) Handelns Gottes an seinem Volk, das ihm zu keiner historischen Stunde gleichgültig geworden wäre. Insofern hat *die langzeitige Wahrnehmung der Taten JHWHs*, wie sie exemplarisch das über viele Jahrhunderte gewachsene Jesajabuch bezeugt, eine *Hermeneutik der Person Gottes* herausgebildet[24].

Als deren Ausgangspunkt ist zunächst die durch das Volk und seine Repräsentanten verletzte *Ordnung* anzusehen, die JHWH Israel und seinem Land eingestiftet hatte. Unser Begriff des Rechts trifft dabei nur einen Ausschnitt eines sehr viel umfassenderen Zusammenhangs, der als *Korrespondenzverhältnis von menschlichem und göttlichem Tun* gedacht war und nach modernem Verständnis „natürliche" ebenso wie „soziale" Prozesse umfaßt. Das Gleichgewicht dieser Ordnung besteht nicht aus sich selbst, sondern bedarf ständiger Pflege, wie dies besonders eindrücklich das sogenannte Weinberglied Jes 5,1-7 verdeutlicht. Das sprachliche Raffinement des Textes liegt in der gewählten Metaphorik: Ein Liebender singt, indem er in die Rolle eines Weinbauern schlüpft, von der Enttäuschung all seiner Bemühungen um das geliebte Gegenüber – seinen Weinberg –, der am Ende als das „Rechtsbruch" statt „Rechtsspruch" und „Bluttat" statt „Guttat" begehende Haus Israel identifiziert wird (V.7). Daran wird exemplarisch deutlich, wie JHWH für die Schriftprophetie als *ausgespannt zwischen den beiden Handlungsmomenten der „Liebe" und der „Gerechtigkeit"* erfaßt wurde. Es handelt sich für lange Zeit um keinen Gegensatz, sondern um *gleichsinnige bzw. komplementäre Aspekte der göttlichen Person.*

Sowohl die prophetische *Ehemetaphorik* (seit Hosea) als auch die vor dem Hintergrund altorientalischer Vasallenverträge entwickelte *Bundeskonzeption* sehen die Beziehung JHWHs als des „Ehemanns" bzw. „königlichen Schutzherrn" Israels geprägt von seiner *„Liebe"*. Hierbei sind jedoch moderne, vom romantischen Liebesgedanken genährte Assoziationen fernzuhalten. Vielmehr geht es bei dem als „Liebe" (Verb *'ahab*) gefaßten Beziehungsgeschehen zunächst um *ein solidarisches, wechselseitig überprüfbares Füreinanderhandeln im Sinne der genannten Ordnungskonzeption.* Dies zeigt in besonders klarer Weise Dtn 7,7-11:

7 Nicht weil ihr zahlreicher als alle Völker wäret, hat sich JHWH zu euch geneigt und euch erwählt, denn ihr seid von allen Völkern das kleinste, 8 sondern *weil JHWH euch liebte, und weil er den Eid, den er euren Vätern geschworen hat, gehalten hat,* führte euch JHWH mit starker Hand heraus, und er befreite dich aus dem Sklavenhaus, aus der Hand Pharaos, des Ägypterkönigs, 9 auf daß du erkennst, daß JHWH, dein Gott, (der) Gott ist, der treue Gott, *der den Bund und die Gemeinschaftstreue denen gegenüber bewahrt, die ihn lieben und seine Gebote halten,* bis auf tausend Geschlechter, 10 *aber denen gegenüber, die ihn hassen, ins Angesicht vergilt, um sie zu vernichten.*

---

[24] Auf diese Perspektive hat vor allem *O. H. Steck* in seinen letzten Arbeiten nachdrücklich hingewiesen; vgl. *O. H. Steck*, Die Prophetenbücher und ihr theologisches Zeugnis. Wege der Nachfrage und Fährten zur Antwort, Tübingen 1996; *Ders.*, Gott in der Zeit entdecken. Die Prophetenbücher des Alten Testaments als Vorbild für Theologie und Kirche, BThSt 42, Neukirchen-Vluyn 2001.

Bei aller Rechtsförmigkeit, in die hier die Interpretation des Gotteshandelns als Liebe eingebettet ist, wird man einem solchen Konzept gleichwohl *eine emotionale Komponente* nicht absprechen können. Am Beispiel von Dtn 7,7ff. wird das vor allem an der Kehrseite der „Liebe", der vergeltenden „Vernichtung" sichtbar, die als Reaktion JHWHs nicht nur auf verweigerte Gegenliebe, sondern auf den „Haß" von Menschen erfolgt, die seine Ordnungen mißachten. Es zeigt sich weiter in der hier sachlich angebundenen Vorstellung des „Eifers" JHWHs für die Reinheit der Gottesbeziehung Israels (vgl. etwa im Kontext der oben erwähnten zweiten Bundesschlußerzählung in Ex 34,14: „Denn du sollst keinem anderen Gott die Proskynese erweisen, ja, *eifernd* heißt JHWH, ein *eifernder Gott* ist er"). Und schließlich eignet gerade der Rede vom göttlichen *Gerichtszorn* immer eine mehr oder minder stark artikulierte Gefühlskomponente von Enttäuschung und verletzter Ehre.

Die Dynamik der in den großen geschichtlichen Katastrophen Israels und Judas – mühsam vor dem Hintergrund der prophetischen Gotteshermeneutik – erkannten *langzeitigen Handlungseinheit JHWHs* läßt „Liebe" und „Zorn" (als Moment von „Gerechtigkeit") im ganzen als Ausdruck des Willens JHWHs verstehen, *sein Volk niemals völlig preiszugeben*. So steht der gern als für das Alte Testament besonders typisch empfundene symmetrische „Vergeltungsgedanke" eben nicht als allein leitendes Motiv hinter dem göttlichen Strafhandeln, so sehr dieses dadurch in der Regel als lesbar erscheint. Wenn aber etwa der Prolog des Deuterojesaja in Jes 40,1ff. die besonders nach 587 v. Chr. empfundene Verborgenheit JHWHs für beendet erklärt, so liegt bei aller Bitternis des erfahrenen Strafhandelns Gottes *in der Erneuerung seiner Zuwendung ein unauslotbares „Mehr"* der nun wieder erfahrbaren Gottesbeziehung:

> 1 *„Tröstet, tröstet mein Volk!"*, spricht euer Gott. 2 „Redet zum Herzen Jerusalems und ruft ihr zu, daß erfüllt ist ihr Frondienst, daß abgetragen ihre Schuld, daß sie empfangen hat aus der Hand JHWHs Doppeltes für all ihre Übertretungen!"

Die weiteren Kapitel des Buchteils Jes 40-55, die im Folgenden noch mehrfach zur Sprache kommen werden, durchzieht eine werbende Rhetorik, die dem an JHWHs Wegen (ver-)zweifelnden Israel (vgl. Jes 40,27) dessen *Handlungsmacht in der Einheit von „Liebe" und „Gerechtigkeit"* vor Augen führen will. Dazu bedient sich der Text u.a. einer aus den Psalmen entlehnten Sprache der persönlichen Anrede. So nennt JHWH in einem Heilsorakel als Begründung für die Sammlung des verstreuten Israel wieder seine *„Liebe"*, die sich in der Geschichtswende erneut erweisen wird (Jes 43,4f.):

> 4 *Weil du teuer bist in meinen Augen, Gewicht hast, und ich dich liebe*, gebe ich Menschen an deiner Stelle, Völker anstelle deines Lebens! 5 Fürchte dich nicht, denn ich (bin) mit dir! Vom

Osten (Sonnenaufgang) her werde ich bringen deinen Samen, und vom Westen (Sonnenun-
tergang) werde ich dich sammeln.

Daß dieser Text zugleich in seiner *Israelzentriertheit* dessen Sonderrolle gegenüber den anderen Völkern hervorhebt, ist ein Zug der die nachexilischen Theologien des Alten Testaments prägt. Wenn nämlich, wie es Deuterojesaja nicht zu
betonen müde wird, JHWH auch der Schöpfer der Gesamtwirklichkeit ist, dann
stellt sich noch einmal dringlicher die Frage *nach dem Verhältnis von „Liebe" und
„Gerechtigkeit" im Blick auf das Verhältnis Israels zur Völkerwelt*. In diesem Zusammenhang läßt sich eine aus christlicher Sicht entscheidende Sinnlinie einer langzeitig beobachteten *Wandlung Gottes im Alten Testament* nachzeichnen. Es geht
um die *Entgrenzung seiner Liebe* und um deren *Freiheit auch zur Zurücknahme von
Strafhandeln* – im eigentlichen Sinn wird erst hier „Personalität" als Personalität
Gottes entdeckt.

c) Chronologie: Zorn und Reue

Wenn, wie oben gesagt, das Alte Testament eine Geschichte JHWHs selbst ab-
bildet, die an seinem langzeitigen Handeln die Identität seiner Person erkennbar
werden läßt, so sind dafür besonders solche Sinnlinien wesentlich, die *Wandlungen in der Wahrnehmung Gottes im Unterschied zu menschlichen Personen deutlich
machen*. Es sind Wandlungen, bei denen die biblischen Nennungen Gottes vom
„Suchen" in ein bewußtes „Denken Gottes" voranschreiten (vgl. unten III.). *Eine*
solche Wandlung verbindet sich mit der in der Auslegungstradition oft als besonders anstößig empfundenen Rede von der „*Reue*" (Verb *nicham* Nif.) Gottes.
Ihr hat Jörg Jeremias eine viel rezipierte Studie gewidmet, an deren Ergebnisse
die folgenden Überlegungen anknüpfen[25].

In nur zwei alttestamentlichen Texten wird von der „Reue" JHWHs *über eine
vorgängige Heilssetzung* berichtet (in Gen 6,6f. in der Begründung der Sintflut im
Rahmen der nichtpriesterschriftlichen Schicht von Gen 1-11 und in 1 Sam
15,11.35 in der späten Erzählung über die Verwerfung Sauls). Für beide Erzählungen gilt, daß sie keine naiven Perspektiven auf ein allzu menschliches Handeln Gottes einnehmen. Ich möchte das am Beispiel des nichtpriesterschriftlichen
Sintflutprologs genauer illustrieren, weil dieser – vor dem Hintergrund einer
kritischen Rezeption altorientalischer Flutmythen – *grundsätzliche anthropologische
Einsichten* formuliert (Gen 6,5-7):

5 Als JHWH sah, daß die Bosheit des Menschen groß geworden war auf der Erde, und jedes Gebilde der Planungen seines Herzens nur böse (geworden war) die ganze Zeit, 6 *da reute*

---

[25] Vgl. J. Jeremias, Die Reue Gottes. Aspekte alttestamentlicher Gottesvorstellung, BThSt 31,
Neukirchen-Vluyn ²1997 (überarb. und erw. Auflage der ersten Auflage von 1975).

es JHWH, daß er den Menschen auf der Erde gemacht hatte, *und es ging ihm zutiefst zu Herzen.* 7 Und JHWH sagte: „Ich will auswischen den Menschen, den ich geschaffen habe, von der Erdoberfläche [...], denn *es reut mich*, daß ich sie gemacht habe."

JHWHs Willensänderung erfolgt hier nicht aufgrund einer späten Einsicht in die Fehlerhaftigkeit seines Tuns, wie wir „Reue" alltagssprachlich eventuell umschreiben würden. Stattdessen handelt es sich um eine *aus der tatsächlichen Dynamik der Beziehungen resultierende Markierung der Grenze zwischen Gott und Mensch*: Der Text formuliert eine – nur vor dem Hintergrund einer Rezeption der dargelegten prophetischen Hermeneutik der Person Gottes verständliche – Einschätzung der *Fehlbarkeit des Menschen*. Dabei wird die an Israels Abtrünnigkeit erkannte Problematik der sich steigernden Verfehlung vollends habitualisiert (alle Menschen denken und handeln jederzeit nur noch „böse", d.h. im Widerspruch zu Gott). Indem der Text – wie in Gen 2-3 – das prekäre Verhältnis zwischen Mensch und Gott bereits in der Vorzeit in eine entscheidende Krise geraten läßt, wird JHWH *schon vor der Erwählung Israels* zum Vernichtungsbeschluß genötigt. Dieser fällt ihm nicht leicht, sondern erscheint durch seine „Liebe" zu den Geschöpfen konterkariert (V.6 *„und es ging ihm zutiefst zu Herzen"* 'azab II Hitp.). Insofern werden hier – im explizit monotheistischen Gegensatz zur Götterwelt der mesopotamischen Flutmythen – die beiden Seiten von „Liebe" und „Gerechtigkeit" in Gott nicht mehr komplementär, sondern *als echte Spannung wahrgenommen, die die Gottheit Gottes selbst betrifft.* Auch in Gen 6-8 muß man, wie analog in Gen 2-3, die mythische Handlungssequenz *von ihrem Ende her lesen.* Dort findet man die Feststellung, daß sich an der Fehlbarkeit des Menschen nichts geändert hat, wohl aber *an der Weise JHWHs, auf den Menschen im Widerspruch zu reagieren* (Gen 8,21):

21 Und JHWH roch den lieblichen Duft *und sprach zu seinem Herzen: „Ich will nicht mehr fortfahren, die Erde um des Menschen willen zu verfluchen, weil das Herz des Menschen böse (ist) von ihrer Jugend an.* Und ich will nicht mehr fortfahren, alles Lebendige zu schlagen, wie ich (es) getan habe."

JHWH hat also aus freiem Entschluß schon in mythischer Vorzeit sein Verhältnis gegenüber dem zur Abtrünnigkeit neigenden Geschöpf so definiert, daß er es nie wieder völlig zu vernichten verspricht, obgleich er dies – nach menschlichem Gerechtigkeitsempfinden – tun müßte. Die nichtpriesterliche Sintfluterzählung erscheint so als *Geschichte einer unverdienten Bewahrung*, an deren Anfang der streng einmalige Akt der Reue JHWHs über die Erschaffung seines Geschöpfes steht. Man darf wohl folgern, daß es der in dieser Reue enthaltene *Schmerz* gewesen ist (Gen 6,6), der als Anzeiger der Bindung Gottes an die Menschen *auch den Entschluß zur künftigen Abstandnahme vom Äußersten des Gerichts in die Freiheit*

　　　　　　　　　Friedhelm Hartenstein

Gottes zurückverlagert. Daß dies zutreffen wird, zeigt die Aufnahme der Sintflut-geschichte *als Bewahrungserzählung* in Jes 54,8-9, die die Tröstung Israels in Jes 40ff. illustrieren soll:

8 Im überflutenden Zorn habe ich mein Angesicht eine Weile vor dir verborgen. Doch mit Gemeinschaftstreue fernster Zeit habe ich mich deiner erbarmt – hat dein Erlöser gesprochen: JHWH –. 9 *Wie die Tage Noachs (ist) mir dies, als ich geschworen hatte, daß die Wasser Noachs nicht mehr über die Erde gehen sollten – so habe ich (auch jetzt) geschworen, dir nicht mehr zu zürnen und dich nicht mehr zu bedrohen!*

Die Rede von der „Reue" JHWHs wird ansonsten im Alten Testament insbe-sondere *in der prophetischen Literatur* immer mehr zur theologischen Deutekate-gorie, mittels derer man aus dem Wechsel geschichtlicher Wahrnehmungen *Schlüsse auf Gottes Identität im Wandel* zog. Die „Reue" ist dann nicht – wie in Gen 6 und 1 Sam 15 – auf Vergangenes gerichtet, sondern meint den Umsturz im Herzen JHWHs angesichts eines *bevorstehenden Gerichts*, das er nicht vollzieht. Eine solche „Selbstbeherrschung" zeigt wieder das Umgriffensein des Zorns JHWHs von seiner Liebe und wird so geradezu zum *Erweis der Gottheit Gottes als schöpferischer Ermöglichung von Beziehung.* So tritt besonders eindrucksvoll in Hos 11,8f. genau an dieser Stelle die Unterscheidung zwischen Mensch und Gott her-vor:

8 Wie könnte ich dich preisgeben, Efraim, dich ausliefern, Israel? [...] *Mein Herz hat sich in mir umgewandt, mit Macht ist meine Reue entbrannt. 9 Ich kann meinen glühenden Zorn nicht voll-strecken,* kann Efraim nicht wieder verderben: *denn Gott bin ich, nicht Mensch,* in deiner Mitte der Heilige: Ich lasse Zornesglut nicht aufkommen.

Indem die in JHWHs Liebe zu Israel gründende Möglichkeit seiner Selbstbe-herrschung *als Proprium der Gotteserkenntnis Israels immer stärker hervortritt,* auf der anderen Seite aber Israel in der exilisch-nachexilischen Zeit *seine Identität in der Völkerwelt bewahren muß,* entsteht ein neues Problem: *Wie verhält sich der Wel-ten- und Schöpfergott zu den anderen Völkern?* Die Antworten auf diese Frage sind in den alttestamentlichen Texten höchst kontrovers. Und gerade das macht den Reiz dieser Sinnlinie zwischen „Zorn" und „Reue" JHWHs aus. Stellvertretend hierfür möchte ich zum Schluß dieses Abschnitts das Jonabuch nennen, ein selte-nes Stück humorvoller Theologie in Form einer kleinen Erzählung. Synchron gelesen erreicht diese in Jon 3,3b-10 und in Jon 4 ihren Höhepunkt. Der vermut-lich in die späte Perserzeit gehörenden Hörerschaft wird am Beispiel des Prophe-ten Jona vorgeführt, daß – mit den Worten des 1. Johannesbriefes – „Gott größer ist als unser Herz" (1 Joh 3,20). Denn nach der vorbildlichen Buße der Niniviten – der traditionellen Feindmacht Assur – wird offensichtlich, weshalb sich Jona seinem Auftrag, im Feindland als Gerichtsprophet aufzutreten, von Anfang an entziehen wollte. Nachdem nämlich vom Großkönig bis zum Vieh alle Bewohner Ninives in Sack und Asche gingen und auf das „Vielleicht" (vgl. Am 5,15) einer Umkehr Gottes von seinem Zorn hofften, wurde „der Gott" tatsächlich des Unheils leid, und er ließ davon ab, es zu verwirklichen (Jon 3,10: wiederum das Verb *nicham* Nif.):

10 Und der Gott sah ihre Taten, daß sie von ihren bösen Wegen umkehrten. *Und den Gott reute das Böse/Unheil, das er ihnen zu tun angesagt hatte.* Und er tat es nicht.

Hierin liegt eine doppelte Zumutung für die Hörer:

1) Zum einen, daß „der Gott" (der ganzen Welt) die für Israel erst in langem geschichtlichen Ringen erkannte Zurücknahme seines Gerichts *auch den Erzfeinden zukommen lassen kann* (wobei in Jon 3,10, wie auch sonst mit der „Reue" ein freier Akt Gottes, kein Automatismus von menschlicher und göttlicher Umkehr gemeint ist).

2) Zum anderen, daß Gottes „Reue" hier exemplarisch deutlich macht, wie sehr die seit dem Exil immer entscheidendere Perspektive des *Schöpfer*gottes das Proprium Israels relativiert. So spiegelt der Widerstand Jonas, der Gott vorhält, dieser sei „zu barmherzig" gewesen, was der Prophet von Anfang an befürchtet habe (Jon 4,1-3), die ungelöste Frage nach Israels Stellung in der Welt. Das Buch endet als einzige alttestamentliche Schrift *mit einer Frage*, die die Leser zur Stellungnahme auffordert (Jon 4,10f.). In ihr wird das „*Mitleid*" Gottes (wohl eine weiterführende Interpretation seiner Reue; Verb: *chûs*) als ein *Vorrecht des Schöpfers* namhaft gemacht. Dem einzigen Weltengott liegt an jedem einzelnen seiner Werke. Diese Sinnlinie ließe sich weiterführen bis in die Nennungen Gottes im Neuen Testament und ist deshalb für die christliche Rückfrage nach dessen „Personalität" im Alten Testament besonders wichtig. Sie ist ein zentrales Beispiel dafür, daß bereits im Alten Testament die unterschiedlichen Weisen, Gott zu nennen, in ein ausdrückliches „Denken Gottes" übergehen. Dem möchte ich mich nun abschließend noch etwas genauer zuwenden.

III. Gott denken – Konvergenzlinien auf das Unsagbare

Wenn es die Aufgabe christlicher Theologie ist, das in den biblischen Nennungen Gottes Vorgegebene im Zuge der Selbstvergewisserung des Glaubens zu explizieren, so ist eine solche Tendenz bereits innerhalb der alttestamentlichen (und neutestamentlichen) Traditionsentwicklung feststellbar. Die zuvor dargelegten Weisen der Rede von Gott als Person im Alten Testament zeigen das auf verschiedenen Ebenen. Im Fall der *Verortung JHWHs* durch die Symbole „Angesicht" und „Name" entsprechen die innerbiblischen Interpretationen dem viel zitierten Diktum Paul Ricoeurs, wonach das Symbol zu denken gibt[26]. Indem in Ex 33,18ff. „Angesicht" und „Name" als komplementäre Annäherungen an die *nur in der Dynamik ihres „Vorübergehens" erfaßbare Präsenz Gottes* begriffen werden, wird der *Faktor des Zeitlichen als für die Wahrnehmung Gottes als Person besonders wichtig herausgestellt*: Mose vermag nur JHWHs „Rückseite", ihm also *hinterher* zu sehen. Diese Einsicht in den *retrospektiven Charakter allen Nach-Denkens über Gott* prägt die Wahrnehmungen seiner *Handlungen* und seiner daran langzeitig ablesbaren *Wandlungen* in den Prophetenbüchern und den großen Geschichtswerken des Alten Testaments. Das zeigt exemplarisch die anfängliche Gleichsinnigkeit und spätere Spannung von „Liebe" und „Gerechtigkeit", die anhand der Rede von der „Reue" zur *Erkenntnis der Freiheit der Liebe* als wesentlicher Eigenart Gottes geführt hat.

Diese Freiheit der Liebe ist ein Beispiel für die Tendenz der biblischen Nennungen Gottes, die menschliche Rede transparent werden zu lassen für die *Differenz zwischen Gott und Mensch* und damit für den Charakter der Rede von Gott als eines Sprechens an der *Grenze des Sagbaren*. Die folgenden Überlegungen möchten abschließend diesem biblisch vorgegebenen *„Denken Gottes" in* Symbolen nachgehen, das die Symbole selbst *als Grenzausdrücke* zu verstehen beginnt.

a) Identität und Transzendenz

Ein erstes und entscheidendes Moment der Erfassung der Personalität Gottes als Grenzausdruck ist die oben herausgestellte Wahrnehmung seiner Identität als *des durch die Zeiten hindurch in seinem Willen und Handeln verläßlichen*. Die biblischen Texte lassen an dieser Stelle keine substanzontologische Konzeption der Person erkennen, so sehr (wie wir gesehen haben) die Nennungen Gottes eine Verortung implizieren. Indem aber der Symbolcharakter dieser Nennungen zunehmend ausgeweitet wird, ohne auf der Ebene eines Zeichenbegriffs erkannt zu werden, weist die Geschichte der Wahrnehmungen Gottes im Alten Testament eine *Doppelsinnigkeit* auf: *Der wachsenden Einsicht in die Identität Gottes entspricht die zunehmende Betonung seiner Transzendenz*. Eine Transzendenz, die sich insbesondere mit dem *Schöpfungs*thema verbindet, das ohne die geschichtliche Hermeneutik der Person Gottes nicht begründungskräftig geworden wäre. Denn die *Erfassung seiner Identität im Wandel der Zeiten*, die *in groß angelegten narrativen Figurationen erkannt und beschrieben wird*, verweist auf eine *„größere Zeit" JHWHs*, die zuletzt alle menschlichen Anfänge und Enden umgreift (vgl. etwa Ps 90,4: „Ja, tausend Jahre sind in deinen Augen wie der gestrige Tag, wenn er vorübergegangen ist"). Insofern überschreitet die Größe und Weite des Handelns

---

[26] Vgl. *P. Ricoeur*, Symbolik des Bösen. Phänomenologie der Schuld II, Freiburg/München ²1988 (frz. 1960), bes. 395-406.

JHWHs nicht nur Israel, sondern die Menschheit und schließlich die Welt. Identität *und* Transzendenz JHWHs bilden dann die am Handeln Gottes abgelesene *Einheit seiner Person – und seiner Personalität als des Beziehung ermöglichenden und immer wieder realisierenden „lebendigen Gottes".*

Diese Einheit Gottes kann nicht im Sinne der Lebensgeschichten menschlicher Personen verstanden werden, sondern verweist auf Gott *jenseits eines Anfangs und eines Endes* (vgl. die unerklärt bleibende Anwesenheit Gottes in Gen 1,1 „vor" aller Schöpfung ebenso wie die Erwartung in Ps 102,26f.: „Vor Zeiten hast du die Erde gegründet, und die Himmel sind deiner Hände Werk. Sie werden vergehen, *du aber bleibst"*). Eine solche Zusammenschau wurde, wie gesagt, in der (spät-)exilischen Zeit erstmals ausdrücklich vollzogen, in der der Zusammenbruch wesentlicher Deutemuster zur Neuorientierung nötigte. Daß man nun nicht nur die Einheit, sondern im strengen Sinn auch die *Einzigkeit* JHWHs betonte, ist religions- und theologiegeschichtlich ein komplexer Vorgang. Ich möchte dazu lediglich hervorheben, daß diese Aussage an den wenigen Stellen, an denen sie explizit begründet wird (wie in Dtjes und Dtn 4), *aus der Unvergleichlichkeit seines Gesamthandelns hergeleitet wird.*

Wenn ich im Folgenden zur Darlegung dieses Sachverhalts wieder vorrangig auf Deuterojesaja zurückgreife, so liegt das daran, daß nirgends sonst im Alten Testament die Verhältnisbestimmung des *Geschichtshandelns JHWHs im Horizont seines Schöpferseins* so klar als die Verhältnisbestimmung von *erwiesener Identität* (in der Geschichte) und *erkannter Transzendenz* (in der Schöpfung) durchgeführt wurde. Als Beispiel soll ein Ausschnitt aus einem Disputationswort (Jes 43,8-13) dienen:

10 Ihr (seid) meine Zeugen! – Spruch JHWHs – mein Knecht, den ich erwählt habe, damit ihr erkennt und mir glaubt, und *versteht, daß ich es bin: Vor mir wurde kein Gott gebildet, und nach mir wird keiner sein! 11 Ich, ich (bin) JHWH, und keiner (ist) außer mir ein Retter! 12 Ich (allein) habe (es) bekannt gemacht, und ich habe gerettet,* und ich habe (es) hören lassen, daß (es) keinem unter euch fremd (geblieben ist)! Und (so) seid ihr meine Zeugen – Spruch JHWHs –, und ich (bin) Gott! 13 *Auch von heute an (bin) ich es, und keinen (gibt es), der aus meiner Hand reißt! Ich wirke – wer wollte es wenden?*

Der Adressat dieses Wortes ist das zweifelnde, seinem Gott gegenüber „blind" gewordene Israel (V.8), das einer Gerichtsverhandlung beiwohnt, in der es um die Klärung der Gottheit JHWHs gegenüber den Göttern der Völker geht. In JHWHs Beweisführung sind zwei Argumentationslinien zu unterscheiden, die zusammengenommen so etwas wie eine *Definition Gottes* ergeben:

1) Zum einen verweist der Gott Israels darauf, daß er *vor allen denkbaren und erzählten Anfängen* bereits „da" war (V.10: „vor mir wurde kein Gott gebildet"). Es könnte sich gut um eine direkte Replik auf die Anfangszeilen des babylonischen

Staatsmythos Enuma elisch handeln, der im Blick auf die Götter nur von deren *im* Anfangshorizont der Welt liegenden Entstehung zu berichten wußte:

> Als die Götter noch nicht hervorgebracht waren, kein einziger, sie mit Namen noch nicht gerufen waren, ihnen die Schicksale noch nicht bestimmt waren, *da wurden die Götter in ihrem Inneren [sc. den vermischten Wassern des Urpaares Apsû und Tiamat] geformt*[27].

2) Zum anderen verweist JHWH – im Sinne der oben beschriebenen Gotteserkenntnis Israels – darauf, *daß ihm allein die Macht zukommt, zu „retten"*, wodurch er seine Gottheit mehr als einmal erwiesen hat (vgl. das bei Deuterojesaja betont aufgenommene Schilfmeerwunder, so unmittelbar anschließend in Jes 43,14-21). Entscheidend für den Erweis seiner Einzigkeit *als* Gott ist aber schließlich, *daß er sein Handeln – durch sein prophetisches Gesamtwort – wahrhaftig vorhersagen konnte und dies weiterhin tut.* Ja mit Hilfe seines *wirkmächtigen Wortes (dabar)* lenkt er im Rahmen seines Schöpfungshandelns auch die Geschicke der gesamten Völkerwelt (vgl. Jes 55,11: „so ist mein Wort, das aus meinem Mund hervorgeht: Nicht kehrt es leer zu mir zurück, es sei denn, es habe getan, was ich gewollt habe, und habe ausgeführt, wozu ich es gesandt habe"). In der *bewahrheiteten Ansage des Geschichtsverlaufs* wird so seine *Identität* über die Zeiten hinweg für Israel erkennbar (vgl. das für Vergangenheit und Zukunft in Jes 43,10ff. so betonte „Ich bin JHWH"). Und zugleich erweist es auch seine *Transzendenz.* Dafür hat das große Disputationswort Jes 40,12ff. die einprägsame Ikone des über dem Erdkreis unter dem Himmelsbaldachin thronenden Königsgottes gefunden, vor dem die Völker und ihre Herrscher wie Heuschrecken erscheinen (V.22, vgl. V.15: wie ein Staubkorn an der Waage und wie Tropfen am Eimer).

Dieser bei Deuterojesaja mit großer rhetorischer Kraft vorgetragene *Erweis der Handlungstranszendenz des einzigen Gottes* ist eindrucksvoll. Er bringt aber auch *spezifisch monotheistische Probleme* für die Wahrnehmung Gottes mit sich, indem in einer einzigen göttlichen Instanz Widersprüche zusammenzudenken sind, die in der Götterwelt des Alten Orients auf mehrere Personen verteilt waren. Eine Weise, mit diesem Erkenntnisproblem des Glaubens umzugehen, ist die Beibehaltung, ja teils *bewußte Nebeneinanderstellung unterschiedlicher Aussageformen.* So hat sich das Alte Testament nirgends – auch nicht bei Deuterojesaja – auf eine „rein" monotheistische Rede von Gott festgelegt, sondern lebt auch hier von einer gelenkten Mehrstimmigkeit.

---

[27] Enuma elisch Tf. I, Z. 7-9; deutsche Übersetzung zitiert nach C. *Wilcke*, Die Anfänge der akkadischen Epen, ZA 67, 1977, 153-216, 167. Der Text verwendet für die Theogonie hier den N-Stamm des Verbs *banû* IV: „geschaffen/geformt/gemacht werden", ein ziemlich genaues Äquivalent zum hebräischen *jazar* „formen/bilden" in Jes 43,10 (vgl. auch 44,10 vom Kultbild als „geformtem Gott").

b) Vielfältige Einzigkeit

Mit dem „Denken des einzigen Gottes" rückt in den entsprechenden alttestamentlichen Texten das *Unerforschliche* und *Unauslotbare* der göttlichen Willens- und Handlungsbekundungen in das Bewußtsein. So stellt es für die Adressaten der deuterojesajanischen Texte eine Zumutung dar, in der Erwählung des Perserkönigs Kyros als des „Gesalbten" das Heilshandeln JHWHs (an-)erkennen zu sollen. Nicht zufällig findet sich in genau diesem Zusammenhang (Jes 44-45) eine der begrifflich dichtesten Umschreibungen Gottes, die wie *ein Abschreiten der Grenzlinien zum Unsagbaren* formuliert ist (Jes 45,6f.):

6b Ich JHWH (bin es) und keiner sonst, 7 der *bildet Licht* und *schafft Finsternis*, der *wirkt Heil* und *schafft Unheil*. Ich JHWH (bin es), der all diese (Dinge) tut!

In aller Kürze wird hier in Form von vier Partizipialaussagen in einem ersten Parallelismus die *kosmische Handlungsmacht* Gottes als des Schöpfers umrissen, der (anders als in Gen 1) Licht *und* Finsternis erschaffen hat, während ein zweiter Parallelismus seine *geschichtliche Handlungsmacht* durch sein Bewirken von Heil *und* Unheil umschreibt. Dabei ist die Reihenfolge von der Schöpfung (als des Gesamtrahmens) zur Geschichte hin ebenso zu beachten wie die jeweils für die Objektpaare gewählte Abfolge *vom Positiven zum Negativen* (zuerst Licht, dann Finsternis, zuerst Heil, dann Unheil). Daß hierbei auch eine *Erkenntnisordnung* für die Adressaten intendiert ist, die dem Prinzip der anfänglich heilssetzenden Taten JHWHs entspricht (vgl. oben I.b), zeigen schließlich die verwendeten *Verben*: Die zuerst genannten positiven Größen „Licht" und „Heil" werden mit einer gewissen Anschaulichkeit „geformt" (Verb *jazar*) oder „gemacht" (Verb *'asah*). Die kosmisch und geschichtlich negativen Größen „Finsternis" und „Unheil" sind dagegen beide mit dem allein mit dem göttlichen Subjekt vorkommenden und daher unanschaulichen Verb *bara'* „schaffen" verbunden. *Das Negative als durch Gott bewirktes bleibt so zuletzt dem Verstehen entzogen, bildet aber einen Teil der – darin abgründig erscheinenden – Identität JHWHs.* Unmittelbar an diese – auf Luthers Reflexionen über die Wahrnehmungen Gottes *sub contraria specie* vorausweisenden – Spitzenaussagen schließt dann sehr bewußt eine aus der mythischen Sprache der Psalmen gewonnene Passage an, die das künftige Heil *bildhaft anschaulich* ausmalt (Jes 45,8):

8 Laßt träufeln, ihr Himmel, von oben, und Wolken sollen fließen (von) Recht! Es öffne sich (die) Erde [mit Vulg.], es soll blühen [mit Qᵃ] Rettung/Heil, und Gerechtigkeit soll sie (sc. die Erde) aufsprießen lassen dazu! Ich, JHWH, habe diese (Dinge) geschaffen!

„Recht" und „Gerechtigkeit" sind hier, wie vielfach in den Psalmen Jerusalemer Herkunft, zugleich Gaben und Wirkmächte JHWHs, und Himmel und Erde erscheinen als ebensolche Hilfskräfte zur Verwirklichung des Heils (vgl. als nächste Parallele Ps 85,10-14). Diese Sprache bewegt sich religionsgeschichtlich „zwischen Polytheismus und Monotheismus" (Klaus Koch[28]). Die kompositorisch gewollte Abfolge von Jes 45,7 zu 45,8 ist ein gutes Beispiel für das mehrstimmige „Denken des einzigen Gottes". Es erfolgt *nicht nur auf einer begrifflich verdichteten Linie* (Jes 45,6f.), *sondern bleibt zugleich der mythischen Sprache eines aufgefächerten göttlichen Wirkfeldes verpflichtet* (Jes 45,8). Diese „multiplicity of approaches", wie sie H. Frankfort und B. Landsberger für altorientalische Kulturen als grundlegend herausgestellt haben[29], *stellt in ihrer israelitischen Variante eine bis heute wirksame Poetik der Glaubenssprache bereit.*

Bildhaft-konkrete und begrifflich-abstrakte Nennungen Gottes *zielen vielstimmig auf dessen Einzigkeit.* Es handelt sich um Konvergenzlinien auf das Unsagbare, deren Reichtum heutiger Theologie immer noch vorgegeben ist. Die *als* Grenzausdrücke begriffene Vielfalt der biblischen Nennungen Gottes fordert dazu heraus, Gott zu denken, indem wir „ihn sagen".

c) Grenzausdrücke

Daß die alttestamentlichen (ebenso wie die neutestamentlichen) Nennungen Gottes als Person „Grenzausdrücke" sind, gilt keineswegs nur für deren innerbiblische Interpretationen und für ihre – einander begrenzende – Vielstimmigkeit. Denn sie bestimmen als unhintergehbare Vorgabe theologischer Reflexion auch die Richtung einer heutigen Rede von und zu Gott als Möglichkeit unserer Sprache. Ich möchte das zum Abschluß noch knapp unter drei Aspekten beleuchten: der *analogen Verfaßtheit* und der *Vorläufigkeit von Gottesaussagen* sowie der *Notwendigkeit ihrer kritischen Revision.* Die Grundvoraussetzung ist dabei die oben genannte hermeneutische Überzeugung, daß jede theologisch verantwortete Nennung Gottes sich *in* den biblisch vorgegeben Redeweisen von und zu Gott vorfindet und sich zu ihnen zustimmend und kritisch verhalten muß.

1) *Analoge Verfaßtheit von Gottesaussagen:* Wenn die in diesem Beitrag dargelegten biblischen Befunde angemessen beschrieben wurden, dann sollte man den

---

[28] Vgl. *K. Koch*, Die hebräische Sprache zwischen Polytheismus und Monotheismus: in: *Ders.*, Spuren des hebräischen Denkens. Beiträge zur alttestamentlichen Theologie. Gesammelte Aufsätze 1, Neukirchen-Vluyn 1991, 25-64.

[29] Vgl. *H. Frankfort*, Kingship and the Gods. A Study of Ancient Near Eastern Religion as the Integration of Society and Nature, Chicago, London 1948, passim; *B. Landsberger*, Die Eigenbegrifflichkeit der babylonischen Welt, in: *Ders.*, *W. von Soden*, Die Eigenbegrifflichkeit der babylonischen Welt (1926) / Leistung und Grenze sumerischer und babylonischer Wissenschaft (1936), Darmstadt 1965, 1-18, S. 17.

poetischen und metaphorischen Charakter der Rede von Gott als Person im Sinne einer *analogia fidei* bestimmen. Die in den alttestamentlichen Texten abgebildete langzeitige Wahrnehmung Gottes als des transzendenten Schöpfers und des in der Geschichte Handelnden hat das Verstehen Gottes auch darin vertieft, daß es die *Grenzen des Sagbaren* markiert. Angesichts der unerforschlichen Größe seines Tuns vollzieht die biblische Rede von Gott als Person eine *Horizontverschiebung*. Diese läßt sich so umschreiben, daß man sich im Alten Testament der *Unangemessenheit menschlicher Redeweisen von und zu Gott* bewußt wird, diese aber zugleich als *von Gott in der Erkenntnisordnung von Schöpfung und Geschichte bestätigt erfährt* (so im Konzept seines wirkmächtigen Wortes).

Diese Einsicht wird durch *die neutestamentliche Rede von Gott als Person* und die seit frühchristlicher Zeit herausgebildete Deutekategorie der *Menschwerdung* Gottes in Jesus Christus noch einmal in ein anderes Licht gestellt, vor allem aber zutiefst bestätigt, weil in der Perspektive des Glaubens die Wahrheit Gottes *konkret* ist. Insofern ist die anthropomorphe Rede auch des Alten Testaments *notwendige Rede*, wenn sie „*der Freiheit* des zur Welt *kommenden* Gottes entspricht" (Eberhard Jüngel[30]).

2) *Vorläufigkeit von Gottesaussagen*: Grenzausdrücke sind die biblisch vorgegebenen Nennungen Gottes als Person vor allem auch in ihrer *Einsicht in die Wandlungen Gottes als Erweis seiner Identität*. Erst im Licht einer von Gott selbst herbeizuführenden letzten Eindeutigkeit werden in der Perspektive des Glaubens die mit dem Pluralismus der Redeweisen von und zu Gott gegebenen Spannungen gelöst werden. In diesem Sinne stehen die anthropomorphen Redeweisen von Gott als Person *unter dem in ihrer Zeitlichkeit und Zeitgebundenheit begründeten Vorbehalt einer im letzten ausstehenden Bewahrheitung durch Gott selbst*.

Auch hier haben die – wiederum pluralen, auf Christus hin konvergierenden – *neutestamentlichen Nennungen Gottes*, bald auch in Verbindung mit der Kategorie der Menschwerdung, die Perspektive erweitert. Die alttestamentlich *narrativ erfaßte Identität im Wandel* der langzeitigen Beziehungserweise JHWHs führt *in der Verdichtung der Geschichte Jesu* zu einer neuen Erzählung von der Gottheit Gottes. Auch sie ist wieder *von ihrem Ende her zu lesen*: In der Auferweckung des Gekreuzigten wird das Bekenntnis Israels zu dem, der als der Schöpfer allein „zu retten" vermag, zu einer *Menschheits*verheißung, weil es um die Errettung *aus dem Tod* geht. Ein solches Bekenntnis ist christlich vor dem Hintergrund einer Aussage wie Jes 45,6f. (auch die kosmische „Finsternis" ist Gegenstand des Schöpferhan-

---

[30] Vgl. *E. Jüngel*, Anthropomorphismus als Grundproblem neuzeitlicher Hermeneutik, in: *Ders.*, Wertlose Wahrheit. Zur Identität und Relevanz des christlichen Glaubens. Theologische Erörterungen III, BEvTh 107, München 1990 (1979), 110-131 (Zitat auf S. 131).

delns) als ein letzter *Erweis der Freiheit der Liebe Gottes* formuliert worden (vgl. etwa Röm 4,17).

3) *Notwendigkeit der kritischen Revision von Gottesaussagen*: Grenzausdrücke sind die Nennungen Gottes als Person schließlich insbesondere im Blick auf die Frage nach der *Verborgenheit* sowie nach der *Bestreitung* Gottes. Beides muß unter den Bedingungen des neuzeitlichen Konflikts der Interpretationen hinsichtlich der von der Theologie zu leistenden Klärungsarbeit differenziert werden:

a) Der *Glaube*, der sich selbst *coram Deo* zu verstehen sucht, wird angesichts der Frage nach der Verborgenheit Gottes auf die Vielfalt der alt- und neutestamentlichen Redeweisen von und zu Gott zurückverwiesen: Auf die Klage und Anklage Gottes in den Psalmen, aber auch auf das gedankliche Ringen angesichts des Leidens und Sterbens der Unschuldigen im Hiobbuch und in der Passion Jesu, zuletzt aber auf die Bitte, die den neutestamentlichen Kanon beschließt: „Amen, komm Herr Jesus!" Die Theologie hat hier ihre Explikationsaufgabe in der für jede Zeit notwendigen *Reformulierung der personalen Gottesaussagen* zu leisten. Dazu gehört auch die Kritik an mißverständlichen Momenten, z.B. in der Prüfung der Angemessenheit von geschlechtsbezogenen oder an bestimmte Herrschaftsformen gebundenen Metaphern. Eine solche Kritik wird allerdings nur dann sachgemäß sein, wenn sie einerseits der *Idolisierung bestimmter Sprachformen vorbeugt* und andererseits den personalen Charakter der Nennungen Gottes *in Rückbindung an die biblischen Bilder* bewahrt, sich also bewußt im Zirkel der Einstimmung hält.

b) Einer nicht zuletzt auch aufgrund der personalen Rede von Gott formulierten *Bestreitung Gottes* wird christliche Theologie mit dem Versuch begegnen müssen, die Symbolik des Glaubens so weit gedanklich nachvollziehbar zu machen, daß ihr *offener Verweischarakter* zutage tritt. Wenn die biblisch vorgegebene und theologisch reformulierte Rede von Gott im präzisen Sinne *Horizont*charakter hat, dann muß die Frage nach Gott in dieser Gesprächslage *als eine zutiefst zweideutige offengelegt werden.* Und das bedeutet: Sie kann in ihrem Wahrheitsgehalt nicht von Menschen entschieden werden. Auch darin, dies unhintergehbar zu bezeugen, liegt die Notwendigkeit der Rede von der Personalität Gottes.

Hartmut Rosenau

GOTT HÖCHST PERSÖNLICH

Zur Rehabilitierung der Rede von der Personalität Gottes
im Durchgang durch den Pantheismus- und Atheismusstreit

I. Einleitendes

„Ist der Gott der Kirche noch groß genug?" Unter dieser vorgegebenen Leitfrage fand im April 2005 an der Kieler Universität ein Studientag für Synodale der Nordelbischen Kirche statt. Mit dieser befremdlich wirkenden Frage kommt u.a. die Sorge zum Ausdruck, dass das kirchlich zunächst und zumeist vermittelte personale, anthropomorphe Gottesbild zu „klein", zu kindlich-naiv sein könnte, als dass es heutzutage angesichts der neuesten Entwicklungen insbesondere in den Naturwissenschaften, aber auch in Philosophie und Kunst, wie sie die vorherrschenden Weltanschauungen prägen bzw. zum Ausdruck bringen, noch von besonderer Relevanz sei. Brauchen wir in dieser Lage (die natürlich noch sehr viel differenzierter zu beschreiben wäre) nicht einen „größeren", „erwachseneren" Gott, wenn der christliche Glaube noch vernünftig vertreten und vermittelt werden soll? Können wir uns Gott also (noch) als Person – sogar mit einer konkreten, namentlich benennbaren Identität – vorstellen, oder ist Gott nicht vielmehr als ein allgemeines ontologisches Prinzip, eine kosmisch-kreative Kraft, ein Feld, jedenfalls als eine unpersönliche transzendente Größe zu denken – wenn überhaupt?[1] So rät z.B. der Hirnforscher Wolf Singer (zugleich Mitglied der päpstlichen Akademie der Wissenschaften) den Kirchen zur Wahrung ihrer Relevanz im wissenschaftlich-weltanschaulichen Diskurs: „Bleibt beim Abstrakten!"[2]

Aber der Verlust eines personalen Gottesverständnisses wäre nicht nur für viele, wenn nicht alle theologisch reflektierten Inhalte des christlichen Glaubens von der Schöpfung bis zum Jüngsten Gericht einschließlich seiner ethischen Konsequenzen, sondern auch und gerade mit Blick auf eine religiöse Erziehung, auf Seelsorge und Gebetspraxis von erheblich (negativer) Bedeutung. Denn all das hängt implizit oder explizit von der Vorstellung Gottes als Person und seiner

---

[1] Vgl. dazu H.-R. Stadelmann, Im Herzen der Materie. Glaube im Zeitalter der Naturwissenschaften, Darmstadt 2004, 92ff.
[2] So in: DIE ZEIT Nr. 20 vom 12. Mai 2005, 44.

damit gegeben Nähe ab.[3] Zu einem Prinzip kann man nicht beten, an einen Prozess energetischer Kreativität kann man nicht glauben (jedenfalls nicht im Sinne des reformatorischen Fiduzialglaubens) und von einem Feld kann man keinen Trost erwarten oder ihm gegenüber Dankbarkeit oder Verantwortung empfinden. Nun soll hier nicht polemisch ein kontradiktorischer Gegensatz zwischen einem personalen und einem apersonalen Gottesverständnis aufgebaut und dann entschieden gegen letzteres votiert werden. Vielmehr halte ich es (auch im Blick auf einen Dialog der Religionen) für sinnvoll zu fragen, ob sich nicht beides miteinander verbinden lässt, so dass einerseits ein diachroner Zusammenhang mit dem durch die Jahrhunderte hindurch identifizierbaren christlichen Glauben einerseits und ein synchroner Zusammenhang dieses christlichen Glaubens mit dem gegenwärtig vorherrschenden Wirklichkeitsverständnis möglich wäre. Allerdings ist die Warnung vor einem möglichen Zusammenbruch der Dogmatik oder der praxis pietatis als solche noch kein Argument in der Auseinandersetzung um ein angemessenes Gottesverständnis, sondern höchstens ein Motiv, nach eben diesem im Wissen darum, was auf dem Spiel steht, zu fragen. Denn: „Der Glaube an einen personalen Gott ist die Mitte jüdisch-christlichen Glaubens und zugleich sein größtes Problem. Die Schwierigkeit liegt nicht so sehr in der Annahme einer transzendenten göttlichen Wirklichkeit als in ihrer Personalität."[4] Damit ist das Thema und die Fragestellung dieses Beitrags auf den Punkt gebracht.

Personale Gottesvorstellungen, wie auch ein sie implizierender Wunderglaube, gehören zunächst einmal zu einer poly- oder auch henotheistischen Weltauslegung und sind insofern immer schon dem Vorwurf des Anthropomorphismus ausgesetzt gewesen, unter Projektions- und Illusionsverdacht gestellt und somit einer grundsätzlichen Religionskritik unterzogen worden (Xenophanes). Aber auch monotheistische Gottesvorstellungen (Judentum; Christentum; Islam) sind von diesem kritischen Verdacht nicht ausgenommen (Feuerbach), sofern Gott, der Einzige, hier als eine Person, d.h. als ein individuelles Einzelwesen vorgestellt wird, das ein Selbstbewusstsein hat, Absichten verfolgt, handelt, mit Menschen Beziehungen eingeht, moralische Verantwortung übernimmt und Gefühle zeigt. Sollte man sich daher lieber an den „Gott der Philosophen", an die „Idee des Guten" (Platon), an den „unbewegten Beweger" (Aristoteles), an das „Eine" (Plotin), an den „absoluten Geist" (Hegel) etc. halten, und nicht an den „Gott Abrahams, Isaaks und Jakobs" (gegen Pascals Votum)? Vielleicht sollte man, um dem Anthropomorphismus- und damit dem Projektionsverdacht zu entgehen,

---

[3] Vgl. dazu K. Berger, Ist Gott Person? Ein Weg zum Verstehen des christlichen Gottesbildes, Gütersloh 2004, 12ff.

[4] F. v. Kutschera, Die großen Fragen. Philosophisch-theologische Gedanken, Berlin / New York 2000, 196; vgl. auch schon H. Ott, Gott, Stuttgart 1971, 8ff.

überhaupt nicht theistisch (weder poly-, noch heno- noch monotheistisch) von Gott denken, sondern eher deistisch oder pantheistisch (wobei der Pantheismus nach Schopenhauer nichts anderes wäre als ein höflicher Atheismus, um Gott „auf eine anständige Art zu beseitigen"[5])?

Selbstverständlich hängt die Kritik wie die Apologie solcher Vorstellungen entscheidend davon ab, was wir unter „Person" oder „Personalität" als dem Inbegriff dessen, was eine Person zur Person macht, verstehen und welche Bedeutung bzw. welchen Stellenwert dieses Verständnis für uns hat. Denn es ist wahrscheinlich so, dass das Gottesverständnis mit dem Selbstverständnis des Menschen in einem engen Korrelationsverhältnis steht und mit dem einen auch das andere steht und fällt. Wenn also ein bestimmtes Wirklichkeitsverständnis eine personale Gottesvorstellung auszuschließen scheint, dann sagt das auch etwas über das (dann unpersönliche) Selbstverständnis des Menschen aus und umgekehrt: „Wer den Rang des Menschen und seiner Würde in der Personalität sieht, kann jedenfalls ein höchstes Wesen nur als Person begreifen."[6] Es ist dann eine berechtigte Frage, ob wir akzeptieren können, dass „die alles bestimmende Wirklichkeit" (Bultmann) oder „das, über das hinaus Größeres nicht gedacht werden kann" (Anselm), oder „das, woran du dein Herz hängst" (Luther) etwas Unpersönliches, Dingliches, Gegenständliches sein soll, oder ob so nicht gerade dem Aberglauben und dem Götzendienst wenn auch auf hohem Niveau Tür und Tor geöffnet wird.

Von der Entwicklung des Gottesglaubens im Alten Testament her (insbesondere im Blick auf Ex 3,14) legt es sich nahe, Aspekte wie Geschichtlichkeit, Lebendigkeit und Unverfügbarkeit als Kennzeichen der Personalität Gottes (und dann auch - vermittelt über die imago-Dei-Vorstellung – des Menschen) herauszustellen, ohne sich auf rein kognitive und/oder moralische Charakteristika festlegen zu müssen. Daher ist auch das hebräische Wort bzw. die Metapher *„pānīm"* (= Antlitz; Gesicht) für eine ganzheitliche, leiblich und somit persönlich vermittelte Zugewandtheit, Offenheit und Präsenz sprechend, was die Septuaginta mit „πρόσωπον", die Vulgata mit „persona" (im ursprünglichen Sinn von „Maske"; „Rolle" im Theater) wiedergibt.[7]

Geschichtlichkeit, Lebendigkeit und Unverfügbarkeit Gottes als Kennzeichen seiner Personalität werden auch nicht durch die neutestamentliche Überzeugung

---

[5] Vgl. A. Schopenhauer, Einige Worte über den Pantheismus, in: ders., Parerga und Paralipomena II (= Sämtliche Werke Bd. VI, hg. v. A. Hübscher), Wiesbaden 1947, 106

[6] F. v. Kutschera, Die großen Fragen, a.a.O. (s.o. Anm. 4), 204.

[7] Diese Zusammenhänge werden in der jüngeren Religionsphilosophie von E. Lévinas, Die Spur des Anderen. Untersuchungen zur Phänomenologie und Sozialphilosophie, 1987, unter ausdrücklichem Bezug auf alttestamentlich-jüdische Traditionen für das Verständnis von Personalität entfaltet. Zum biblischen Befund vgl. E. Lohse, Art. „πρόσωπον", in: ThWNT VI, Stuttgart 1959, 769-779.

aufgehoben, sondern vielmehr bestätigt, dass sich Gott ein für allemal und maßgeblich in Jesus Christus offenbart hat (Gal 4,4; Hebr 1,1ff.). Denn diese eindeutige Personifizierung Gottes in Jesus Christus ist keine Eingrenzung (definitio) im Sinne einer prinzipiellen Verfügungsmacht von Menschen über Gott, sondern Folge einer kontingenten Selbstbestimmung oder Selbstbegrenzung Gottes aus Liebe zur Menschenwelt, die auch in erkenntnistheoretischer Hinsicht menschlicher Verfügungsgewalt und damit möglicher Verdinglichung entzogen ist. Denn Jesus erschließt sich nicht an sich selber und mit den „natürlichen" Mitteln menschlicher Erkenntnis als der Christus, d.h. als die maßgebliche Offenbarung Gottes, sondern nur durch das unverfügbare erschließende Wirken (des Geistes) Gottes, wie es im Christusbekenntnis des Petrus (Mk 8,27ff.; Mt 16,13ff.) zum Ausdruck kommt. Insofern ist der christliche Glaube nicht allein deswegen von vornherein und ursprünglich auf ein personales Gottesverständnis angelegt, weil Jesus selbst „nicht an das Eine, den Weltgeist oder den Prozess kosmischer Evolution [glaubte, H. R.], sondern an den Gott der Väter."[8] Vielmehr ist der christliche Gottesglaube ursprünglich deswegen personal, weil sich ihm zufolge Gott in Jesus Christus in personaler Geschichtlichkeit, Lebendigkeit und Unverfügbarkeit im Sinne einer Selbstmitteilung (und nicht im Sinne einer Mitteilung von „etwas") offenbart hat. Diese unverfügbare Eindeutigkeit (oder eindeutige Unverfügbarkeit) spiegelt sich auch in der Verschiedenheit der christologischen Zugänge im Neuen Testament wieder (Adoptions-; Kreuzes-; Präexistenz-; Kenosis-; Auferstehungschristologie etc.), die in ihrer kulturell und kontextuell gebundenen Verschiedenheit gemeinsam auf die eine personale Selbsterschließung Gottes in Jesus Christus als das entscheidende Heilsereignis für die Menschenwelt bezogen sind, das als solches gewissermaßen quer (paradox) zu menschlichen Erwartungen, Hoffnungen und Befürchtungen steht.

Allerdings verschärft sich in dieser christologischen Zuspitzung der bei aller Unverfügbarkeit verlässlichen Nähe Gottes zu den Menschen als Liebe auch das theologische Problem einer personalen Gottesvorstellung, zumal sich Gott nun in Jesus Christus als leiblich gegenwärtig, also auch biographisch in seiner Einmaligkeit identifizierbar, leidensfähig und verletzlich zeigt (Patripassianismus), wie es insbesondere gegen doketische Häresien betont wird und nicht zuletzt auch zur Ausformulierung einer diffizilen Trinitätslehre geführt hat. Ihre Distinktionen zwischen dem einen Wesen (μία οὐσία – una essentia) und den drei Personen (τρεῖς ὑπόστασεις – tres personae) macht auch in erkenntnistheoretischer Hinsicht die unverfügbare Personalität Gottes deutlich, die in ihrer Identifikation mit Jesus als dem Christus wiederum nur durch Gott selbst im Geist erkannt und geglaubt werden kann (idem per idem).

---

[8] F. v. Kutschera, Die großen Fragen, a.a.O. (s.o. Anm. 4), 196.

Aus biblischen Traditionen legen sich folgende Kennzeichen der Personalität Gottes nahe: Geschichtlichkeit, Lebendigkeit und Unverfügbarkeit. Sie lassen sich weiter erläutern und präzisieren: zum Sein einer Person (Gottes wie der Menschen) gehört wesentlich die kommunikative Beziehung zu anderen in relationaler Selbständigkeit, wie es v.a. in der Liebe zum Ausdruck kommt. Dieses sich Öffnen bzw. sich Offenbaren anderen gegenüber geschieht dann so, dass zwar eine Person (Gott) in bezug auf sich selbst absolut durchsichtig sein kann (dafür steht in der Trinitätslehre die Perichorese), aber anderen gegenüber letztlich doch ein signifikanter Rest von unauslotbarer Tiefe, Verborgenheit oder Unverfügbarkeit bleibt. Auch darin unterscheiden sich Personen von Dingen im Blick auf ihre Würde bzw. ihren Wert.[9] Diese zur Person gehörige Relationalität in Selbständigkeit bei Wahrung einer letztlichen Verborgenheit für andere macht deutlich, dass Gott als Person – anders als die ebenfalls personal vorgestellten Götter in polytheistischen Religionen – seinerseits nicht einer ihm übergeordneten Macht (ἀνάγκη; μοῖρα; Ma'at; fatum etc.) unterworfen und darum auch durchschaubar oder berechenbar ist (Intellektualismus), sondern vielmehr selbst alles so bestimmt (Voluntarismus), dass er nicht restlos verstehbar sein muss oder kann. Zur Personalität Gottes (und auch der Menschen) gehört darum wesentlich auch, und zwar unabhängig von Erfahrungen von Gottesnähe oder Gottesferne, Abskondität im Sinne einer Abwehr gegenüber den Versuchen eindeutiger, präziser Definition und begrifflicher Aussagbarkeit.[10]

Dabei liegt die christologische Verschärfung des theologischen Problems einer personalen Gottesvorstellung zusätzlich in der dann umso dringlicher werdenden Theodizeefrage, die nicht zuletzt ein Haupteinfallstor für Religionskritik und Atheismus angesichts des Glaubens an Gott als Person ist. Denn wenn der allmächtige, alles bestimmende Gott die Liebe als oder in Person ist, wie ist dann die Realität des vielgestaltigen Übels in der Welt zu erklären? Diese elementare Frage stellt sich im Horizont jeder monotheistischen Gottesvorstellung, der zufolge Gott eine (allmächtige und allgütige) Person, ein individuelles Einzelwesen mit Selbstbewusstsein und Absichten etc. ist. So angesetzt kann das Theodizeeproblem jedoch nicht (höchstens im Sinne einer eschatologischen Verifikation)

---

[9] Vgl. dazu R. Spaemann, Personen. Versuche über den Unterschied zwischen „etwas" und „jemand", Stuttgart 1996, bes. 38; 45; 50; 54; 70 u.ö.

[10] Dies hat wohl erstmals Richard von St. Victor in abwandelnder Aufnahme des Grundsatzes „individuum est ineffabile" als entscheidendes Kennzeichen von Personalität herausgestellt: „persona est intellectualis naturae incommunicabilis existentia" (Richard v. St. Victor, De trinitate 4,22, zit. n. B. Th. Kible, Art. „Person II.", in: HWP 7 (1989), 283-300, 284; vgl. a. K. Berger, Ist Gott Person?, a.a.O., 88). Dagegen beschreibt z.B. G. Hasenhüttl, Einführung in die Gotteslehre, Darmstadt 1980, 88 Personalität (Gottes) als *totale* Selbsterschließung, vollkommene Offenheit, vollständige Helle" und umgeht dabei die Erfahrung des deus absconditus in einem „angefochtenen Glauben" (C. H. Ratschow).

gelöst werden und bleibt somit ein Haupteinwand gegen ein personales Gottesverständnis. Wird Gott dagegen abstrakt oder neutral als ein ontologisches, apathisches Prinzip, als apersonale Seinsmacht, als „Phänomen"[11] vorgestellt, ergibt sich das Theodizeeproblem so nicht, aber es stellt sich dann die Frage nach der lebensweltlichen Relevanz eines solchen Gottesglaubens. Im Streit um Spinozas „Pantheismus" und um Fichtes „Atheismus" sind diese Bezüge erstmals systematisch und für die Neuzeit nachhaltig diskutiert worden. Die theologischen Möglichkeiten für ein auch gegenwärtig vertretbares Reden von Gott als Person sollen im Durchgang durch diese geistesgeschichtlichen Vorgaben wenigstens ansatzweise erörtert werden.

II. Deus sive natura - Spinozas apersonaler Pantheismus

Zur Lösung des Theodizeeproblems und um der Ehre Gottes willen entwickelt B. Spinoza (1632-1677) ein intellektualistisches Gottesverständnis, das mit seiner Kritik an allen biblischen Anthropomorphismen und Affektzuschreibungen in der Gottesvorstellung radikal auf alle bisher genannten Züge von Personalität verzichtet.[12] Insbesondere das im Theismus implizierte Gegenüber von Gott und Menschenwelt wird in seinem rationalen Pantheismus[13] „more geometrico" zugunsten einer Immanenz aller Dinge in Gott aufgehoben, so dass es weder Raum noch Anlass gibt, im traditionellen Sinn von Schöpfung und Erlösung zu sprechen. Denn in seiner affektlosen metaphysischen Vollkommenheit hat Gott nichts vor sich, das er als ein noch ausstehendes τέλος planen oder verfolgen müsste.

Damit gibt Spinoza den entscheidenden Anstoß für den später so genannten „Pantheismusstreit", der zunächst zwischen F. H. Jacobi (1743-1819) und M. Mendelssohn (1729-1786) ausgetragen worden ist[14], aber darüber hinaus weitgehend die Entwicklung des deutschen Idealismus geprägt hat. Jacobi berichtet in einem Brief an eine gemeinsame Bekannte, Elise Reimarus (die Tochter des Ver-

---

[11] So C. G. Jung, Antwort auf Hiob (1952), 6. Aufl. Olten 1973, 29.

[12] Vgl. B. Spinoza, Ethik, Leipzig 1982, 30.

[13] Diese Bezeichnung für Spinozas Denken stammt ursprünglich von John Toland (vgl. W. Sparn, Formalis Atheus? Die Krise der protestantischen Orthodoxie, gespiegelt in ihrer Auseinandersetzung mit Spinoza, in: K. Gründer / W. Schmidt-Biggemann (Hg.), Spinoza in der Frühzeit seiner religiösen Wirkung, Heidelberg 1984, 51).

[14] Vgl. dazu K. Christ, Das Ende des Gottesbeweises. Die Genese und der Verlauf des Spinozastreits zwischen Friedrich Heinrich Jacobi und Moses Mendelssohn, Aachen (Diss.) 1986. Einen instruktiven Überblick über den Verlauf dieses Streits, in den u.a. auch Herder, Goethe, Kant, Hamann und Lavater eingegriffen haben, bietet H. Scholz (Hg.), Die Hauptschriften zum Pantheismusstreit zwischen Jacobi und Mendelssohn, Berlin 1916, IX-CXXIX; vgl. auch H. Timm, Gott und die Freiheit. Studien zur Religionsphilosophie der Goethezeit Bd. 1: Die Spinozarenaissance, Frankfurt/M. 1974.

fassers der Wolfenbütteler Fragmente) von einem Gespräch, das er, Jacobi, mit dem inzwischen alt gewordenen G. E. Lessing (1729-1781) geführt habe. In diesem Gespräch soll sich Lessing zu Spinozas Pantheismus bekannt haben: „Die orthodoxen Begriffe von der Gottheit sind nicht mehr für mich; ich kann sie nicht genießen. Hen kai pan! Ich weiß nichts anders."[15] Und auf die Rückfrage Jacobis, ob er, Lessing, dann nicht Anhänger Spinozas sei, habe Lessing geantwortet: „Wenn ich mich nach jemand nennen soll, so weiß ich keinen andern."[16] Jacobi seinerseits hält zwar das philosophische System Spinozas für bewunderungswürdig konsequent[17], aber er lehnt es im Namen des konstitutiv auf „Gefühl" (und nicht auf Rationalität) bezogenen Glaubens[18] wegen der atheistischen Konsequenzen ab: „Spinozismus ist Atheismus."[19] Spinozas System „more geometrico" absorbiert nach Jacobi alle menschliche Freiheit und führt so zuletzt zu Fatalismus und Nihilismus.[20] Aus diesem System könne man nur durch einen „salto mortale" herauskommen, wenn man an Gott als einer „verständige(n) persönliche(n) Ursache der Welt" festhalten wolle[21], an Gott als einem individuellen Wesen mit Selbstbewusstsein, Freiheit und Zweckbegriffen, kurz: an Gott als „Person".[22] Doch Lessing will seinen „alten Beinen" und seinem „schweren Kopfe" einen solchen „Sprung... nicht mehr zumuten."[23]

Mendelssohn, der gerade im Begriff ist, eine größere Abhandlung über Lessing zu schreiben, teilt in gewisser Hinsicht die Einschätzungen Jacobis über Spinoza, will aber den verehrten Lessing nicht einfach so als Spinozisten und damit als Atheisten, ja als „Gotteslästerer" verstanden wissen.[24] Vielmehr gebe es auch einen „geläuterten Spinozismus"[25], der nicht notwendigerweise in Atheismus ende, weil er innerhalb der Substanzmetaphysik Spinozas durchaus die für sich seiende Selbständigkeit der (Menschen-) Welt gegenüber Gott bei aller Abhän-

[15] F. H. Jacobi, Über die Lehre des Spinoza in Briefen an den Herrn Moses Mendelssohn (1785), Hamburg 2000, 22.

[16] Ders., ebd.

[17] Vgl. ders., ebd., 313.

[18] Ders., ebd., 314.

[19] Ders., ebd., 118. Diesen Vorwurf haben bereits Theologen der altprotestantischen Orthodoxie, wie z.B. Johann Musaeus, Christian Thomasius, Christian Kortholt und Johann Franz Buddeus gegen Spinoza erhoben (vgl. W. Sparn, Formalis Atheus?, a.a.O. {s.o. Anm. 13}, 27-63).

[20] Vgl. ders., ebd., 76.

[21] Ders., ebd., 26.

[22] Ders., ebd., 238.

[23] Ders., ebd., 36.

[24] M. Mendelssohn, An die Freunde Lessings. Ein Anhang zu Herrn Jacobis Briefwechsel über die Lehre des Spinoza (postum 1786), in: ders., Schriften über Religion und Aufklärung, hg. v. M. Thom, Darmstadt 1989, 476.

[25] Ders., ebd., 478.

gigkeit denken könne.[26] Nur so könne man Lessings „Bekenntnis" zu Spinoza verstehen (von dem doch lediglich das briefliche Zeugnis Jacobis und sonst nichts vorliege, das möglicherweise auf Missverständnissen beruhe).

Inwiefern aber ist nun Spinoza ein Pantheist oder Atheist mit den von Jacobi herausgestellten unliebsamen und von Mendelssohn bestrittenen Konsequenzen? Zur Beantwortung dieser Frage ist Spinozas Grundposition anhand seines Hauptwerks, der „Ethik" zu vergegenwärtigen:

Die Leitfrage von Spinozas erst 1678 (postum und anonym) veröffentlichten „Ethik" ist die ganz elementare nach den notwendigen Bedingungen der Möglichkeit eines glückseligen Lebens. Dabei ist Glückseligkeit für Spinoza synonym mit dem höchsten Gut (summum bonum), und dieses wiederum liegt ihm zufolge im letzten Worumwillen alles Seienden, im Ziel alles menschlichen Strebens und Handelns. Dieses höchste Gut muss als solches und unabhängig von seiner inhaltlichen Beschreibung bestimmten formalen Kriterien genügen: es muss als das Höchste und Letzte eines, vollkommen, ewig, unendlich und absolut sein. Diese Bestimmungen kommen in der metaphysischen (nicht als solche sinnlich gegebenen) „Substanz" zusammen, die Spinoza zufolge der eine Seins- und Erkenntnisgrund von allem Seienden ist, die alles Wirkliche bestimmende und tragende Wirklichkeit, das ἓν καὶ πᾶν.[27] Diese Substanz ist das, was in sich selber steht und insofern keines anderen bedarf, um zu sein oder begriffen zu werden.[28] Sie ist das „ens a se" und die „causa sui". Aber alles andere, was ist, braucht diese Substanz, um zu sein und begriffen zu werden. In der Sprache der Religion würde man hier von „Gott" sprechen, in philosophischer Terminologie vom „Wesen", von der „essentia" schlechthin oder von der „natura", von dem, was entsprechend dem ursprünglichen Sinn des griechischen Naturverständnisses (φύσις) von sich her seiend ist und dafür gut steht, dass das, was ist, eben das ist und sein kann, was es ist. Daher kommt Spinoza in seiner „Ethik" zur ontotheologischen Grundgleichung: „substantia sive deus sive natura".[29]

Vordergründig betrachtet ist dieser ontotheologische, metaphysische Grundsatz alles andere als einleuchtend. Denn in natürlicher Einstellung drängt sich

---

[26] Vgl. M. Mendelssohn, Morgenstunden oder Vorlesungen über das Dasein Gottes (1786), Kap. XIII-XV.

[27] Vgl. B. Spinoza, Ethik, a.a.O. (s.o. Anm. 12), 38.

[28] Vgl. ders., ebd., 25 (Erster Teil, Definitionen).

[29] Vgl. ders. ebd., 221. Dass es diese bisher nur nominal definierte Substanz auch wirklich gibt, wird von Spinoza knapp über den schon von Descartes bemühten sog. ontologischen Gottesbeweis sicher gestellt, demzufolge „Existenz" eine notwendige Implikation von „Vollkommenheit" ist (vgl. ders., ebd., 36). Die Problematik dieses Beweises soll und braucht in diesem Zusammenhang nicht erörtert zu werden (vgl. dazu D. Henrich, Der ontologische Gottesbeweis, 2.Aufl. Tübingen 1967, 28-35; W. Röd, Der Gott der reinen Vernunft, München 1992, 80-105).

der Einwand auf, dass es doch Vieles gibt und nicht nur die eine Substanz, nämlich das vielerlei Ausgedehnte (res extensa) in der Natur und daneben zumindest noch unser Denken dieser einen Substanz und des Vielerlei (res cogitans). Wie also verhalten sich die eine Substanz, die res extensa und die res cogitans zueinander, wenn Spinozas „Ethik" ein kohärentes System sein soll? Denken und Ausdehnung können dann ihm zufolge nichts Ursprüngliches oder Selbständiges, nicht eigenständige Substanzen sein (wie bei Descartes, auf den sich Spinoza weiterführend bezieht). Vielmehr können sie nur Eigenschaften, „Attribute" der einen zugrunde liegenden Substanz sein. Und weil die zugrunde liegende eine Substanz in sich vollkommen und unendlich ist, muss sie an sich wohl auch unendlich viele Attribute haben, von denen jedes wiederum unendlich in seiner Art ist. Uns Menschen aber sind nur zwei davon zugänglich und erkennbar, nämlich Denken und Ausdehnung.

Aber nun gibt es aus unserer menschlichen Perspektive auch nicht einfach „das" Denken und „die" Ausdehnung, sondern viele Denkende oder vieles Gedachte und vieles Ausgedehnte. Doch auch dieses viele ist nach Spinoza nicht als eine Mannigfaltigkeit atomistisch oder monadenhaft eigenständiger Substanzen zu verstehen, sondern nur als Seinsweisen, als „modi" der Attribute der einen Substanz.

Dabei liegt der kategoriale Unterschied bei allem ontologischen Zusammenhang zwischen der einen Substanz und den vielen modi darin, dass die Substanz in ihrer Selbständigkeit und Seinsmächtigkeit „natura naturans", hervorbringende Natur ist, die vielen modi in ihrer Unselbständigkeit aber nur „natura naturata", hervorgebrachte Natur sind.[30] Der Übergang vom einen zum anderen ist nicht im Sinne einer kontingenten „causa transiens" (analog einem traditionellen Schöpfungsgedanken) gemeint, sondern vielmehr im Sinne einer logischen „causa immanens" im Modus von Notwendigkeit und Ewigkeit.[31] Insofern ist Spinozas System mit Recht als Pantheismus zu bezeichnen, aber wegen der dennoch bestehenden kategorialen Differenz zwischen natura naturans und natura naturata nicht so, als seien die Dinge an und für sich Gott oder göttlich, oder als sei die Summe aller Dinge Gott im Sinne einer Identität von Gott und Welt, sondern so, dass zwar alle Dinge in Gott und nicht außerhalb seiner oder ihm gegenüber sind, aber Gott logisch und ontologisch doch im Hinblick auf Selbständigkeit und Seinsmächtigkeit „mehr" ist als die Welt. Daher dürfte die adäquate Bezeichnung für Spinozas Metaphysik „Pan*en*theismus" sein[32], wie schon Schelling präzisiert hat (s.u.).

---

[30] Vgl. B. Spinoza, Ethik, a.a.O. (s.o. Anm. 12), 56.
[31] Vgl. ders., ebd., 48.
[32] Vgl. Ph. Clayton / M. Wolfes, Art. „Panentheismus", in: RGG VI, 4. Aufl. Tübingen 2003, 848-850.

Aufgrund dieser metaphysischen Vorgaben lässt sich die o.g. Leitfrage nach der Glückseligkeit und dem höchsten Gut mit Spinoza so beantworten, dass man seiner teilhaftig wird, wenn das Leben rational auf das Wesentliche und Substantielle hin ausgerichtet wird, wenn der Mensch eins ist mit der göttlichen Substanz bzw. sich und alles andere Seiende in dieser immer schon gegebenen Einheit weiß, sie erkennt und anerkennt.[33] Der Weg dorthin besteht v.a. in der Aussonderung aus dem unwesentlichen Vielerlei, das in seiner verwirrenden Unbeständigkeit nur ablenkt. Dem unbeständigen, beunruhigenden Vielerlei korrespondieren die menschlichen „Affekte" wie z.B. Begierde, Angst, Hoffnung, Sorge, Neid, Streit, Hass und Liebe, die als solche Gott, der einen vollkommenen Substanz, nicht zukommen. Sie müssen als „perturbationes animi" (Cicero) zugunsten einer klaren und deutlichen Erkenntnis des Wesentlichen und Substantiellen überwunden werden. Denn nur so stellt sich innere Ruhe, Gelassenheit, Beständigkeit und Friede ein. Die Affekte bieten nur verworrene und inadäquate Erkenntnis und insofern keine Gewissheit.[34] Sie überkommen uns in Unfreiheit und tendieren in ihrer Leiden schaffenden Leidenschaft zur Maßlosigkeit. Daher motivieren sie in der Religion zu Aberglaube und Fanatismus, in der Politik zu Streit und Krieg. Affekte sind nicht einheitlich und konstant, sondern immer partikular auf Einzelnes innerhalb einer Mannigfaltigkeit, auf Vergängliches ausgerichtet. Sie gehören zwar zum Menschen qua affektgeleitetem Vernunftwesen, aber nur, sofern der Mensch *Modus* der Substanz und nicht diese selbst ist.

Nun ist zwar auch das Begehren von Ruhe und Frieden, das Verlangen nach dem höchsten Gut qua Begehren affektiv und insofern zu meiden. Aber weil sich dieses Begehren, diese Liebe auf die Erkenntnis der göttlichen Substanz, auf den alles inkludierenden Seins- und Erkenntnisgrund, auf den metaphysischen Einheitsgrund richtet, der als solcher nicht sinnlich gegeben ist, fällt dieses Begehren nicht unter die Definition der affektiven Liebe („Lust, verbunden mit der Idee einer äußeren Ursache"[35]). Es ist vielmehr ein liebendes Begehren anderer, geläuterter Art – Spinoza nennt es in modifizierter Aufnahme des „Sch'ma Jisrael" sowie des Bilderverbots – „amor Dei intellectualis".[36]

Insofern ist für Spinoza nicht die Liebe als solche (als Affekt) das höchste Gut bzw. der angemessene Weg dorthin, sondern geradezu ein Abweg: sie überkommt uns in Unfreiheit, ist substanzvergessen, indem sie uns an einen einzelnen Menschen oder an ein einzelnes Ding (Modus) in partikulierender Auswahl unter Ausschluss anderer äußerlich bindet und dieses Einzelseiende irrtümlich absolut setzt. So werden wir von einem Einzelseienden abhängig und lassen uns

---

[33] Vgl. B. Spinoza, Ethik, a.a.O. (s.o. Anm. 12), 285.
[34] Vgl. ders., ebd., 212; 243.
[35] Ders., ebd., 164.
[36] Ders., ebd., 320.

den Blick für das ἓν καὶ πᾶν trüben. Solche Vorzugsliebe (im Sinne des platonischen eros) führt nach Spinoza notwendig zur Enttäuschung und schlägt in Unlust oder gar Hass um. Als affektbestimmte Wesen haben Menschen eben keine absolute Fähigkeit zu lieben[37], und sie sind als solche auch kein adäquater Gegenstand einer reinen, intellektuellen Liebe.

Soll nun aber die Liebe, das Streben der Menschen nach dem höchsten Gut zur unenttäuschten Erfüllung kommen, muss sich der Mensch vom Partikularen, von den bloßen modi abwenden und der Substanz, dem ἓν καὶ πᾶν zuwenden. Das Medium dafür kann nicht die Sinnlichkeit sein, denn diese bezieht sich nur auf Einzelnes oder Partikulares, auf dieses oder jenes. Das angestrebte Ziel erreicht man nur durch intuitive Vernunfterkenntnis, in der ausnahmslos alles in Gott „sub specie aeternitatis et necessitatis"[38] begriffen und bejaht wird. Insofern macht dieser „amor Dei intellectualis" keine Unterschiede. Hier kommt eine Haltung der Liebe zum Ausdruck, die Spinoza zufolge der im Christentum gebotenen Nächsten- und sogar Feindesliebe gleichkommt, die (nach 1. Kor 13,4ff.) alles trägt und alles verzeiht. Und gerade mit dieser Vernunfterkenntnis ist der Mensch frei, nämlich im Sinne einer Einsicht in die panentheistische Notwendigkeit alles Seienden, die uns in der Haltung des „amor Dei intellectualis" nicht als Zwang und Fremdbestimmung aufgenötigt wird, sondern uns vielmehr theonom trägt und zu Ruhe und Frieden leitet. Sofern nun diese intellektuelle Liebe auf das universale ἓν καὶ πᾶν zielt, das sie mit allen teilt, was ist, ohne Privat- oder Partikularansprüche zu stellen, kann sie auch niemals in Hass, Neid, Eifersucht oder andere dissoziierende Affekte einer vergleichenden Abständigkeit umschlagen.

Wenn sich der Mensch in dieser Vernunfterkenntnis bewusst ist, das alles in Gott als der einen Substanz ist, dass alles Ausgedehnte und alles Denken nur Attribut oder Modus dieser einen Substanz ist, dann ist letztlich die intellektuelle Liebe eines Menschen zu Gott eigentlich nicht die Liebe eines Menschen im Unterschied zu Gott als ihr Gegenüber, sondern nur zu verstehen als „die Liebe Gottes, womit Gott sich selbst liebt, nicht sofern er unendlich ist, sondern sofern er durch das Wesen des menschlichen Geistes, unter dem Gesichtspunkt der Ewigkeit betrachtet, ausgedrückt werden kann."[39] Panentheistisch gedacht ist dann die affektlose Liebe zu Gott, die affektlose Liebe Gottes zu den Menschen, die affektlose Liebe der Menschen zu den Menschen wie zu allem Seienden der Substanz nach ein und dieselbe. „Hieraus erkennen wir deutlich, worin unser Heil oder unsere Glückseligkeit oder Freiheit besteht. Sie besteht nämlich in der

---

[37] Vgl. B. Spinoza, Ethik, a.a.O. (s.o. Anm. 12), 124.
[38] Vgl. ders., ebd., 119/121.
[39] Ders., ebd., 322/323.

beständigen und ewigen Liebe zu Gott oder in der Liebe Gottes zu den Menschen."[40]

Aber müsste man dann nicht gerade im Sinne Spinozas sagen: wenn ein Mensch dieses ethische Ideal (Beherrschung der Affekte; Abkehr von allem Einzelseienden; Zuwendung zum alles umfassenden „amor Dei intellectualis") verwirklicht, dann haben wir es im eminenten Sinne des Wortes mit einer Person, mit einer seinsmächtigen, uneingeschränkt ausstrahlenden Persönlichkeit zu tun, und zwar mit einer solchen, die sich nicht im abständigen Gegenüber zu anderen definiert, sondern gerade in substantieller Verbundenheit mit allem, was ist, bei bloß modaler Verschiedenheit? Und müsste dann nicht aufgrund der Perichorese von Gottes- und Menschenliebe im „amor Dei intellectualis" Gott als Ermöglichungsgrund solcher Personalität nicht auch selbst personal gedacht werden? Ist nicht der Grund, bei aller kategorialen Differenz, von gleicher Seinsart wie das Begründete?

Spinozas Anliegen, Gott um Gottes willen von allen Affekten und Intentionen frei zu halten[41] und ihn nicht durch die (theistische) Vorstellung eines Gegenübers zur Welt zu verendlichen, kann dabei durchaus gewahrt bleiben, insofern man nicht diese, sondern andere Kriterien von Personalität benennt. Eines davon dürfte – neben dem der Seinsmächtigkeit – auch das der Abskondität sein, sofern Gott aufgrund der kategorialen Differenz zu Mensch und Welt in der unendlichen Fülle seiner Attribute niemals adäquat erfasst werden kann. Als transzendentale (notwendige Bedingung der) Möglichkeit von Personalität könnte der substantielle Grund aufgrund der kategorialen Differenz natürlich nicht „Person" sein wie Menschen Personen sind, aber wegen der Bezogenheit auf ihr Personsein müsste er doch von personaler Struktur (und mehr) sein.

Spinoza hat zwar – bei aller Kritik an Anthropomorphismen – keine Bedenken, Gott als der einen Substanz auch das Attribut der Ausdehnung, also auch Körperlichkeit zuzusprechen.[42] Aber sofern Ausdehnung ein in seiner Art unendliches, unbegrenztes Attribut ist und nicht im scholastischen Sinn als „principium individuationis" oder im Sinne der Definition von „Person" bei Boethius als „naturae rationabilis individua substantia"[43] verstanden wird, bleibt sein Gottesverständnis durch und durch apersonal, und sein panentheistisches Weltverständnis mit seiner Kritik an einer voluntaristisch gefassten Teleologie letztlich sinn-

---

[40] B. Spinoza, Ethik, a.a.O. (s.o. Anm. 12), 323.
[41] Vgl. ders., ebd., 58.
[42] Vgl. ders., ebd., 39ff.
[43] Boethius, Contra Euthychen et Nestorium, in: ders., Theologische Traktate (lat.-deutsch), Hamburg 1988, 74.

und ziellos.[44] Dies mag, wie Jacobi festgestellt hat, eine unausweichliche Konsequenz sein, wenn der Schöpfungsgedanke (wie auch der Erlösungsgedanke) durch eine intellektualistische Konstruktion der Welt „more geometrico" ersetzt wird[45], auch wenn der vom traditionellen Schöpfungsglauben reklamierte qualitative Unterschied zwischen Gott und Welt mit Spinozas Unterscheidung zwischen der natura naturans und der natura naturata gewahrt bleibt. So bietet Spinoza zwar eine rationale Antwort auf das Theodizeeproblem an, das ja nur dann entsteht, wenn zum einen von der Welt teleologisch etwas anderes erwartet wird als das, was und wie sie ist, und wenn zum anderen dem allmächtigen Gott letztlich gute Absichten mit seiner Welt als Schöpfung unterstellt werden. Beides aber lehnt Spinoza um der Glückseligkeit der Menschen wie um der Ehre Gottes willen entschieden ab. Denn „gut" und „böse" sind nur Urteile aus modaler, nicht aber aus substantieller Perspektive, die sich nach Maßgabe des für Einzelseiendes Nützlichen oder Schädlichen einstellen.[46]

Aber diese Lösung des Theodizeeproblems wird letztlich erkauft mit einem Verzicht auf protologischen wie eschatologischen Sinn, auf ein Ziel und einen Zweck des menschlichen Lebens in der Welt. Dies sind – aus der Sicht Jacobis – die fatalen Konsequenzen eines rationalen Systems, das eine Antwort auf die Frage nach dem Übergang vom Einen zum Vielen, von Gott zur Welt, von der Identität zur Differenz, von der Ewigkeit zur Zeit, von der Substanz zu den Attributen und Modi, vom adäquaten Gottesstandpunkt zu den vielen affektbestimmten inadäquaten menschlichen Perspektiven etc. schuldig bleibt.[47] Damit bleibt aber in Spinozas System letztlich die eigene Voraussetzung seiner ethischen Überlegungen unerklärlich, wie es nämlich innerhalb des more geometrico konstruierten Universums „sub specie aeternitatis" überhaupt zu einer als unheilvoll empfundenen Situation kommen kann, die das Begehren eines noch ausstehenden höchsten Gutes motivieren könnte. So bleibt es vorerst bei dem Dilemma: mit einer personalen Gottesvorstellung ergibt sich das sie in Frage stellende Theodizeeproblem – und ohne Theodizeeproblem keine personale Gottes-

---

[44] Vgl. B. Spinoza, Ethik, a.a.O. (s.o. Anm. 12), 66. Dieser Einwand wird allerdings nur dann plausibel, wenn man Religion zum Garanten einer erfüllten Sinnerwartung macht. Vielleicht liegt Spinozas Stärke gerade darin, den religiösen „amor Die intellectualis" als die Fähigkeit zu beschreiben, Gott völlig zweckfrei an und für sich selbst zu lieben, ohne irgend etwas „außerhalb" Gottes zu erwarten – etwa eine ewige Seligkeit (vgl. dazu P. Rohs, Gründe für den Gottesbegriff Spinozas, in: Forum Philosophie Bad Homburg (Hg.), Nachmetaphysisches Denken und Religion, Würzburg 1996, 145-159).

[45] Vgl. B. Spinoza, Ethik, a.a.O. (s.o. Anm. 12), 215.

[46] Vgl. ders., ebd., 252; 276; 279.

[47] So schon die Kritik G. W. F. Hegels an Spinoza in seinen „Vorlesungen über die Geschichte der Philosophie" (ThWA Bd. 20, Frankfurt/M. 1971, 157-197, bes. 166; 173).

vorstellung, sondern Fatalismus, Atheismus und Nihilismus angesichts einer lebensweltlichen Ferne und Verborgenheit Gottes.

III. Gott als Garant der moralischen Weltordnung – Fichtes „Atheismus"

Im Zuge des sog. „Atheismusstreits"[48] legt nun J. G. Fichte (1762-1814) auch in kritischer Auseinandersetzung mit Spinozas Substanz-Metaphysik eine Gotteskonzeption vor, die einerseits die philosophisch problematischen Implikationen eines personalen Verständnisses vermeiden, aber andererseits den von Jacobi befürchteten fatalistischen bzw. nihilistischen Konsequenzen entgehen will. Diese transzendentalphilosophische Gotteskonzeption Fichtes kommt in der Vorstellung Gottes als Garant der moralischen Weltordnung auf den Begriff, die zugleich zum ethisch-theologischen Kriterium und Gewissheitsgrund aller theoretischen Welt- und Selbsterkenntnis erhoben wird.

So setzt Fichte in seiner programmatischen Schrift „Ueber den Grund unseres Glaubens an eine göttliche Weltregierung" (1798) zunächst mit der Bestätigung der Kritik Kants an den theoretischen (ontologischen wie kosmologischen) Gottesbeweisen an, die im Grunde als Weltbeweise die Abhängigkeit der Welt von Gott, dem Schöpfer und Erhalter zeigen wollen, weitet diese aber auch auf den von Kant selbst noch entwickelten moralisch-praktischen Gottesbeweis aus.[49] Denn dieser geht von dem Antagonismus zwischen den moralischen Zwecken einerseits und den gegenläufigen Naturbestimmungen unseres Handelns und seiner Folgen andererseits aus, um aufgrund dieser Welterfahrung und in Abhängigkeit von dieser Gott als den Garanten der Übereinstimmung von Glückswürdigkeit und Glückseligkeit zu postulieren. Für Fichte ist es die Möglichkeit des Ich selbst, diese postulierte Übereinstimmung von Sein und Sollen herzustellen, und zwar allein durch das Tun der Pflicht, unabhängig von den Folgen in einer widerständigen Natur. Allein dieses sei schon Inbegriff der „Seligkeit".[50]

Religiöser Glaube, wenn er vernünftig sein will, kann nicht (mehr) durch einen vermeintlich notwendigen Übergang von der Sinnenwelt, der Empirie zu einer ersten Ursache etc. oder umgekehrt begründet werden und braucht es auch nicht. Denn zur naturwissenschaftlichen wie auch zur philosophischen, speziell zur transzendentalkritischen Welterklärung ist die Gotteshypothese – anders als

---

[48] Zu den historischen Hintergründen und philosophiegeschichtlichen Kontexten des Atheismusstreits um Fichte, der letztlich zu seiner Entlassung in Jena geführt hatte, vgl. K.-M. Kodalle / M. Ohst (Hg.), Fichtes Entlassung. Der Atheismusstreit vor 200 Jahren, Würzburg 1999; E. Hirsch, Geschichte der neuern evangelischen Theologie, Göttingen 1949-1951, Bd. IV, 337-407 (Kap. 43).

[49] Vgl. J. G. Fichte, Ueber den Grund unseres Glaubens an eine göttliche Weltregierung (1798), in: Fichtes Werke V, hg. v. I. H. Fichte, Nachdr. Berlin 1971, 178.

[50] Vgl. ders., ebd., 206.

noch bei Spinoza – nicht nötig. Die Welt in ihrer abgeleiteten Realität ist kategorial strukturierte Setzung des transzendentalen Ichs und als solche erklärlich. Das, was der von Kant kritisierte Gottesbeweis z.B. bei Spinoza sicher stellen sollte, nämlich die Einheit von Denken und Sein, Wesen und Existenz als Wahrheits- und Gewissheitsgrund, leistet nun das sich seiner selbst bewusste transzendentale Ich. Denn im Selbstbewusstsein – und nur hier – ist das Ich beides: vorstellendes Subjekt und zugleich vorgestelltes Objekt, Denken und Sein. Insofern ist es hier durch nichts anderes bestimmt als durch sich selbst und realisiert so sein Wesen als Freiheit und Selbstbestimmung. Den Akt, durch den sich das Ich als Selbstbewusstsein konstituiert, nennt Fichte „Thathandlung"[51], um damit anzuzeigen, dass im Selbstbewusstsein das Handelnde (das vorstellende Ich) und die Tat als das Produkt der Handlung (das vorgestellte Ich) ein und dasselbe ist: das sich mit sich identisch setzende Ich. Das Ich ist mithin nichts anderes als reine Tätigkeit, reine Freiheit. Somit übernimmt nun das transzendentale Ich die im ontologischen Gottesbeweis intendierte Einheit von Begriff und Existenz, Denken und Sein.

Allerdings konstituiert sich ein einzelner Mensch, das empirische Ich, als Freiheitswesen und somit als Person nur im sich losreißenden Unterscheiden von dem, was das Ich nicht ist: Gegenstand, Objekt, bedingt und unfrei. So erfährt es sich als das, was es ist: tätiges Freiheitswesen. Ohne die Widerstand leistende Schranke des „Nicht-Ich" würde das Ich zwar absolut (wie Gott), aber selbstbewusstseinslos. Der Mensch braucht daher als tätiges, bewusstes, personal strukturiertes Freiheitswesen die anstößige Einschränkung durch die gegenständliche Welt, um sich durch deren fortschreitende Überwindung als tätig und frei bewusst zu werden.[52] Und weil Gott in seiner Absolutheit als ens perfectissimum keine ihn einschränkende Grenze zukommt, kann er weder selbstbewusst noch Person sein.

Damit entfällt die theologische Annahme einer Schöpfung und Erhaltung der Welt durch Gott, insbesondere die für Fichte problematische Vorstellung einer Schöpfung aus dem Nichts, die nicht verständlich machen kann, wie aus Gottes reiner Intelligenz und ihren unterstellten Zweckbegriffen (Idealität) Materie (Realität) werden soll. Wohl aber mag es einen Weg zu einem vernünftigen Gottesglauben geben, wenn man nach dem Gewissheitsgrund des Ichs selber fragt: Grund aller Realität (der Außenwelt) ist zwar das transzendentale Ich, aber

---

[51] J. G. Fichte, Grundlage der gesammten Wissenschaftslehre (1794/95), § 1, in: Fichtes Werke I, a.a.O., 91.
[52] Vgl. ders., Grundlage der gesammten Wissenschaftslehre 1794/95, § 2, a.a.O., 101-105.

worin gründet dieses seinerseits? Wie kann es sich als Grund aller – auch und gerade seiner eigenen – Realität gewiss sein?[53]

Die Gefährdung besteht also im Problem der Selbstvergewisserung. Zwar bleibt die Freiheit von den Dingen erhalten, vor diesen braucht der Mensch als vermeintlichen Determinanten seines Seins nicht zu zittern. Denn sie sind ja nur nach subjektiven Gesetzen zur Erscheinung gebrachte Vorstellungen ohne Realität an sich selber. Aber vor sich selbst, weil er sich in seiner Freiheit zu entgleiten droht. Denn das Wesen des Ich, das als reine Tätigkeit und Freiheit verstanden ist, kann als solches nicht begriffen und damit zur Gewissheit gebracht werden. Was aber nicht begriffen, d.h. in Grenzen gefasst (definiert), bestimmt und als solches gewusst (fixiert) werden kann, ist für den Begriffe bildenden Verstand realitätslos.[54] Realitätsgewissheit vermittelt nur der Glaube, und zwar als moralischer Vernunftglaube, der sich dem Faktum des Sittengesetzes unterstellt, dem zu folgen unbedingtes Gebot ist. Dieser unbedingte Anspruch meldet sich im Gewissen als dem Ort der letzten und höchsten Sinnbegründung. Das Gewissen hat und verbürgt Realität innerhalb einer wechselseitigen Aufforderung zur und Anerkennung von Freiheit als Selbstbestimmung und Selbstbegrenzung von ego und alter ego. Damit rückt Fichte die Bedeutung der Intersubjektivität in den Mittelpunkt der Freiheitsthematik sowie zur Klärung von Personalität: Nur unter Menschen ist der Mensch ein Mensch, nur unter Freien ist er frei, nur unter Personen ist er Person. Zwar trägt die Weltgewissheit das moralische Ich, die Selbstgewissheit des Ich aber wird von der Freiheit des alter ego getragen, und zwar durch wechselseitige Anerkennung.

In wechselseitiger Einschränkung und Begrenzung als Freiheitswesen allein ist nach Fichte Halt, Realität und Sinngebung möglich, und diese Wechselwirkung als Freiheit regelt die moralische Weltordnung, die das moralische Wollen freier Individuen überindividuell zum Einklang und somit ins Ziel des moralisch Guten bringt Aber der Verweis auf das alter ego zur Sicherung der Selbstgewissheit bleibt noch problematisch. Denn es wiederholt sich ja bei jedem alter ego das Dilemma der eigenen Haltlosigkeit wie beim ego. Die Schwierigkeit wird durch den Hinweis auf die Wechselwirkung aus Freiheit nur von einer Haltlosigkeit auf die andere verlagert, aber nicht gelöst.

Zur Lösung dieses Problems führt Fichte nun Gott als den Garanten der moralischen Weltordnung und damit der Freiheit ein. Er ist das aller wechselseitigen Einschränkung aus Freiheit zugrunde liegende Haltgebende für die unendliche Reihe des jeweils endlichen alter ego: „Aber, was könnte die Vernunft beschrän-

---

[53] Vgl. J. G. Fichte, Ueber den Grund unseres Glaubens an eine göttliche Weltregierung, a.a.O., 180.

[54] Vgl. dazu ders., Die Bestimmung des Menschen (1800), zweites Buch, in: Fichtes Werke II, a.a.O., 199–247.

ken, ausser, *was selbst* Vernunft ist; und alle endliche Vernunft beschränken, ausser der unendlichen?"[55] Damit formuliert Fichte den Grundsatz seines moralischen Vernunftglaubens zur Vergewisserung der Realität der Welt und des Ich als Freiheitswesen: „Gott" ist ein Grenzbegriff des menschlich-endlichen Selbstbewusstseins; er ist als Grund der Freiheit in ihrer Doppelstruktur als Selbstbestimmung und Selbstbegrenzung „mit Schonung der Freiheit aller Individuen"[56] wirksam. Demzufolge ist Freiheit, die in Gott als dem Absoluten gründet, nicht länger als Selbstsetzung im Sinne von Selbstbehauptung und wenn auch wechselseitig eingegrenzter Selbstdurchsetzung gegenüber der Natur („Nicht-Ich") und der Mitwelt zu verstehen, sondern als Selbstaufgabe oder Selbstbescheidung in Gott als dem absoluten, aber nicht personal vorgestellten Sein. Wahrhaft frei ist dann, wer sich selber lassen, d.h. als Prinzip absetzen kann, um sich in einer der Mystik verwandten Gelassenheit die Wirklichkeit der Freiheit nicht als Aufgabe, sondern als Vorgabe des Lebens in der Einheit mit Gott zu ergreifen, dessen „Bild" der Mensch in seiner Freiheit ist.[57]

Erst unter dem Primat der moralisch-praktischen Vernunft und dem sich im Gewissen unmittelbar und unbedingt erschließenden Sittengesetz („du kannst, denn du sollst") ist Selbst- und Gottesgewissheit möglich und die Welt als Material der Pflichterfüllung real: „Meine ganze Existenz, die Existenz aller moralischen Wesen, die Sinnenwelt, als unser gemeinschaftlicher Schauplatz, erhalten nun eine Beziehung auf Moralität; und es tritt eine ganz neue Ordnung ein, von welcher die Sinnenwelt, mit allen ihren immanenten Gesetzen, nur die ruhende Grundlage ist."[58] Die Ordnungsstruktur (als ordo ordinans)[59] dieser interaktiven Welt mit ihren Vernunftzwecken der Sittlichkeit einschließlich der von Fichte nicht diskutierten, aber unbedingten Überzeugung, „dass der Vernunftzweck wirklich werde"[60], ist für Fichte „das Göttliche"[61], weil Unbedingte, und die Überzeugung von der Wirklichkeit dieser „moralischen Weltordnung" ist „Glaube".[62] Daher gilt im Gegenzug: Atheismus, Unglaube und Gottlosigkeit bestehen nach Fichte nicht darin, Gott das Prädikat „Person" oder „Personalität" abzusprechen, sondern „darin, dass man über die Folgen seiner Handlung klügelt,

---

[55] J. G. Fichte, Die Bestimmung des Menschen, a.a.O., 302.

[56] Ders., System der Sittenlehre nach den Principien der Wissenschaftslehre (1798), in: Fichtes Werke IV, a.a.O., 256.

[57] Vgl. dazu W. Janke, Vom Bilde des Absoluten. Grundzüge der Phänomenologie Fichtes, Berlin / New York 1993.

[58] J. G. Fichte, System der Sittenlehre nach den Principien der Wissenschaftslehre (1798), a.a.O.,184.

[59] Vgl. ders., ebd., 382.

[60] Ders., ebd., 184.

[61] Ders., ebd., 183.

[62] Ders., ebd., 185.

der Stimme seines Gewissens nicht eher gehorchen will, bis man den guten Erfolg vorherzusehen glaubt, so seinen eigenen Rath über den Rath Gottes erhebt, und sich selbst zum Gotte macht."[63]

Dabei betont Fichte ausdrücklich, dass dieses Göttliche kein bestimmtes „etwas", kein gegenüber der Welt abgesondertes Wesen – mit einem Eigennamen – im Sinne des herkömmlichen Theismus sein kann. Vielmehr ist es eine Ordnungsstruktur von Moralität und Sittlichkeit, die sich, vergleichbar mit der alttestamentlichen „Weisheit", beim Menschen in Gottesfurcht und Vorsehungsglauben im Sinne eines Tun-Ergehen-Zusammenhangs unbedingte Geltung verschafft. Insofern ist Gott nicht anthropomorph als Person, als ein mit Selbstbewusstsein ausgestattetes Wesen vorzustellen, das nach Absichten und Zwecken auch auf wunderbare Weise in das Weltgeschehen eingreift und handelt. Denn ein solches kann nur mit den Kennzeichen von „Beschränkung" und „Endlichkeit" gedacht werden, was dem Gottesbegriff unangemessen wäre. Denn ohne den unterscheidenden Bezug auf das, was Ich nicht bin, nämlich Welt, kann Selbstbewusstsein und somit Personalität nicht gedacht werden. So gehört für Fichte aus Gründen der Genese des Selbstbewusstseins die Schranke der Endlichkeit zum Wesen der Person. Und daraus folgt, „dass der Begriff von Gott, als einer besondern Substanz, unmöglich und widersprechend ist."[64]

Diese Konsequenz ist Fichte als „Atheismus" im Sinne von Gottlosigkeit ausgelegt worden. Denn ist für Fichte Gott als Garant der moralischen Weltordnung auch real, ja sogar höchste und gewisseste Realität, so „existiert" er doch nicht, sofern „Existenz" eine Kategorie des Ich für raum-zeitliche, also endliche und begrenzte Entitäten ist.[65] Gott ist kein existierendes Etwas im Sinne einer abgegrenzten Entität innerhalb einer Mannigfaltigkeit anderer, also auch keine Person. Und weil die Welt als Setzung des transzendentalen Ich keine Realität an ihr selbst, sondern nur übertragener Weise hat und daher nicht über Selbständigkeit verfügt, kann auch das Verhältnis, die Relation zwischen Gott und Welt nicht personal gedacht werden. Denn ein Verhältnis zwischen Personen setzt wechselseitig Selbständigkeit voraus. Zwar besteht Personalität nur in Relationen, aber nicht jede Relation ist personal. Die notwendige Bedingung der Möglichkeit von Personalität ist beidseitige Selbständigkeit und Freiheit. Eine Relation zwischen Ich und Ding („Nicht-Ich") kann insofern nicht personal sein. Zudem kann die Kategorie der Relation nur auf die vom Ich zur Erscheinung gebrachte und als seiend vorgestellte Welt angewandt werden, nicht jedoch auf ein Verhältnis zwi-

---

[63] J. G. Fichte, System der Sittenlehre nach den Principien der Wissenschaftslehre (1798), a.a.O., 185.

[64] Ders., Ueber den Grund unseres Glaubens an eine göttliche Weltregierung, a.a.O., 188.

[65] Vgl. ders., Appellation an das Publikum gegen die Anklage des Atheismus (1799), in: Fichtes Werke V, a.a.O., 217.

schen der Welt im ganzen und einem metaphysischen, transzendenten Gott (Schöpfer, Erhalter, Vollender der Welt), der als solcher die kategorialen Erkenntnismöglichkeiten des Ichs übersteigt. Wohl aber gibt es und ist eine *„Beziehung* der Gottheit auf uns, als sittliche Wesen, das unmittelbar gegebene; ein besonderes Seyn dieser Gottheit wird gedacht lediglich zufolge unseres endlichen Vorstellens, und in diesem Seyn liegt schlechthin nichts anderes, als jene unmittelbar gegebenen Beziehungen, nur dass sie darin in die Einheit des Begriffs zusammengefasst sind."[66] Nimmt man aber dieses nach Gesetzen unserer produktiven Einbildungskraft Vorgestellte für Gott selbst, macht man ihn zum Götzen, so dass nicht Fichte, sondern im Grunde seine Gegner im Streit um die Personalität Gottes „Atheisten" sind.[67] Denn „...der Materie nach ist Gott lauter Bewusstseyn, sie ist Intelligenz, reine Intelligenz, geistiges Leben und Thätigkeit. Dieses Intelligente aber in einen Begriff zu fassen, und zu beschreiben, wie es von sich selbst und anderen wisse, ist schlechthin unmöglich."[68]

Aber ist unter diesen Voraussetzungen weder Gott als „Person" noch das Verhältnis zwischen Welt (Natur) und Gott personal zu denken, so ist es vielleicht doch möglich, als moralisch handelnder Mensch zu Gott ein personales Verhältnis zu haben? Das könnte der Mensch, indem er sich angesichts Gottes als Freiheitswesen selbst begrenzt und aus der Prinzipienstellung begibt, die er gegenüber der Dingwelt (dem „Nicht-Ich") hat und zu der er sich darum auch nicht personal verhalten kann. So begreift sich der Mensch als „Bild des Absoluten" und hat gerade darin ein personales Verhältnis zu Gott in der Abständigkeit des Bildes, der nicht selbst als „Person" adäquat gedacht werden kann. Dies wäre die philosophische Variante der theologischen Lehre vom Menschen als Ebenbild Gottes, die Fichte seit und mit seiner „Wissenschaftslehre" von 1804 ermöglicht hat.[69] Ein solches personales Verhältnis besteht in der Demut und Selbstbescheidung gegenüber Gott als der dem Ich vorauszudenkenden Urrealität, eine Selbstbescheidung, die gegenüber der Dingwelt transzendentalkritisch nicht angebracht ist. Somit wäre Gott in seiner vorauszusetzenden Realität, aber unbegreiflichen Abskondität das Andere der Dingwelt und insofern Grund von Personalität – unter der Annahme einer vollständigen Disjunktion zwischen personhaft Seiendem und dinghaft Seiendem. Aber als „esse in meru actu"[70], als „in

---

[66] J. G. Fichte, Appellation an das Publikum gegen die Anklage des Atheismus (1799), a.a.O., 214.

[67] Vgl. ders., ebd., 220.

[68] Ders., Gerichtliche Verantwortung gegen die Anklage des Atheismus (1799), in: Fichtes Werke V, a.a.O., 266.

[69] Vgl. dazu die umfangreiche Interpretation von W. Janke, Vom Bilde des Absoluten, a.a.O. (s.o. Anm. 57).

[70] Ders., Wissenschaftslehre 1804, in: Fichtes Werke X, a.a.O., 206.

sich geschlossenes Singulum, das nie aus sich heraus kann"[71], kann Gott, das Absolute, Fichte zufolge nicht selbst Person sein. Somit aber besteht bei Fichte letztlich eine nicht geschlossene Kluft zwischen der theoretischen Erkenntnis, dem Wissen, das Gott keine Person sein bzw. ihm das Prädikat der Personalität (wie überhaupt kein Prädikat) zukommen kann, und der moralisch-praktischen Vernunft, die eine personale Beziehung Gottes auf die Menschenwelt und umgekehrt zulässt, weil der Einheitsgrund von Theorie und Praxis, Wissen und Handeln, mundus sensibilis und mundus intelligibilis unklar bleibt und so das eine aus dem anderen nicht erklärt werden kann, sondern beides beziehungslos nebeneinander stehen bleibt.

IV. Rehabilitierung personaler Gottesvorstellungen im Anschluss an Schelling und Schleiermacher

Schellings Eingreifen in den Streit um Spinozas Pantheismus sowie um Fichtes Atheismus dient nun einerseits der Rehabilitierung der Philosophie Spinozas, die keineswegs in Fatalismus oder Atheismus enden müsse, und andererseits der Begründung einer personalen Gottesvorstellung auf dem Boden eines geläuterten Spinozismus. Damit nimmt F. W. J. Schelling (1775-1854) das Anliegen Mendelssohns gegen Jacobi wieder auf, um es im Sinne seiner Identitätsphilosophie durchzuführen. Dabei muss Schelling folgendes Dilemma lösen: entweder haben wir ein apersonales Gottesverständnis, dann ist es schwierig, dessen lebensweltliche Relevanz darzutun, wenn nicht alles im Determinismus enden soll. Oder wir haben ein personales Gottesverständnis, dann stellt sich sofort das seinerseits wiederum aporetische Theodizeeproblem und der religionskritische Projektionsverdacht ein.

In seiner Schrift „Philosophische Untersuchungen über das Wesen der menschlichen Freiheit und die damit zusammenhängenden Gegenstände" aus dem Jahr 1809 (kurz: „Freiheitsschrift") will Schelling nun in kritischer Auseinandersetzung mit (dem recht verstandenen) Spinoza und Fichte einerseits ein personales Gottesverständnis begründen, das andererseits aber auch das Theodizeeproblem lösen und den Verdacht bloß anthropomorpher Übertragung ausräumen kann.[72] Gott ist zuhöchst persönlich, aber nicht im Sinne eines problematischen Theismus, sondern im Sinne eines dynamischen Panentheismus. Dessen Kennzeichen von Personalität sind – im Rahmen von Schellings Grund-Existenz-

---

[71] J. G. Fichte, Wissenschaftslehre 1804, a.a.O., 212.

[72] Vgl. dazu F. Hermanni, Der Grund der Persönlichkeit Gottes, in: T. Buchheim / F. Hermanni (Hg.), „Alle Persönlichkeit ruht auf einem dunklen Grunde." Schellings Philosophie der Personalität, Berlin 2004, 165-178; Chr. Danz, Gott und die menschliche Freiheit. Studien zum Gottesbegriff in der Neuzeit, Neukirchen-Vluyn 2006, 45-65.

Ontologie – Macht, Kraft, Wille, Selbstbeherrschung und nicht zuletzt auch Abskondität. Demgegenüber treten die bisher diskutierten Kennzeichen der Individualität und Endlichkeit in ihrer von Spinoza wie von Fichte abgewiesenen Übertragbarkeit auf Gott zurück: „Hier muß alles Endliche, alles, was noch ein Seyendes ist, verlassen werden, die letzte Anhänglichkeit schwinden; hier gilt es, *alles* zu lassen – nicht bloß, wie man zu reden pflegt, Weib und Kind, sondern was nur Ist, selbst *Gott*, denn auch Gott ist auf diesem Standpunkt nur ein Seyendes."[73] Insofern ist Schellings Programm auch als Gegenbeispiel von erheblicher theologischer Relevanz, wenn gerade ein theistisches, personales Gottesverständnis insbesondere vor dem Hintergrund des Theodizeeproblems über Fichte, Feuerbach und Nietzsche mit für die Entstehung des neuzeitlich-modernen Atheismus verantwortlich gemacht wird.[74]

Demgegenüber will Schelling „Personalität" sowohl von dem Paradigma bloß numerischer Individualität eines Seienden mit der Einheit des Bewusstseins absetzen,[75] wie auch vom Paradigma der Sittlichkeit im Sinne einer kognitiven Bestimmung eines Wesens als Zweck an sich selbst (Kant; Fichte). Vielmehr ist das spezifische Kennzeichen von Personalität die Fähigkeit zur Herstellung oder Fügung einer gegenstrebigen, polaren, gespannten und als solche beherrschten Identität der ontologischen Kräfte und Potenzen von Grund und Existenz, Natur und Geist, Realem und Idealem, Irrationalem und Rationalem, Eigenwillen und Universalwillen, Dunkel und Licht. Eine Person ist somit eine „zur Geistigkeit erhobene Selbstheit"[76], die sich als solche ins Allgemeine und seine Strukturen integrieren kann, ohne sich darin zu verlieren oder aufzugeben.

Wie Spinoza und Fichte betont auch Schelling, dass Gott kein Seiendes ist, kein bestimmtes „etwas", auch nicht das höchste Seiende im Unterschied zur Welt, sondern er ist das Absolute, das „hen kai pan". Aber er ist als solcher auch mehr als bloß abstrakter Garant einer moralischen Weltordnung nach Maßgabe der moralisch-praktischen Vernunft, wie Schelling gegen Fichte behauptet. Gott ist vielmehr auch in bezug auf die Natur zu denkendes, unverfügbares Leben, das

[73] F. W. J. Schelling, Ueber die Natur der Philosophie als Wissenschaft (1821), in: Ausgewählte Werke (Schriften von 1813-1830), Darmstadt 1976, 239 (= SW IX, 217).

[74] So bei E. Jüngel, Gott als Geheimnis der Welt. Zur Begründung der Theologie des Gekreuzigten im Streit zwischen Theismus und Atheismus (1977), 4. Aufl. Tübingen 1982, § 10, I-III (170-200).

[75] Ein solches abgewiesenes Verständnis befördert auch die klassische Definition von „Person", wie sie Boethius gefunden hat: „personae est definitio: ,naturae rationabilis individua substantia'", vgl. ders., Contra Euthychen et Nestorium (Gegen Euthyches und Nestorius), a.a.O., 74, auch wenn sie anders, nämlich nicht individualistisch, sondern relational interpretiert werden kann (vgl. dazu C. Schlapkohl, Persona est naturae rationabilis individua substantia. Boethius und die Debatte über den Personbegriff, Marburg 1999).

[76] F. W. J. Schelling, Freiheitsschrift, in: Ausgewählte Werke (Schriften von 1806-1813), Darmstadt 1976, 314 (= SW VII, 370).

sich als „Liebe" offenbart, nämlich als verlässliche, aber nicht logisch zwingende oder berechenbare Einheit der gegenstrebigen Kräfte von Grund und Existenz als den ontologisch gleich wesentlichen Dimensionen des Seins, die der Verstand in seinem Präzisionsbedürfnis geneigt ist zu trennen und gegeneinander (entweder einseitig „materialistisch" oder einseitig „idealistisch") auszuspielen.

Vermutlich hat Schelling hier Bestände der christologischen Zwei-Naturen-Lehre (Jesus Christus ist vere deus und vere homo in der Einheit der Person) zum Vorbild genommen und ins Ontologische ausgeweitet. Der zu vermutende christologische Hintergrund macht auch die soteriologische Ausgangsfrage von Schellings „Freiheitsschrift" plausibel. Denn sie setzt mit der Voraussetzung einer Unheilssituation der Menschenwelt und einer daraus resultierenden Heilsbedürftigkeit und Sehnsucht ein, die allerdings nur von einem personalen Gott gestillt werden kann: „Denn nur Persönliches kann Persönliches heilen, und Gott muß Mensch werden, damit der Mensch wieder zu Gott komme."[77]

Die Erlösungsbedürftigkeit des Menschen, die nicht durch etwas Dingliches unterhalb von Personalität gestillt werden kann (idem per idem), resultiert aus einem transzendentalen Gebrauch seiner spezifischen Freiheit zum Bösen. Nur unter der Voraussetzung einer solchen notwendigen Bedingung der Möglichkeit ist nach Schelling der ambivalente Befund der Welterfahrung zu erklären. Durch diesen negativen Gebrauch seiner Freiheit konstituiert sich zwar der Mensch auch als zentrierte Persönlichkeit[78] – denn „alle Persönlichkeit (auch diejenige Gottes, H. R.) ruht auf einem dunkeln Grunde"[79] –, aber eben in pervertierter, unbeherrschter, ungefügter Form, indem nämlich der „Eigenwille" über den „Universalwillen" herrscht und dadurch „Partikularwille" wird statt umgekehrt.

Auch diese pervertierte Freiheitstat hat – wie alles, was ist – ihren Grund in Gott und nicht außer, neben oder gegenüber von Gott. Denn Gott ist auch für Schelling „die alles bestimmende Wirklichkeit" (Bultmann). Aber dieser Grund der Freiheit in Gott ist ein „Abgrund" und insofern nicht rationale, logisch zwingende Determination zum Bösen, sondern nur der Möglichkeitsgrund. Gott, das Sein und die Liebe heben Freiheit gerade nicht auf, sondern lassen sie in einem weder notwendigen noch zufälligen, sondern kontingenten Grund bestehen: Freiheit (zum Bösen) wird in geschichtlicher Kontingenz durch den abgründigen Grund Gottes provoziert. Die Freiheit des Menschen – auch die zum Bösen – und damit seine Personalität gründet daher (im Sinne des Nährbodens, nicht im Sinne kausaler Notwendigkeit) panentheistisch in dem, was in Gott nicht er selbst ist, nämlich in dem dunklen Grund Gottes, der nur Basis seiner Existenz ist.

---

[77] F. W. J. Schelling, Freiheitsschrift, a.a.O., 324 (= SW VII, 380).
[78] Vgl. ders., ebd., 316 (= SW VII, 372).
[79] Ders., ebd., 357 (= SW VII, 413).

Dieser ungewöhnliche Gedanke hilft, die Probleme des Theismus und seines Konzepts von Personalität Gottes zu vermeiden, nämlich entweder zwei absoluta annehmen zu müssen – der freie Mensch außer und neben dem allmächtigen Gott, die in einem synergistischen Verhältnis zueinander stehen –, oder aber die Freiheit des Menschen ganz zu leugnen, was aber der Erfahrung widerspricht. Will man also das Faktum der Freiheit nicht bestreiten, aber auch an der Allmacht Gottes festhalten, so muss man mit Schelling die Freiheit des Menschen in Gott (und die Freiheit Gottes im Menschen) und nicht im konkurrenzhaften Gegenüber denken: in der göttlichen Freiheit realisiert sich die menschliche und umgekehrt. Insofern konstituiert sich die Persönlichkeit des Menschen kraft seiner Freiheit auch zum Bösen nicht gegen Gott im Sinne einer Opposition, sondern auch in Gott, allerdings in dem, was in Gott nicht Gott selbst – seiner Existenz nach – ist: im Grunde Gottes.

Schellings Panentheismus ist daher (wie der Spinozas) zu unterscheiden von einem „abgeschmackten" Pantheismus, nämlich im Sinne einer ununterschiedenen Identifikation Gottes mit den Dingen, mit der Welt. Daher trifft Schelling nicht der übliche Vorwurf gegen den Pantheismus, er vermische kategorial die Geschöpfe mit dem Schöpfer, um durch die Wahrung des kategorialen Unterschieds zwischen Gott und Welt sowohl der menschlichen hybris im Blick auf Selbsterlösung als auch einer Weltvergötterung einen Riegel vorzuschieben. Denn nach Schelling sind Gott und Welt „toto genere" von einander geschieden. Der Unterschied besteht darin, dass – wie immer schon (auch von Spinoza) gesagt wurde – Gott den Grund seiner Existenz in sich selbst hat (ens a se; causa sui), alles Seiende aber, auch der Mensch, nicht in sich selbst, sondern in einem anderen, nämlich in dem, was in Gott nicht Gott selbst ist: der Grund, die „Natur" in Gott.

Das Spezifikum von Schellings Verständnis von Personalität ergibt sich, wenn dieser Grund Gottes an sich selbst (als ontologische realitas) bedacht, und nicht bloß als logisch-idealer Grund einer causa sui bedacht wird. Denn dieser Grund ist reale Kraft, Potenz und relativ (bezogen auf Gottes Existenz) selbständige Macht, die sich in einem noch bewusstlosen, richtungslosen Wollen äußert: „Wollen ist Urseyn".[80] Somit zeichnet Schelling schon ein voluntaristisch angesetztes Persönlichkeitsverständnis vor, statt dem einseitig intellektualistischen Paradigma vom „animal rationale" zu folgen. Im Unterschied dazu betont Schelling: „Denn so hoch wir auch die Vernunft stellen, glauben wir doch z.B. nicht, dass jemand aus reiner Vernunft tugendhaft, oder ein Held, oder überhaupt ein großer Mensch sey; ja nicht einmal, nach der bekannten Rede, dass das Menschengeschlecht durch sie fortgepflanzt werde. Nur in der Persönlichkeit ist

---

[80] F. W. J. Schelling, Freiheitsschrift, a.a.O., 294 (= SW VII, 350).

Leben; und alle Persönlichkeit ruht auf einem dunkeln Grunde, der also auch Grund der Erkenntniß seyn muss."[81] Mit dieser voluntaristischen Akzentuierung im Rahmen seiner dynamischen Grund-Existenz-Ontologie unterscheidet sich Schellings Gottesverständnis vom traditionellen „Gott der Philosophen" einer aristotelisch-platonischen Metaphysik und nähert sich vielmehr dem lebendigen „Gott Abrahams, Isaaks und Jakobs" (B. Pascal) in seiner oft auch rätselhaften Geschichtlichkeit an. Zur Persönlichkeit Gottes gehört daher nach Schelling auch wesentlich die Unverfügbarkeit hinzu (vgl. Ex 3,14), so dass einer securitas gewehrt, aber eine certituo ermöglicht wird, sofern sich Grund und Existenz Gottes in „Liebe" verbinden. Denn Liebe ist – wie Persönlichkeit – die „Verbindung eines Selbständigen mit einer von ihm unabhängigen Basis"[82] und insofern das persönlichkeitsbildende „Band Gottes mit der Natur".[83]

So, wie der Mensch auch nicht „lautere, reine Vernunft"[84] ist, sondern „Persönlichkeit" und „Geist", so auch Gott. Aber dem Menschen fehlt im Unterschied zu Gottes Persönlichkeit der universale „Wille der Liebe", um das pervertierte Verhältnis von Grund und Existenz wieder gut zu fügen und so „absolute" Persönlichkeit zu werden. Darin besteht die soteriologische Ohnmacht, die Erlösungsbedürftigkeit des Menschen. Und so bedeckt ihn – wie die ganze Schöpfung nach Röm 8,19 – ein „Schleier der Schwermuth" und eine „tiefe Melancholie".[85]

Natürlich erhebt sich bei solchen Romantizismen sogleich der Einwand gegen allzu anthropomorphe Gottesbilder.[86] Handelt es sich hier nicht um eine gnostisch anmutenden Rückschluss von menschlich-allzumenschlichen Persönlichkeitsstrukturen auf Gott als „Person"? Doch abgesehen davon, dass Anthropomorphismen in der Theologie so lange unumgänglich sind, wie wir nicht wissen (können), wer oder was Gott an und für sich selber ist,[87] so hat dieser Vorwurf eigentlich nur eine gewisse Berechtigung bei der Annahme eines theistischen Gegenübers von Gott und Mensch. In Schellings Panentheismus aber findet keine Übertragung, keine Projektion statt (genauso wenig wie „anthropomorphe" Naturbeschreibungen), da Mensch, Natur und Gott ineinander gedacht werden, und insofern ist Schellings konsequenter und entschiedener Anthropomorphis-

---

[81] F. W. J. Schelling, Freiheitsschrift, a.a.O., 357 (= SW VII, 413).

[82] Ders., ebd., 338 (= SW VII, 394).

[83] Ders., ebd., 339 (= SW VII, 395).

[84] Ders., ebd., 339 (= SW VII, 395).

[85] Vgl. ders., ebd., 343 (= SW VII, 399).

[86] So der Vorwurf von K. A. Eschenmayer in einem Brief an Schelling vom 18. 10. 1810, in: F. W. J. Schelling, Ausgewählte Schriften (Schriften von 1806-1813), a.a.O., 660ff. (= SW VIII, 148ff.), aber auch noch K. Jaspers, Schelling. Größe und Verhängnis (1955), München 1986, 178ff.

[87] So die Antwort Schellings auf Eschenmayers Einwand, in: ders., Ausgewählte Schriften (Schriften von 1806-1813), a.a.O., 679 (= SW VIII, 167).

mus im Prinzip nicht zu beanstanden: „Entweder überall kein Anthropomorphismus, und dann auch keine Vorstellung von einem persönlichen, mit Bewusstseyn und Absicht handelnden Gott (welches ihn ja schon ganz menschlich
macht), oder einen unbeschränkten Anthropomorphismus, eine durchgängige
und (den einzigen Punkt des nothwendigen Seyns ausgenommene) *totale* Ver-
menschlichung Gottes."[88]

Aber mag Gott auch im Rahmen von Schellings panentheistischer Grund-
Existenz-Ontologie an und für sich selbst notwendig sein, inwiefern ist er als
Persönlichkeit für uns, wenn wir transzendentalkritisch besonnen bleiben wollen? Denn mit einer „totalen" Anthropomorphisierung Gottes unterschätzt Schelling die von ihm nur in Klammern gesetzte kategoriale Differenz zwischen Gott
und Mensch, was zu einer unangemessen pauschalen, univoken Verwendung
von Personalitätsmerkmalen zwischen Mensch und Gott führt.[89] Zumindest
müsste kritisch unterschieden werden zwischen solchen Persönlichkeitsmerkma-
len, die nur Menschen zukommen und insofern nicht Gott (wie z.B. die Sterb-
lichkeit[90]), und solchen, die Menschen wie Gott bei Wahrung der kategorialen
Differenz gemeinsam zukommen können (wie z.B. Unverfügbarkeit; Abskondität; Liebe etc.).

Diese einzuhaltende Grenze der Rede von Gott als Person, so dass ebenso von
Gott als Prinzip gesprochen werden kann, sieht F. D. E. Schleiermacher (1768-
1834) im Rahmen seiner Transzendentaltheologie. Denn Gott ist nicht Person,
aber er ist als Grund, als notwendige Bedingung der Möglichkeit von Personalität – wie auch von Seiendem anderer Seinsart – zu denken. Damit rückt in Bezug
auf Gott die Bezeichnung „Person" aus der Subjekt- in die Prädikatstellung (wobei noch zu klären ist, welchen ontologischen Status denn der „Träger" dieses
Prädikats hat, bzw. „ob der Grund alles Persönlichen nicht logischerweise selber
eine Person sein muß"[91]).

---

[88] F. W. J. Schelling, Ausgewählte Schriften (Schriften von 1806-1813), a.a.O., 679 (= SW
VIII, 167).

[89] Diese kritische Anfrage richtet sich mutatis mutandis dann auch an das Programm eines
„spekulativen Theismus", mit dem I. H. Fichte (der Sohn J. G. Fichtes) insbesondere das pan-
theistische System G. W. F. Hegels wegen seiner Unfähigkeit, ein personales Gottesverständnis zu begründen und somit – gegen den eigenen Anspruch – das Selbstverständnis von Religion und Christentum aufzunehmen, zugunsten der Kategorien des Einzelnen, Individuellen und Persönlichen ablösen will (vgl. I. H. Fichte, Über die Bedingungen eines spekulativen
Theismus, Elberfeld 1835). Daher auch I. H. Fichtes ironische Spitze gegen Hegel: „Der Professor ist eine Person, und Gott ist *keine*?" (I. H. Fichte, Über die Seelenfortdauer und die
Weltstellung des Menschen, Leipzig 1867, 128).

[90] Dieses Merkmal von Personalität stellt z.B. R. Spaemann, Personen, a.a.O. (s.o. Anm. 9),
123ff. heraus.

[91] H. Ott, Gott, a.a.O. (s.o. Anm. 4), 81 mit Rekurs auf Ps 94,9: „Der das Ohr gepflanzt hat,
sollte der nicht hören? Der das Auge gemacht hat, sollte der nicht sehen?" (vgl. ders., ebd., 78).

Schleiermacher beschreitet so einen mittleren Weg zwischen einem personalen und einem apersonalen Gottesverständnis, das sowohl den Bedenken Spinozas und Fichtes einerseits als auch Schellings Versuch einer Rehabilitierung des Personseins Gottes gerecht wird. Für die Vorgabe dieses Weges ist ein Zitat aus einem (undatierten, vermutlich um 1800 verfassten) Brief Schleiermachers an F. S. G. Sack aufschlussreich, in dem Schleiermacher einige Missverständnisse seiner Reden „Über die Religion" (1799) ausräumen möchte: „Der zweite Hauptpunkt ihres Schreibens betrifft meine Reden über die Religion. Hier muss ich auf ernstlichste gegen ihre Ansicht von diesem Buche protestieren. Es sollte eine Apologie des Pantheismus, eine Darstellung der spinozistischen Philosophie sein? ... Habe ich denn von der Religion..., habe ich von dem Glauben an einen persönlichen Gott mit Verachtung geredet? Gewiss nirgend. Ich habe nur gesagt, dass die Religion davon nicht abhange, ob man im abstrakten Denken der unendlichen übersinnlichen Ursache der Welt das Prädikat der Persönlichkeit beilege oder nicht... Der jetzt gewöhnliche Begriff von Gott ist zusammengesetzt aus dem Merkmale der Außerweltlichkeit, der Persönlichkeit und der Unendlichkeit. Ob nun diese wohl schon damals [sc. in biblischen Zeiten, H. R.] gebildet sein mögen? Und wenn man manche Christen genannt hat, welche die Unendlichkeit aufhoben, ob man nicht auch ein Christ sein könnte, wenn man in seiner Philosophie eines von den andern beiden aufhebt?"[92]

Nun hat Sack zunächst einmal Recht, wenn er eine gerade zu begeisterte Bezugnahme Schleiermachers auf Spinoza in den „Reden" feststellt. Denn da heißt es in der zweiten Rede: „Opfert mit mir ehrerbietig eine Locke den Manen des heiligen, verstoßenen Spinosa! Ihn durchdrang der hohe Weltgeist, das Unendliche war sein Anfang und Ende, das Universum seine einzige und ewige Liebe..."[93] Sack wendet diese Spinoza-Begeisterung nun kritisch gegen Schleiermacher – bis hin zum Vorwurf der Religionsvergessenheit und des Atheismus – und schließt sich damit der Kritik Jacobis an Spinoza im „Pantheismusstreit" an, um sie auf Schleiermacher zu übertragen: Wie Spinoza leugne auch Schleiermacher die Personalität Gottes. Damit falle auch diejenige Instanz, der gegenüber Menschen moralisch verantwortlich seien. Letztlich erstarre alles in einem pantheistischen Fatalismus. Demgegenüber will Schleiermacher aber festhalten, dass er bei aller Wertschätzung Spinozas (dessen System nicht Pantheismus, sondern Panentheismus ist), weder das anthropomorphe Prädikat der Personalität Gottes in Misskredit bringen noch denjenigen das Christsein absprechen möchte, die dieses Prädikat mit all seinen Implikationen fallen lassen. Auf die einfache Frage:

---

[92] F. D. E. Schleiermacher, Brief an F. S. G. Sack, in: Schleiermacher-Auswahl, hg. v. H. Bolli, 2. Aufl. Gütersloh 1980, 270/71.

[93] Ders., Über die Religion (1799), hg. v. G. Meckenstock, Berlin / New York 1999, 81.

Ist Gott „Person"?, antwortet Schleiermacher daher weder mit einem entschiedenen „Ja" noch mit einem entschiedenen „Nein", sondern mit einer Unterscheidung zwischen verschiedenen Hinsichten gleichsam zwischen apersonalem Pantheismus und personalem Theismus.

Denn die Frage, ob Gott personal oder apersonal vorzustellen sei, ist für Schleiermacher nicht in erster Linie eine Frage der inhaltlichen Bestimmtheit einer Gottesvorstellung. Denn diese ist immer nur ein mehr oder weniger kontingenter begrifflicher (oder auch metaphorischer) Reflex auf das unmittelbare religiöse Grundgefühl, das Schleiermacher in den „Reden" als „Sinn und Geschmack fürs Unendliche"[94] oder als „Anschauen des Universums"[95] beschreibt. In der späteren „Glaubenslehre" von 1821/22 heißt es präzise, dass wir uns in diesem Gefühl „unsrer selbst als schlechthin abhängig bewusst sind".[96] Personalität oder Apersonalität Gottes ist vielmehr eine Frage der Struktur dieses religiösen Grundgefühls, und diese Struktur ist transzendentaler Art: So, wie das religiöse Grundgefühl als unmittelbares Selbstbewusstsein der transzendentale Wurzelgrund für Denken (Metaphysik) und Handeln (Moral) ist, so ist Gott die allgemeine und notwendige Bedingung der Möglichkeit des menschlichen Selbstbewusstseins, wie es sich ineins und zumal in der dreifachen Relation eines Selbst-, Welt- und Grund(= Gottes-)verhältnisses gegeben ist.

Nach Schleiermachers anthropologischem Ansatz zur Erklärung der modalen Eigentümlichkeit von Religion im Unterschied zu Metaphysik und Moral (alle drei haben zwar dasselbe Thema: das Universum, das Absolute, das „hen kai pan", aber auf unterschiedliche Art und Weise) ist im Selbstbewusstsein des Menschen das Gottesverhältnis mit gesetzt. In meinem selbstbewussten Verhältnis zur Welt finde ich mich als teilweise frei und teilweise abhängig in je gradueller Verschiedenheit. Aber dass ich mich so vorfinde, ist nicht meine eigene Entscheidung, Tat oder Setzung (gegen Fichte), sondern Ausdruck einer „schlechthinnigen Abhängigkeit" vom Grund unseres Daseins (= Gott). Dieses im Gefühl erschlossene Selbst-, Welt- und Gottesbewusstsein als Grenzbewusstsein endlicher, geborgener Freiheit im Denken und Handeln auf eine bestimmte Art und Weise zu vergegenwärtigen und zu realisieren, zeichnet jeden Menschen als individuelle Person aus. Und wer das in aller Klarheit vermag und seine Fähigkeiten ausbildet, im Endlichen das Unendliche, in allen Selbst- und Weltverhältnissen den Grund alles Seienden wahrzunehmen, mit diesem Geist alles aus-

---

[94] F. D. E. Schleiermacher, Über die Religion, a.a.O., 80.

[95] Ders., ebd., 81.

[96] Ders., Der christliche Glaube (1821-1822) § 9, Studienausgabe Bd. I, Berlin / New York 1984, 31.

zuzeichnen, was ihn umgibt[97], ist eine Persönlichkeit (wie Jesus als Urbild im Blick auf die ungetrübte Kräftigkeit seines Gottesbewusstseins).

Insofern ist Gott, das im Gefühl vergegenwärtigte Wovon der schlechthinnigen Abhängigkeit als *Grund* meiner endlichen, geborgenen Freiheit personal vorzustellen, denn er ist transzendentale Bedingung der Möglichkeit und Wirklichkeit des Personseins eines jeden Menschen und daher auf Personsein effektiv bezogen. In dieser Hinsicht besteht auch durchaus die Berechtigung konkreter, individueller, anthropomorpher Gottesvorstellungen, die Schleiermacher nicht abweist. Solche können z.B. im Laufe eines Erziehungs- und Bildungsprozesses zur Motivation und Entwicklung eines angemessenen Selbst- und Weltverhältnisses, zur Ausbildung von Persönlichkeit durchaus sinnvoll und hilfreich sein. Aber andererseits ist Gott als *transzendentaler* Grund von Personalität von dieser auch kategorial verschieden und von anderer Seinsart – wie jede unbedingte Bedingung von etwas von dem Bedingten selbst, das Sein vom Seienden, die Wirklichkeit vom Wirklichen. In dieser Hinsicht besteht das Recht und der Sinn abstrakter, allgemeiner, apersonaler Gottesvorstellungen, wie z.B. „das Universum" oder das „Wovon der schlechthinnigen Abhängigkeit" etc. „Dabei wissen wir wol, dass wir in Gott kein Bewusstsein wie das unsrige zu denken haben – wie denn auch das biblische pneuma darauf nicht hinführt - und dass wir, um das Verhältniß der Abhängigkeit rein zu erhalten, uns wol hüten müssen, Gott etwan als eine wahrnehmende und empfindende Seele der Welt zu denken."[98] Denn wenn in den Weltverhältnissen die Menschen bei teilweiser Freiheit und teilweiser Abhängigkeit immer auch eine wenn noch so geringe Möglichkeit von Gegenwirkung haben, scheidet diese Möglichkeit um der Reinheit des Gefühls schlechthinniger Abhängigkeit und der damit verbundenen kategorialen Differenz zwischen Mensch und Welt einerseits und Gott andererseits aus. Insofern ist Gott in Schleiermachers anthropologisch angesetzter Transzendentaltheologie mit ihrem dritten Weg das personifizierte Universum[99], das nie erschöpfend auf den Begriff zu bringende, unverfügbare Wovon unserer schlechthinnigen Abhängigkeit[100], dessen adäquates „Schema"[101] das individuelle Allgemeine menschlicher Personalität ist.

[97] Vgl. F. D. E. Schleiermacher, Monologen (1800), hg. v. H. Mulert, 3. Aufl. Hamburg 1978, 23.
[98] Ders., Der christliche Glaube (1821-1822), a.a.O., 211.
[99] Vgl. ders., Über die Religion, a.a.O., 113.
[100] Vgl. ders., Der christliche Glaube (1821-1822), a.a.O., 188.
[101] „Schema" im Sinne Kants als konkrete Veranschaulichung eines abstrakten Begriffs, dessen Inhalt nie Gegenstand der Erfahrung sein kann – im Unterschied zur ästhetischen Erfahrung des Schönen, der niemals ein Begriff adäquat sein kann. Vgl. I. Kant, Kritik der reinen Vernunft (1781), A 137ff. / B 176ff.: „Von dem Schematismus der reinen Verstandesbegriffe").

So kommt Personalität als ein (entscheidendes) angemessenes, adäquates „Schema" von Gottesvorstellungen zum Tragen, das als solches weder Metapher noch Symbol[102], weder Bild noch Begriff von „etwas", sondern eine Regel zum Finden angemessener Metaphern oder Symbole, Bilder oder Begriffe ist. Ein Schema sagt nichts über das Wesen Gottes an und für sich aus, denn das entzieht sich menschlich-endlicher Erkenntnismöglichkeiten. Es sagt aber darüber etwas aus, wie wir uns Gott nach Maßgabe unserer regelgeleiteten Urteils- und Einbildungskraft konkret vorstellen oder denken können. Diese Differenz ist auch da zu beachten, wenn z.B. gesagt wird: Gott ist nicht Person, aber Grund von Personalität, wobei sich – nach den hier skizzierten geistesgeschichtlichen Bezügen – folgende Aspekte von Personalität finden ließen: Geschichtlichkeit, Lebendigkeit und Unverfügbarkeit, relationale Selbständigkeit, Selbstbestimmung, Selbstmitteilung und Selbstbegrenzung, Einmaligkeit und Verborgenheit, Seinsmächtigkeit, Dynamik, Kraft und Wille. Diese Aspekte können durchaus variiert, ausgetauscht oder verändert werden, aber sie müssen mit dem Schema „Personalität" als Einheitsgrund und Kriterium kompatibel sein.

„Schematisieren" meint im Anschluss an Kant den allgemeinen, erkenntniskonstituierenden Akt der Subsumption eines Gegenstands unter einen Begriff. Nun ist aber „Gott" kein empirischer Begriff, der auf Anschauung bzw. Erfahrung bezogen ist (also ist Gott kein „Gegenstand"), sondern ein metaphysischer bzw. transzendentaler. Daher kann uns der Inhalt des Begriffs „Gott", sofern wir in unseren Erkenntnismöglichkeiten auf Anschauung bzw. Erfahrung bezogen sind, nicht adäquat im Sinne einer Gleichartigkeit von Begriff und Gegenstand zur Anschauung oder Vorstellung gebracht werden, sondern nur durch ein vermittelndes Drittes, das die Ungleichartigkeit zwischen einem metaphysischen oder transzendentalen Begriff („Gott") einerseits und einem auf Anschauung und Erfahrung bezogenen empirischen Begriff andererseits überbrückt, indem es an beidem Anteil hat. Dieses vermittelnde Dritte ist „das transzendentale Schema", und das Schematisieren ist dann eine Methode, ein „Verfahren der Einbildungskraft, einem Begriff sein Bild zu verschaffen."[103] Für Kant, der den Schematismus einführt, um die Anwendung von transzendentalen Kategorien auf die Erscheinungswelt erklären zu können, ist dieses vermittelnde Schema die Zeit. Denn Zeit ist einerseits *reine Form* der Anschauung und insofern a priori bzw. transzendental, andererseits ist sie als reine Form der *Anschauung* mit sinnlicher Erfahrung verbunden. Dazu analog kann in Aufnahme der Überlegungen

---

[102] So z. B. bei H. Deuser, Vom Handeln Gottes als Person – Religionsphilosophische und theologische Überlegungen zu einem theo- bzw. anthropomorphen Grundproblem, in: M. Roth / K. Horstmann (Hg.), Glaube – Lieben – Hoffen. Theologische Einsichten und Aufgaben (FS K. Stock), Münster 2001, 40-50, bes. 43; 45.

[103] I. Kant, Kritik der reinen Vernunft, A 141 / B 180.

Schleiermachers „Personalität" als transzendentales Schema von Gottesvorstellungen in ihrer Geschichtlichkeit verstanden werden, als Einheitsgrund wie Kriterium aller möglichen konkreten Begriffe, Bilder, Metaphern und Symbole für „Gott", die der Anschauung bzw. der Erfahrung entnommen sind und werden. Solche brauchen wir, damit die Rede von Gott sachhaltig, bedeutungsvoll und verbindlich sein kann.

Michael Moxter

ÜBER DEN GRUND UNSERES GLAUBENS AN PERSONALITÄT

Gottes Personsein aus der Perspektive systematischer Theologie

> Unser kränkstes Wort heute ist vielleicht das Wort ‚Person‘.
> Rosenstock-Huessy[1]

Zu den Erfahrungen des Denkens gehört die Diskrepanz zwischen den einfachen Ausgangsfragen und den sich ergebenden Folgeproblemen. Der Theologie geht es darin nicht besser als den anderen Wissenschaften: Sie kann die Frage nach der Personalität Gottes nicht aufnehmen, ohne sich zugleich Rechenschaft über einen angemessenen Personbegriff zu geben. Insofern sie als *evangelische* Theologie überdies den Anspruch erhebt, in der Auslegung biblischer Texte begriffen zu sein, vervielfältigen sich die Folgeprobleme noch einmal.

Der erste Umweg, der sich daher nahelegt, führt zu der Frage nach den hermeneutischen Voraussetzungen theologischer Rede von Gott. Auch wer sich diese selbst nicht aneignen will oder kann, vermag doch einzusehen, was in ihr auf dem Spiel steht, weil es das Sinnpotential aller theologischen Denkbemühungen bildet: die Explikation eines Selbst- und Weltverständnisses, das sich nicht in beruhigter Immanenz erschöpft, sondern mit einem Anderen konfrontiert ist, über das es nicht frei verfügt.[2] Zur Aufgabe kritischer Reflexion wird es daher, solche Sinnformen (Bilder, Metaphern, Symbole und Begriffe) auszuzeichnen, die als Repräsentation von Transzendenz verstanden werden können. Nur solche Sprachformen kommen dafür infrage, die ihren Überschuß an nicht ausschöpfbarem Sinn mit der Härte einer Kritik verbinden, die die Endlichkeit der Formen trifft, in denen von Gott die Rede ist. Es bedarf daher einer Hermeneutik, die die Prozesse religiöser Repräsentation versteht, aber um eine kritische Reflexion der möglichen Wahrheitsgeltung ergänzt. Systematische Theologie bewegt sich nach meinem Verständnis daher *zwischen* Hermeneutik, Dogmatik und Religionskritik, so daß sie sich nicht damit begnügen kann, ausschließlich als Deutungstheorie religiöser Erfahrung aufzutreten. Um anzudeuten, daß im folgenden nicht eine solche Hermeneutik befördert werden soll, die die Wahrheitsfrage in den

---

[1] E. Rosenstock-Huessy, Die Sprache des Menschengeschlechtes I, Heidelberg 1963, 465.
[2] Vgl. C. Lefort, Fortdauer des Theologisch-Politischen?, Wien 1999, 47f.

Sinnbegriff auflöst, ist daher zunächst vom Umweg einer *systematischen* Hermeneutik die Rede.

1. Personalität Gottes als Thema einer systematischen Hermeneutik

Man kann die Frage nach der Personalität Gottes als Frage nach demjenigen Prädikat oder derjenigen Eigenschaft begreifen, deren Zutreffen oder Nichtzutreffen in der Sache entscheidet. So läßt sich im Rückschluß vom Willen und vom Verstand Gottes (insofern diese etwa im biblischen Text oder im Horizont natürlicher Theologie bezeugt sind) das Personsein Gottes behaupten oder umgekehrt im Rückschluß von der leiblichen Verfaßtheit menschlicher Personalität bestreiten. Was das letztere angeht, so verneinen nach Spinoza „alle, die die göttliche Natur irgendwie erwogen haben [...], dass Gott körperlich sey"[3], weshalb sie auch keinen Grund haben, von einer Personalität Gottes zu sprechen. Gott bestehe nicht wie der Mensch aus Körper und Geist und sei darum auch keinen ‚passiones' unterworfen. Folglich seien auch Verstand und Wille keine solchen Bestimmungen, die in irgendeiner vernünftigen Form Gott attribuiert werden könnten, es sei denn dem bloßen Worte nach (in nomine, nec in ulla re).[4] Personale Gottesvorstellungen verstoßen gegen die kategoriale Differenz zwischen der Endlichkeit aller Personen, die wir kennen, und der Unendlichkeit Gottes.

Das Argument nimmt den Anthropomorphismuseinwand auf, der seit Xenophanes im 6. Jahrhundert v. Chr. gegen die *Gottesvorstellungen* (und für, mitunter auch gegen den Gottes*begriff*) erhoben werden. In seiner Grundform („Schwarz und stumpfnasig sei Gott bei den Äthiopen, blauäugig und rothaarig dagegen bei den Thrakern"[5]) folgt dieser Einwand der Logik der Applikation vorgegebener Prädikate. In der von Xenophanes zuerst artikulierten Form handelte es sich um empirisch aufgegriffene Prädikate. Es leuchtet aber ein, daß derselbe Einwand auch gegenüber solchen Prädikaten (‚Einfachheit', ‚Identität', ‚Individuum') wiederholt werden kann, die als rationale Explikation des Gottesbegriffs erscheinen. Gerade die Bestimmtheit möglicher Prädikate beruht auf ihrer Endlichkeit, ihrer durch Negation erzeugten Bedeutung, die sie an vorausgesetzte Gegensätze bindet (omnis determinatio est negatio). Im Horizont endlicher Gegensätze und Reflexionsbestimmungen denkt man immer etwas, was dem transzendenten ‚Gott nicht gemäß' sein kann.

In der entscheidenden Hinsicht folgte auch der Atheismusstreit dieser Logik. Das zeigt Fichtes Verteidigungslinie: „Was nennt ihr denn nun Persönlichkeit

---

[3] Spinoza, Ethica I, Propos. XV. Scholium, Opera II, Darmstadt 1967.

[4] Vgl. ebd. Propos. XVII. Scholium.

[5] Vgl. Fragment 16, in: Die Fragmente der Vorsokratiker, griech. und deutsch v. H. Diels, hg. v. W. Kranz, Bd. 1, Dublin / Zürich ⁶1951, 133.

und Bewusstseyn? doch wohl dasjenige, was ihr in euch selbst gefunden, an euch selbst kennen gelernt, und mit diesem Namen bezeichnet habt? Dass ihr aber dieses ohne Beschränkung und Endlichkeit schlechterdings nicht denkt, noch denken könnt, kann euch die geringste Aufmerksamkeit auf eure Construction dieses Begriffs lehren. Ihr macht sonach dieses Wesen [...] zu einem Wesen eures Gleichen, und ihr habt nicht, wie ihr wolltet, Gott gedacht, sondern nur euch selbst im Denken vervielfältigt"[6].

Ein Problemzugang, der die komplexen Prädikate ,Person', ,Persönlichkeit' oder ,Personalität' als ein Merkmalsbündel klarer Bestimmungen begreift, über dessen Anwendung auf den Referenten ,Gott' gestritten werden kann, beruht nun allerdings auf einem Sprachverständnis, das in einer entscheidenden Hinsicht unterbestimmt zu sein scheint. Der gewählte Problemzugang führt in eine objektivistische Redeform, die Gott als Gegenstand unter anderen Gegenständen behandelt. Gegen sie wollte Fichte protestieren – freilich um den Preis, daß er sie am Ort des Personbegriffs zugleich exekutierte. Die Leitfrage dieses Bandes auf diese Weise zu stellen, setzt ein Bild der Sprache voraus, nach dem ein Lexikon fixierter Begriffe daraufhin befragt wird, welche mögliche Extension jeweils akzeptabel ist. Mein Gegenargument lautet: Sprache ist kein Mittel zur Abbildung einer unabhängigen Welt, sondern ein Medium, durch das sich der Zugang zu den Sachen erst erschließt.

Reflektierter nimmt es sich dagegen aus, wenn in einer transzendentalen Wendung auf die Bedingungen der Möglichkeit, von uns selbst als ,Personen' zu sprechen, die Rede von Gott verankert wird. Ausgangspunkt ist dann der Sachverhalt, daß wir uns selbst als Personen verstehen, und die Aufgabe besteht darin, die Voraussetzungen zu rekonstruieren, von deren Erfülltsein ein solches Selbstverständnis ausgehen muß. Ob Personalität angemessen verstanden werden kann, ohne auf die Rede von Gott zu rekurrieren, wird dann zum Fokus der Fragestellung. Ist der Mensch z.B. darin Person, daß er in einem Verhältnis zu anderen Personen steht, die ihn anerkennen und ansprechen, mit seiner Freiheit rechnen und sich in Freiheit zu ihm verhalten, so setzt ,Personalität' Sozialität voraus. Personsein läßt sich dann nicht im Horizont einer substanzontologischen bzw. seinslogischen These als Instantiierung einer vernünftigen Natur denken. Die Beziehung zu den relevanten Anderen gehört zum Begriff der Person und tritt nicht erst äußerlich hinzu. Ist die Person nur, insofern sie als Person anerkannt wird, so ergibt sich freilich das Kontingenzproblem, daß solche Personalität nicht zufälligen sozialen Anerkennungsakten überlassen bleiben kann. Im Gegenteil ergibt sich ein u. U. kontrafaktischer Anspruch, dessen Begründung

---

[6] J. G. Fichte, Über den Grund unseres Glaubens an eine göttliche Weltregierung, Werke V, hg. v. I. H. Fichte, Berlin 1965, 187.

die faktisch gegebenen sozialen Relationen transzendiert und insofern den Gottesbegriff als Letztgrund ins Spiel bringt. Hängt die Personalität des Menschen in diesem Sinne letztlich an ‚Gott', so hat eine solche Begründungsfigur auch Folgen für die Art und Weise, wie Gott gedacht wird. Man könnte gleichsam in der Wirkungsgeschichte der Behauptung, nichts könne in der Wirkung sein, das nicht schon in der Ursache war, folgern: nur ein Gott, der selbst Person ist (oder zumindest: nicht weniger als eine Person) könne als Letztgrund für menschliche Personalität aufkommen.

Es ist die Stärke dieses Zugangs, daß er nicht vom naiven Sprachrealismus zur objektivistischen Rede von Gott führt, und daß er die Kritik an der Vorstellung eines ‚persönlichen' Gottes mit dem Vertrauen in Gott als Letztgrund aller Personalität verbinden kann. Das war Tillichs Pointe: „Hieraus ergibt sich die Lösung der Schwierigkeiten, die im Wort ‚Persönlicher Gott' enthalten sind. ‚Persönlicher Gott' bedeutet nicht, daß Gott eine Person ist. Es bedeutet, daß Gott der Grund alles Personhaften ist, und in sich die ontologische Macht des Personhaften trägt. Er ist nicht eine Person, aber er ist auch nicht weniger als eine Person". Dies wird unter Mobilisierung des religionstheoretischen Leitbegriffs mit der Bemerkung begründet: „Den Menschen kann nichts unbedingt angehen, was nicht personhaft ist"[7]. Ich lasse einmal dahingestellt, ob die ‚Lösung der Schwierigkeiten' sozusagen auf kürzestem Weg das ist, was man von theologischer Arbeit erwarten soll – aber wir können uns diesem Argument anschließen, zumal man bei Tillich lernen kann, daß der Wille zur selbstkritischen Reflexion christlichen Redens von Gott gerade um der Vertiefung des Glaubens von gängigen Sprachmustern und religiösen Redeformen abweicht.

Eine verwandte Strategie findet sich bei Schleiermacher. Vor dem Hintergrund des Atheismusstreites bestreitet Schleiermacher die Triftigkeit der Losung ‚kein Gott, keine Religion' und nennt die Gottesvorstellung eine einzelne religiöse Anschauungsart, zu der man sich auf unterschiedliche Weise verhalten könne, ohne damit auch schon die Eigenart der Religion bzw. des christlichen Glaubens zu verfehlen. Gerade weil es sich um eine einzelne Vorstellung handele, können und müssen „die größten Verschiedenheiten darüber statt haben"[8] und zwar in Abhängigkeit von der jeweils vorherrschenden ‚Richtung der Phantasie'. Wo der Mensch noch nicht zur Entdeckung der Mannigfaltigkeit vorgedrungen sei, hause er sich noch in einem verwirrenden Chaos ein, so daß ihm in Abhängigkeit von dieser Welterfahrung ein „Gott [...] ohne [...] Eigenschaften" entstehe, ge-

---

[7] P. Tillich, Systematische Theologie I, Stuttgart ⁶1979, 283.

[8] F. D. E. Schleiermacher, Über die Religion. Reden an die Gebildeten unter ihren Verächtern (1799), KGA I/2, Berlin New York 1984, 185-326, 243.

nauer: „sein Gott [wird] ein Wesen ohne bestimmte Eigenschaften"[9]. Bestimme auf einer anderen Stufe der Bildung umgekehrt „eine Vielheit ohne Einheit"[10] den Sinn fürs Universum, so ergebe sich ein Polytheismus, gegenüber dem Spinozas Abkehr von einem personalen Gott geradezu als eine Vertiefung der Religion erscheine. Nur der jeweils leitende Sinn fürs Universum, nicht die konkrete Gottesvorstellung wird darum zum Kriterium der Religiosität.[11] Vor diesem Hintergrund formuliert der Schleiermacher der Reden dann eine Regel für die Genese von Gottesvorstellungen: „Hängt nun Eure Fantasie an dem Bewußtsein Eurer Freiheit so daß sie es nicht überwinden kann dasjenige was sie als ursprünglich wirkend denken soll anders als in der Form eines freien Wesens zu denken; wohl, so wird sie den Geist des Universums personifizieren und Ihr werdet einen Gott haben; hängt sie am Verstande, so daß es Euch immer klar vor Augen steht, Freiheit habe nur Sinn im Einzelnen und fürs Einzelne; wohl, so werdet Ihr eine Welt haben und keinen Gott"[12]. Das Recht der Gottesvorstellung wird durch das Bewußtsein ihrer Abhängigkeit von der Form subjektiver Weltkonstruktion nicht geschmälert, ja nicht einmal tangiert. Die Einsicht in das kontingente Zustandekommen aller Gottesvorstellungen verträgt sich nach Schleiermacher mit der Gewißheit der Unhintergehbarkeit der Religion. Zwar wird die Idee von Gott gegenüber der Eigenart der Religion abgewertet, aber darum nicht vergleichgültigt. Denn irgendeine Richtung muß die Phantasie finden, irgendeine konkrete Ausdrucksform muß sie annehmen – und diese ist für das jeweilige Individuum unhintergehbar. Wie sich der Mensch seinen Gott vorstellt, hängt also davon ab, wie er sich selbst und seine Welt versteht. Die Rede von Gottes Personalität gründet in dem Stellenwert, den das Bewußtsein der Freiheit im einzelnen einnimmt. Schleiermacher neigt allerdings dazu, das Bewußtsein der Freiheit nicht für die höchste Form menschlichen Weltverhältnisses zu halten. Wo das Ganze der Natur und des Lebenszusammenhanges in den Blick kommt, löst sich die eigene Freiheit in Notwendigkeit auf. Schon deshalb zielt Schleiermachers Leitthese nicht auf die emphatische Behauptung eines Ineinanders von personaler Gottesvorstellung und menschlicher Freiheit. Das Recht des Theismus gründet eher in einer subjektiven Leidenschaft des Menschen, sich nicht anders als im Schema der Freiheit zu denken. Wo dieses Selbstverständnis dominiert, begreift der Mensch auch Gott „in der Form eines freien Wesens".

Man fragt sich, wie das gemeint ist. Einerseits könnte man es als Hinweis auf ein Schema der Personifizierung verstehen, das einem vorwissenschaftlichen, gleichsam kindlichen Zugriff auf die Erfahrungswelt zugrundeliegt und später

---

[9] A.a.O., 244.
[10] Ebd.
[11] Vgl. a.a.O., 245.
[12] Ebd.

überwunden wird[13], andererseits scheint Schleiermacher (in gut reformierter Tradition) auf die systematische Verschränkung von Selbst- und Gotteserkenntnis hinauszuwollen. Unabhängig davon, ob man sich für die eine oder die andere Lesart entscheidet, dürfte ein einseitiges Verhältnis zwischen Selbsterfahrung und Gottesverständnis nicht zu übersehen sein. Einen produktiven Beitrag der Rede von Gott für die Konstitution *personalen* Selbstverständnisses sollte man daher nicht erwarten. Schleiermachers Strategie resultiert aus einer linearen Ableitung, einem von dort nach hier führenden Gefälle. Die Erklärung der Personifizierung setzt voraus, daß schon als fertige Form vorhanden ist und zugrunde liegt, was hernach auf Gott übertragen und so zum Ausdrucksmittel unhintergehbarer Imagination wird. Diese Voraussetzung wird noch zu diskutieren sein, allerdings gilt es, am Zusammenhang von Gotteserkenntnis und Selbsterkenntnis festzuhalten wie im übrigen auch an Schleiermachers Hinweis auf die Rolle der Einbildungskraft (Phantasie). Was für den Menschen von Bedeutung ist, ist untrennbar mit der Sphäre des Symbolischen, der Imagination und des Imaginären verwoben. Diese ist nichts Überflüssiges oder Sekundäres, auf das man zugunsten einer reinen Repräsentation genauso gut verzichten könnte, sondern bildet das Medium, in dem sich Bedeutsamkeit konstituiert.[14]

Insofern ergibt sich die Aufgabe, die sprachlichen Darstellungsformen in der Entfaltung des systematischen Argumentes ernst zu nehmen. Tillich und Schleiermacher lassen jedenfalls übereinstimmend die Frage nach einer angemessenen menschlichen Selbstbeschreibung und die Aufgabe einer Rekonstruktion der konkreten religiösen Symbole ineinandergreifen. Diese Verschränkung ist Ausdruck eines reflektierten Umgangs mit unserer Fragestellung. Beide bestreiten, daß die Rede von Gott im Gängelwagen gegenständlicher Bestimmungen vorankommen könne, aber beide fundieren ihre Theologie nicht in einem ‚reinen' Gottesbegriff, mit dem sie den vorstellungshaft gebundenen Personifizierungen etwa der kirchlichen Frömmigkeit die kalte Schulter zeigen könnten, vielleicht garniert mit dem Zugeständnis, den kontingenten Imaginationswünschen endlicher Individuen oder dem religionspädagogischen Bedarf müsse Rechnung getragen werden. Eine Läuterung der Rede von Gott zu einem Begriff, der im Maße seiner Vertiefung die sinnlichen Bestimmungen, Bilder und Symbole abrogiert, erscheint beiden Denkern (aus unterschiedlichen Motiven) als eine Unterbestimmung und Unterschätzung der Darstellungsformen, die der Religion eigentümlich sind. Daran ist anzuschließen.

[13] Vgl. G. Dux, Die Logik der Weltbilder, Frankfurt/Main 1982.
[14] Vgl. die Bemerkungen von C. Castoriadis (Gesellschaft als imaginäre Institution, Frankfurt/Main, ²1997, 220; 224f.) über die Oberflächlichkeit des Projektionsvorwurfs im Verhältnis von Individuum und Gesellschaft.

Das Verhältnis zwischen Begriff und Bild, zwischen Gottesgedanken und religiösem Symbol, in der Folge dann auch zwischen Theologie und Metaphorologie, bildet den Hintergrund für die Programmformel einer ‚systematischen Hermeneutik'. Mit ihr wird bestritten, daß eine strikte Differenzierung und Distanzierung zwischen Begriff und Vorstellung möglich ist, und im Gegenzug wird auf die ungenauen Ränder und metaphorischen Horizonte unserer Begriffe Bezug genommen. Gerade weil sich Bilder und Metaphern dem rationalen Zugriff immer wieder entziehen, sind sie ein herausforderndes Gegenüber für das, was hier ‚Hermeneutik' genannt wird. Will man freilich nicht im Metaphernrausch alle inhaltliche Bestimmungen verlieren, so braucht man gegenläufig einen Bezugspunkt bzw. ein Kriterium für die Angemessenheit der Arbeit an den Metaphern. Ausschlaggebend ist dafür die Frage, ob die konkrete Erfahrung, die in einer positiven Religion gemacht wird, zugleich als Ausdruck eines allgemeinheitsfähigen Selbstverständnisses dargestellt werden kann. Die Geltungsansprüche religiöser Rede sind ja nur insoweit ausweisbar, als sie im Horizont der Anthropologie oder im Zusammenhang eines Wirklichkeitsverständnisses plausibilisiert werden können (was nicht einschließt, daß sie auf Applaus setzen dürften).

Dogmatik als systematische *Hermeneutik* löst sich also nicht von den Bildern und Geschichten der Religion, weder von den Texten der Bibel noch von den Darstellungsvollzügen des Gottesdienstes, sondern rekonstruiert diese in der Absicht, sie vor Erstarrungen und Verdinglichungen zu bewahren und also erneut zu verflüssigen. Freilich wäre solche Hermeneutik noch keine Wissenschaft, wenn sie sich mit einem bloßen Verstehen oder mit Phänomenbeschreibungen begnügen würde, ohne Geltungsfragen aufzunehmen. Um sich diesen zu stellen, muß sie als *systematische* Hermeneutik Kontakt zu Anthropologie und Religionsphilosophie halten.

Die Frage nach der Personalität Gottes läßt sich daher nur so bearbeiten, daß die Rede von Gott als ein nachvollziehbares Selbstverständnis menschlicher Erfahrung einsichtig wird und darin die allem Selbstverständnis vorgängige Differenz gewahrt wird, ohne die wir nur von uns selbst sprechen würden. Selbstverhältnis und Andersheit werden also gleichursprünglich zu berücksichtigen sein, wenn Gott und Mensch als subjectum theologiae in der Bearbeitung unserer Leitfrage gelten sollen.[15] Der christliche Glaube sieht den Menschen coram Deo und

---

[15] Nur unter dieser Voraussetzung läßt sich *theologisch* die Frage bearbeiten, ob oder gegebenenfalls wie naiv die Texte der Bibel und deren gegenwärtiger kirchlicher Gebrauch eigentlich sind. Immerhin läßt sich nicht bestreiten, daß die biblischen Texte ihre eigenen Anstrengungen unternehmen, anthropomorphistischen Gottesprädikationen nicht aufzusitzen. Die Frage des Psalmbeters: „Der das Ohr gepflanzt hat, sollte der nicht hören?/Der das Auge gemacht hat, sollte der nicht sehen?" (Ps 94,9) attribuiert Gott weder Ohren noch Augen (mit

nimmt damit die alttestamentlich-jüdische Rede vom Angesicht Gottes, mit dem unser Leben konfrontiert ist, auf. Folglich orientiert sich die christliche Theologie an der Korrelation von Gott und Mensch (im Sinne H. Cohens) und versucht, aus ihr zu bestimmen, was sie über Personalität zu sagen weiß.

2. Versuch einer Historisierung des Personbegriffs

Die skizzierten Aufgaben der Dogmatik würden auf dem Weg einer deduktiven Entfaltung des Personbegriffs eher verstellt als gelöst. Sie bedürfen noch eines anderen Umwegs. Dieser führt auf das Feld einer historischen Semantik, auf dem deutlich wird, wie unselbstverständlich die Rede von Personalität im Grunde ist. In einer ausschließlichen Konzentration auf das oben knapp skizzierte quasi-transzendentale Argument oder im Rückgriff auf eine invariante Struktur menschlicher Erfahrung oder einer Ontologie des Personbegriffs würde dieses Feld nicht hinreichend bearbeitet. Gerade die Aufmerksamkeit für die historischen Horizonte des Person- oder des Freiheitsbegriffs unterminiert eine Position, die es als ebenso klaren wie einfachen, gleichsam natürlichen, Sachverhalt nimmt, daß Menschen Personen sind, und die demgegenüber die Rede von der Personalität Gottes der Skepsis oder der Bestreitung anheimgibt.

Charles Taylor hat hinsichtlich der Genese der Konzeption der Individualität, des Selbstseins, wie auch im Blick auf die Individuen selbst gemeint: „To ask what a person is, in abstraction from his or her self-interpretations, is to ask a fundamentally misguided question, one to which there couldn't in principle be an answer"[16]. Dies gilt nicht nur für subjektive Selbstverständnisse, sondern gerade auch für den Begriff der Personalität. Es ließen sich kaum Merkmale wie ‚Selbstbewußtsein', ‚Individualität' oder ‚verantwortliches Zentrum eigener Handlungen' angeben, ohne zugleich auf normative Bestimmungen, auf Kontexte wirtschaftlichen Handelns oder auf rechtliche Zuschreibungsformen Bezug zu nehmen. Und wie sollte man erklären, was eine sogenannte ‚gestandene Persönlichkeit', eine ‚Weibsperson' und ein ‚Persönchen' gemeinsam haben, ohne auf die Eigenart der bürgerlichen Gesellschaft und ihre sozialen Deformationen zu rekurrieren? Wie könnte man von den ‚Personen der Handlung' sprechen, ohne

---

Wittgenstein gesprochen: erst recht keine Ohrläppchen und Augenbrauen, vgl. ders., Vorlesungen und Gespräche über Ästhetik, Psychologie und Religion, Göttingen ²1971, 109) und schließt auch nicht am Leitfaden eines kosmologischen Argumentes vom Gegebenen auf die adäquate Ursache. Sie konfrontiert vielmehr die Erfahrung der Gottesferne in der Unterdrückung des Volkes und einzelner Gruppen mit der Gewißheit, Geschöpf Gottes zu sein, und gründet so mit dem Verweis auf die Ohren des Menschen die Hoffnung, daß auch der Schöpfer hört. Die Frageform (als Intervention in die Klage) unterläuft die Untiefen eines personalistischen Gottesbildes, weil sie nichts behaupten muß, um alles Nötige zu sagen.

[16] Ch. Taylor, Sources of the Self. The Making of the Modern Identity, Cambridge 1989, 34.

sich darüber klar zu sein, auf dem Fundus der Theatergeschichte zu stehen? Weil Begriffe wie der der Freiheit, der Selbstdarstellung oder der sozialen Rolle Schattierungen unserer Vorstellung von Personalität bilden, ist der Begriff der Person weder mit den Mitteln empirischer Wissenschaft noch im Durchgriff einer naturalistischen Ontologie stabilisierbar. Wer verstehen will, was eine ‚Person' ist, sucht nach Einführung in eine Weltsicht, nach Gründen, die einer Lebensform Gewicht verschaffen: „There is no way we could be inducted into personhood except by being initiated into a language"[17]. Die Frage legt sich nahe, ob das nicht auch für unser theologisches Thema gilt.

2.1. Zu den unverzichtbaren Bestimmungen von Personalität gehört historisch wie systematisch der Begriff der Rechtsperson. Im klassischen Kirchenrecht galt als Person nur der Würdenträger, so daß der in der Reformationszeit laut werdende Wunsch der Laien, endlich auch als Personen anerkannt zu werden bzw. Personen darzustellen, einen Zusammenhang von Recht und Theologie bezeugt: Person ist, wer Rechte hat. Aber Rechte kann nur haben, wer als Repräsentant Gottes identifizierbar wird. Denn nur als Bild Gottes kann man am dominium terrae teilhaben – alles, was diese Auszeichnung nicht erhält, *wird beherrscht*. In einer gewissen Nachbarschaft zu diesem Herrschaftsgedanken war im römischen Recht die Person genau nur insofern anerkannt, als sie „des Eigentums fähig ist – weiter geht sie nicht"[18]. Die Kompetenz verantwortlicher Herrschaft bzw. die Identifikation einer Herrschaftssphäre ist für den Begriff der Personalität wesentlich, insofern dieser dem Bereich zugeordnet wird, den Hegel als den des abstrakten Rechts kennzeichnet. Es gibt nämlich kein Recht ohne die Unterstellung eines in sich vereinzelten Willens. Dieser Bereich heißt ‚abstrakt', weil in ihm noch nicht darauf reflektiert wird, welche konkreten Güter in normativer Auszeichnung als erstrebenswert gelten. Es zählt zunächst allein der Sachverhalt: Wo kein Wille ist, kann auch kein Recht infragekommen. Man könnte von einem ‚veil of ignorance' sprechen: Ohne bereits für alle bestimmen zu können, welche Wahl wirklich getroffen wird, fundiert diese Unmittelbarkeit und Unbestimmtheit das Dasein des Rechts. Es macht die Bestimmtheit der Rechtsperson aus, daß man zwar darüber streiten kann, ob sie das, was sie will, zurecht will, nicht aber über die Frage, ob sie zurecht etwas will. In dieser abstrakten Seite ist sie über jede Rückfrage erhaben, ein letztes und höchstes, gerade aufgrund ihrer Abstraktheit. Das Recht ist überhaupt nur denkbar, indem es sich an jemanden mit dem Gebot adressiert: ‚sei eine Person und respektiere die anderen als Personen'.

---

[17] A.a.O., 35.
[18] G. W. F. Hegel, Vorlesung über die Philosophie der Religion, Zweiter Band, Halbband 1: Die bestimmte Religion, hg. v. G. Lasson, Hamburg 1966, 235.

Hegel, dessen Ausführungen[19] ich hier knapp summiere, verweist deshalb auf den paradoxen Zusammenfall des ganz Hohen und des ebenso Niedrigen, ja Erniedrigenden, das im Begriff der Rechtsperson liegt: „Das Höchste des Menschen ist, Person zu sein, aber trotzdem ist die bloße Abstraktion Person schon im Ausdruck etwas Verächtliches"[20]. Der Grund ist klar: In diesem Sinne des Wortes kann niemand dadurch ‚Person' sein, daß er sich von anderen unterscheidet; jeder und jede wird vielmehr in einer Gleichheit betrachtet und behandelt, die gerade von allem absieht, was uns als Einzelne vor einander auszeichnet und ausmacht. Daß dieser Begriff der Person ebenso abstrakt wie unverzichtbar ist, nimmt Hegel übrigens auch theologisch ernst, denn er fügt in das Handexemplar seiner Rechtsphilosophie die Bemerkung ein: „Man mag an Gott glauben, [ihn] bestimmen wie man will, fehlt Persönlichkeit, so nicht genügend"[21]. Das kann zunächst so verstanden werden, daß die abstrakte Bestimmung ‚Personalität' eine Kennzeichnung von ‚Fürsichsein' ist. Was nicht einfach nur ein Ding ist, das beherrscht wird, sondern in dem Sinn in sich reflektiert ist, daß es als Grenze subjektiver Willkür gilt, ist Person. Insofern erweist sich jeder Zweifel an der Personalität Gottes als nichtig. Fehlt Personalität in diesem Sinne des Wortes, so hat man Gott nicht hinreichend bestimmt. (Bei der Extrapolation dieses Argumentes kann man davon absehen, daß Hegel an dieser Stelle von der ‚Persönlichkeit Gottes' spricht – einem Begriff, der für uns anders konnotiert ist als ‚Person' und ‚Personalität', nicht aber im Sprachgebrauch seiner Zeit.) Hegels Bemerkung kann darüber hinaus auch so interpretiert werden, daß das Definiens einer verfügenden Macht (Souveränität) eine Wohlordnung aller Personen nötig macht, gleichsam ein Reich der Zwecke, das auf eine letzte Macht und oberste Souveränität verweist, die dann wiederum mit dem Gottesgedanken zusammenfällt. Der Rechtsbegriff bliebe dann auf den Gottesbegriff bezogen, so wenig dies im positiven Recht abgebildet oder dargestellt werden kann. Bemerkenswert ist, daß es sich hier um einen Personbegriff handelt, der auch *theo*logische Konsequenzen zeitigt.

Dieser Begriff der Rechtsperson unterscheidet sich darin von reichhaltigeren Beschreibungen personalen Lebens, daß er eine Operation erlaubt, nach der mehrere Individuen zu einer einzigen Person werden. Man denke an eine Korporation, eine Vereinigung von Mitgliedern in einem Verein (wir sprechen von ‚juristischer Person') oder mit Hegel an die Ehe. Sie ist „die freie Einwilligung der Personen, und zwar dazu, *eine Person auszumachen,* ihre natürliche und ein-

---

[19] Vgl. ders., Grundlinien der Philosophie des Rechts oder Naturrecht und Staatswissenschaft im Grundrisse, §§ 34-36 in: Werke in zwanzig Bänden, hg. v. E. Moldenhauer u. K. M. Michel, Frankfurt/Main 1970, Bd. 7, 92ff.

[20] A.a.O., 95.

[21] A.a.O., 94.

zelne Persönlichkeit in jener Einheit aufzugeben, welcher nach dieser Rücksicht eine Selbstbeschränkung, aber eben, indem sie in ihr ihr substantielles Selbstbewußtsein gewinnen, ihre Befreiung ist"[22]. Wäre der Personbegriff als ein körperlich gebundenes Willens- und Handlungszentrum oder als eine substantia individua naturae rationabilis definiert, so wäre eine solche Behauptung undurchführbar. Bezeichnet ‚persona' dagegen einen Status im Recht, so ist dieser nicht durch natürliche Ausstattung (z. B. die Anzahl der Nasen), sondern aufgrund der Übertragung von Befugnissen identifizierbar. Personalität ist hier kein empirisch-natürlicher, sondern ein moralisch-rechtlicher Begriff und darum kann auch ein einzelner Mensch eine Vielzahl von personae morales darstellen.[23]

Dieser Personbegriff findet sich auch bei Schleiermacher, der unter den Voraussetzungen seiner Ethik und durchaus in Konformität mit dem boethianischen Grundbegriff einer individualisierten selbständigen Vernunft einen weiten Gebrauch des Personbegriff zuläßt: „Jedes beziehungsweise für sich bestehende Naturganze [...], in welchem, als einem bestimmten und gemessenen, die sich selbst gleiche und überall selbige Vernunft zu einer Besonderheit des Daseins wird, als zugleich Mittelpunkt einer eigenen Sphäre von Vernunftthätigkeiten und deren Wirkungen, zugleich aber Gemeinschaft anknüpfend, nennen wir eine Person; und jeder die Gegensätze in sich vereinigende Inbegriff von Thätigkeiten ist nur ein Gut und ein Ort innerhalb des höchsten Gutes, insofern ihm in diesem Sinne eine Persönlichkeit zukommt"[24]. Auch hier ist der Gebrauch der Worte ‚Person' und ‚Persönlichkeit' kein Ausdruck für einen ‚Personalismus' oder eine anthropomorphe Betrachtung der Natur bzw. der sittlichen Welt, sondern bringt die Kombination aus Selbstand und Bezogenheit zur Geltung, die zu allem gehört, was überhaupt als Einheit von Natur und Vernunft bzw. als existierende Vernunft infrage kommt. Deutlich erkennbar ist auch bei Schleiermacher die Nachbarschaft dieses Personbegriffs zum skizzierten Rechtsdiskurs, steht doch die ‚Tätigkeit in einer eigentümlichen Sphäre' im Mittelpunkt der Begriffsbestimmung. Auf Gott kann Schleiermachers Personbegriff unter dieser Voraussetzung keine Anwendung finden. (Man könnte den pantheistischen Schein bei Schleiermacher insofern als ein Epiphänomen der kategorialen Fundierung seines Personbegriffs charakterisieren.)

Mögen auch die vernunftrechtliche Fassung der Freiheit oder die alltäglichen Gepflogenheiten zu der Schlußfolgerung führen: Nur Menschen sind Personen, so ist es gleichwohl kein Vorgang der Metaphorisierung, sondern einer der

---

[22] A.a.O., § 162, 310f.

[23] So bei E. Weigel (1674) und S. Pufendorf (1672), vgl. hierzu W. Schild, Art. Person IV Rechts-Person; Rechtspersönlichkeit, HWPh 7, Darmstadt 1989, 322-335, 323f.

[24] F. D. E. Schleiermacher, Über den Begriff des höchsten Gutes. Zweite Abhandlung (1830), KGA I/11, hg. v. H. Fischer u.a., Berlin/New York 2002, 657-677, 668.

rechtsförmigen Präzisierung, wenn von juristischen Personen die Rede ist. Die Zuschreibung von Rechten und Kompetenzen durch den Gesetzgeber übernimmt die Führung. Im Gefolge des Rechtspositivismus legt sich dann der Eindruck nahe, nicht die natürliche Personalität des Menschen gründe seinen Status als Rechtssubjekt, sondern umgekehrt sei der Einzelne nur insofern Träger von Rechten, als er durch die Verfassung zur Person erklärt wird. In dieser Einfärbung sind ‚Personen' sozusagen nichts anderes als juristische Personen. Der konstitutive Zusammenhang der Rede von der Person ist die Übertragung von (Grund-)rechten, die mal den Bürgern und Bürgerinnen, mal allen Menschen, mal bestimmten Institutionen, aber unter Umständen nicht Embryonen zuerkannt wird. Der Personbegriff wird zum Titel einer reinen Rechtslehre.

Vor diesem Hintergrund könnte man die Ausprägung des Persönlichkeitsbegriffs in der bürgerlichen Gesellschaft als eine beschreiben, die den rechtlichen Zusammenhang in dem Maße tilgt, in dem sie zugleich den Begriff emphatisch auflädt. In ihrem Selbstbewußtsein zählt allein die Individualität, die – sei es durch wirkendes, sei es durch darstellendes – Handeln auffällig wird. Wer in diesem Sinne ‚Persönlichkeit' werden will, muß sich von anderen unterscheiden. Dies kann nur durch Handlungen (Leistungen) erreicht werden, die sich sozialer Anerkennung erfreuen. Die Gesellschaft hält Auszeichnungen (Ruhm, Preise, Orden) bereit, mit der sie aus der Gruppe gleicher Rechtspersonen die öffentlich relevanten ‚Persönlichkeiten' abhebt. In diesem Sinne des Wortes könnte ‚Persönlichkeit' (einem) Gott nur um den Preis des Polytheismus zugeschrieben werden.

2.2. Die Bedeutung des trinitätstheologischen Personbegriffs für das Verständnis von Personalität besteht (zumindest in heutiger Perspektive) in der durch ihn auf den Weg gebrachten Zurückweisung einer substantialistischen bzw. substanz-ontologischen Fassung. Letztere folgt dem Muster: Alles, was ist, ist entweder in sich oder in einem anderen. Da die Person unter dieser Voraussetzung nur um *den* Preis als etwas gedacht werden kann, das Selbstand hat (per substantiam intelligo id, quod in se est[25]), daß sie nicht aus ihrer Beziehung zu einem anderen begriffen wird, bezieht sie sich nicht *wesentlich* auf andere Personen. Weil dieses Ergebnis allerdings kontraintutitiv ist, also unserer Erfahrung bzw. den einschlägigen Phänomenen widerspricht, geraten die traditionelle Substanzontologie und das moderne Personverständnis in Kontrast zueinander[26].

[25] Spinoza, Ethik I, Def. III, Opera II, Darmstadt 1967.
[26] Daß man diesen Kontrast mit gegenläufigen Wertungen versehen kann, versteht sich von selbst.

Sozialtheoretisch kann in diesem Zusammenhang auf den Sachverhalt verwiesen werden, daß Individualität nur über Gemeinschaft zustande kommt. An der Differenz von I and Me, an der Auseinandersetzung mit der Perspektive der relevanten Anderen, hängt die Möglichkeit, sich überhaupt als ein Ich zu verstehen. Für-sich-Sein ist der Mensch also nicht allein im Gegenüber zur Massivität des Ansichseins (wie dem Sein eines Steins), sondern aufgrund der Rückkehr aus der Vermittlung durch Andere.[27]

Die Trinitätstheologie hat an der Erhellung der einschlägigen Begriffsstruktur einen wesentlichen Anteil. Denn die Absicht, an der Einzigkeit Gottes und an der Homousie des Sohnes bzw. des Logos zugleich festhalten zu wollen, trieb die (lateinische) christliche Theologie zur Aufnahme des Personbegriffs, die in der Formel ‚una substantia – tres personae' ihren eigentümlichen Ausdruck fand. Ausgangspunkt der hier nur in knappen Worten andeutbaren Rekonstruktion ist die Überzeugung, daß der Glaube an den trinitarischen Gott die christliche Gestalt des Monotheismus darstellt. Wie sich die Einheit und Einzigkeit Gottes denken läßt, wenn das Sein Jesu für Gott selbst wesentlich ist, ist ihre Schlüsselfrage. Die immanenten Gefährdungen sind bekannt: Umso stärker die christliche Tradition ihre monotheistische Pointe markierte, desto subordinatianischer mußte sie den Sohn denken. Und umso konkreter sie die Selbständigkeit des Sohnes gegenüber dem Vater entfaltete, umso eher geriet sie in den Schein des Tritheismus. Die Kurzformel des IV. Laterankonzils von 1215 „alius, alius, alius, non tamen aliud" versucht, diese Gegenläufigkeit zum Ausdruck zu bringen: Sie vereinigt die dreifache Bestimmtheit, ein anderer gegenüber einem anderen zu sein (Vater, Sohn, Geist), mit der Einheit und Einzigkeit Gottes, freilich nur durch negierenden Ausschluß, nicht durch eine positive Bestimmung.

Die Einführung des Personbegriffs konnte zunächst als Entspannung der genannten Gefährdungen erscheinen, weil dessen Herkunft aus dem Theaterwesen die wechselnde äußere Gestalt des in Wahrheit einzigen Gottes einleuchtend machte. Durch drei Erscheinungsformen handelt der wahre Gott, der sich mal als Vater, dann als Sohn, mitunter aber auch als Geist zeigt (und darum sein wahres Sein auf dreifache Weise durch die Maske hindurchtönen, personare, läßt). Gegenüber dem strikten Monotheismus des Arianismus, der den Logos bzw. den Sohn ganz auf die Seite der von Gott geschaffenen Welt rückte (und unter den Geschöpfen dann als das oberste, erste und leitende auszeichnete), wollte der Modalismus mit dem Personbegriff die Gottheit Jesu sichern. Er vertiefte aber den Hiatus zwischen Sein und Erscheinung, zwischen Wesen und Maske, der in

---

[27] Ich lehne mich an Formulierungen Sartres an. Vgl. J.-P. Sartre Das Sein und das Nichts. Versuch einer phänomenologischen Ontologie, hg. v. T. König, Reinbek bei Hamburg 1993, 43, mit der Analyse der Scham, in der der Andere zum „Vermittler zwischen mir und mir selbst" wird (a.a.O., 406).

seine Begrifflichkeit eingelagert war. Die Einführung des Personbegriffs in die Trinitätslehre blieb also insoweit eine prekäre Lösung, als sie die Möglichkeit, überall da mit Bestimmtheit von Gott selbst zu sprechen, wo vom Sohn die Rede war, auch gefährdete. Denn wenn hinter den jeweils handelnden Personen ein von ihnen unterschiedenes Subjekt sein Wesen oder Unwesen treibt, löst sich die Bestimmtheit der Rede von Gott beständig zugunsten seiner schlechthinnigen Verborgenheit auf.

Dieter Henrich hat die Bedeutung des „Glaubensartikel(s) der Trinität [...] für die Deutung und die Entfaltung lebendiger, ihrer selbst inne werdender Individualität"[28] skizziert und sich dabei – soweit ich sehe: vor allem – an dieser modalistisch-sabellianischen Trinitätslehre orientiert. Der Formel ‚una substantia tres personae' bescheinigt er, sie wirke – sofern sie nicht philosophisch uminterpretiert werde – „der Selbstgewißheit von der Ursprünglichkeit des Individuellen und Personalen [...] ganz unmittelbar entgegen. Hinter den Rollen steht ein Akteur"[29], und dieser bleibe im Hintergrund, so daß er die Erscheinungsformen in die Schwebe bringe. *Gott selbst* könne nach dieser Logik nicht Person sein, und die göttlichen Personen darum auch nicht Letztes, nichts Auf-sich-Beruhendes, das aus sich verständlich wäre. Der Gedanke der Trinität sei deshalb eher der Gedanke eines Überstiegs über Personalität.[30] Oder in der Umkehrung formuliert: Nur wo die Sicherung des Personbegriffs im Gottesgedanken schon erfolgt sei, erschließe sich dann auch ein produktiver Beitrag der Trinitätstheologie für die weitere Entfaltung dieses Begriffs. Henrichs Interpretation folgt durchgängig der Devise: ‚Personalität meinte doch ein auf sich gegründetes Handlungszentrum'. Sie ruht danach zuerst in sich und setzt sich dann auch in Beziehung zum Anderen.[31] Henrich versteht das Gefälle von der bereits als in sich befestigt zu denkenden Personalität Gottes zu der trinitarischen Rede von den drei Personen folglich nur als einen Hinweis darauf, wie sich Personalität verwirklicht. Er eignet sich also die Zuspitzung, Substantialität sei nichts anderes als Relation, nicht an. Henrichs Zurückhaltung erklärt sich daraus, daß „die göttlichen Personen als Antlitze oder als Rollen genommen werden"[32].

Man muß sich gegenüber dieser Auffassung klarmachen, daß die lateinische Übersetzung der Formel ‚μία οὐσία ἐν τρίσιν ὑπόστασεσιν' vor dem Problem stand, nicht beide Begriffe mit ‚substantia' übersetzen zu können (obwohl sich

---

[28] D. Henrich, Die Trinität Gottes und der Begriff der Person, in: Poetik und Hermeneutik VIII: Identität, München 1979, 610.

[29] Ebd.

[30] Vgl. a.a.O., 613.

[31] Zur Zuspitzung dieses Gedankens auf „Aseität" und „Selbstgehörigkeit" vgl. M. Theunissen, Art. Personalismus II., HWPh 7, Darmstadt 1989, 339-341, 340.

[32] Henrich, a.a.O., 617.

das semantisch nahe legt), ohne einen Widerspruch zu produzieren. Die Einführung des Relations- bzw. des Personbegriffs zielte darum auf die These, daß Gott gerade darin sein Wesen hat, daß er in sich selbst unterschieden ist (darin bestand die Denkleistung der Kappadozier, die die griechische Ausgangsformel auf den Weg brachten). Gottes Identität ist nichts anderes als die konkrete Unterscheidung von Vater, Sohn und Geist.

Die Confessio Augustana, um Anschluß an die dogmatischen Entscheidungen der Alten Kirche bemüht, definiert daher die strictu sensu *theo*logische Verwendung des Personbegriffs, wenn sie im ersten Artikel erklärt: „und wird durch das Wort persona verstanden nicht ein Stuck, nicht ein Eigenschaft in einem anderen, sondern das selbs bestehet" (quod proprie subsistit)[33]. Diese Definition des Begriffs kann man auch als ein Rückübersetzungsverbot interpretieren. Es lautet: Was hier mit ‚persona' gemeint ist, darf nicht als ‚πρόσωπον' und also nicht länger im Horizont der Theater- und Rollenmetaphorik verstanden werden, so sehr sich diese umgangssprachlich und historisch auch nahe legt.

Die trinitätstheologische Aufnahme des Personbegriffs entzieht also der zunächst unverfänglich erscheinenden Strategie, aus dem lebensweltlich verbürgten Vorverständnis von Personalität einen hermeneutischen Rahmenbegriff für die Gotteslehre (und auch für den Begriff menschlicher Subjektivität) zu gewinnen, ihre Voraussetzung. Deshalb gehört zur Geschichte der theologischen Verwendung des Personbegriffs gerade eine Zurückhaltung gegenüber den üblichen Vorstellungen von Personalität oder Persönlichkeit. Die trinitätstheologischen Entwürfe von Isaak August Dorner und Karl Barth haben die diesbezügliche Abstinenz dadurch zum Ausdruck gebracht, daß sie nicht mehr von ‚Personen', sondern von drei ‚Seinsweisen Gottes' sprechen[34]. Wir wollen dies nicht als eine implizite Bestätigung des Urteils von Henrich lesen, daß die Geschichte der Trinitätslehre bedeutungslos für die Ausbildung des Personbegriffs gewesen sei. Eher zeigt sich, daß die Rede vom Personsein Gottes im Kontext des Christentums eine eigentümliche Gestalt gewinnt, die sich nicht als spezifische Instantiierung eines allgemeinen religionsgeschichtlichen Phänomens interpretieren läßt.

2.3. Der Begriff der Personalität, den wir im Titel dieses Bandes verwenden, ist das deutsche Äquivalent des lateinischen Begriffs ‚personalitas', der seinerseits eine Neuprägung des Mittellateinischen im Horizont der Trinitätstheologie war[35]

---

[33] BSLK, Göttingen 1930, 50. In divinis relatio est res, id est hypostasis et subsistentia, erklärt Luther in seiner 13. These der Promotionsdisputation von Petrus Hegemon (1545), WA 39 II, 337-401, 340.

[34] Vgl. K. Barth, Kirchliche Dogmatik I/1, Zollikon-Zürich ⁴1944, 378ff.

[35] Thomas spricht in STh I, 39,3 ad 4 von tres personalitates.

und für den zunächst das deutsche Wort ‚Persönlichkeit' gebildet wurde. Dieses
war Abstraktum und stand für das, was ‚ein persönlich wesen'[36] ausmacht.

Der Begriff ‚Personalität' begegnet später bei Kant und zwar als Überschrift
des 3. Paralogismus der Transzendentalen Psychologie innerhalb der Kritik der
reinen Vernunft (Erste Auflage). Unter diesen Titel stellt Kant neben die Fehl-
schlüsse der Substantialität, Simplizität und Idealität die folgende Kaskade:
„Was sich der numerischen Identität seiner selbst in verschiedenen Zeiten bewusst ist, ist so fern eine Person:/Nun ist die Seele etc./Also ist sie eine Person"[37]. Es geht in diesem ‚Paralogismus der Personalität' um das Verhältnis von
Selbstbewußtsein und Zeit, das Kant von John Locke übernimmt. Dieser hatte in
An Essay concerning human Understanding den Personbegriff wie folgt erklärt: „a
thinking intelligent being, that has reason and reflection, and can consider itself
as itself, the same thinking thing in different times and places; which it does only
by that consciousness which is inseparable from thinking and as it seems to me
essential to it [...] For since consciousness always accompanies thinking, and it is
that which makes every one to be what he calls self, and thereby distinguishes
himself from all other thinking things; in this alone consists personal identity, *i.e.*
the sameness of a rational being"[38]. Locke formuliert auf diese Weise die für die
Geschichte der neuzeitlichen Selbstbewußtseinstheorie konstitutive These: „personal Identity consists [...] not in the identity of substance, but [...] in the identity
of consciousness"[39]. Kant interpretiert den Begriff der Personalität ganz in diesem Sinne: „Die Identität der Person ist also in meinem eigenen Bewußtsein un-
ausbleiblich anzutreffen. Wenn ich mich aber aus dem Gesichtspunkt eines andern (als Gegenstand seiner äußeren Anschauung) betrachte, so erwägt dieser
äußere Beobachter *mich* allererst *in der Zeit*", sei doch zuvor „die *Zeit* eigentlich
nur *in mir* vorgestellt"[40]. Die phänomenologische (schon von Kant stammende)
Beschreibung dieses Sachverhaltes besagt, daß Bewußtsein sich stets als fortwäh-
rendes Bewußtsein erlebt, ohne daß dieses Urteil die Annahme rechtfertigen
könnte, die Seele sei an sich unvergänglich.

Im Wechsel der Zeit wird die (je eigene) Erinnerung zum Bürgen personaler
Identität, was ein Verständnis von Personalität eröffnet, das nicht empirisch-
regional (gleichsam naturalistisch) zwischen Sachen und Personen unterscheidet,
sondern das Selbstverhältnis in den Mittelpunkt rückt und zum methodischen
Ausgangspunkt macht. Personalität tritt demnach nur aus einer Binnenperspek-

---

[36] Vgl. U. Dierse u. R. Lassahn, Art. Persönlichkeit I. Philosophie und Theologie, in: HWPh
7, Darmstadt 1989, 345-352, 345.
[37] I. Kant, Kritik der reinen Vernunft, A 361.
[38] J. Locke, An Essay concerning human Understanding § 16, Works II, Aalen 1963, II, 27.
[39] A.a.O., § 19.
[40] I. Kant, Kritik der reinen Vernunft, A 362.

tive in den Blick. Jeder ‚Gegenstand' wird nur in seiner eigentümlichen Gegebenheitsweise erfaßt, und diese findet sich hier im je eigenen Selbstverhältnis.

Ist Personalität in Selbsterfahrung fundiert, so gehört zu ihr auch die Gewißheit der Person, einmalig zu sein. Diese folgt bereits aus der methodischen Voraussetzung, daß der Sachverhalt ‚Personalität' nur im Vollzug eigener Bewußtseinsakte gegeben ist. Heideggers Ausarbeitung einer Daseinsanalytik knüpft in dieser Hinsicht an Husserl und Scheler an („Zum Wesen der Person gehört, daß sie nur existiert im Vollzug der intentionalen Akte, sie ist also wesenhaft *kein* Gegenstand. Jede psychische Objektivierung [...] ist mit Entpersonalisierung identisch [...] Psychisches Sein hat also mit Personsein nichts zu tun"[41]). Allerdings nimmt sie bei Heidegger eine andere Fortsetzung. Die Eigenart von Personalität beschreibt er durch die Unterscheidung von Vorhandenheit und Existenz. In diesem Sinn bescheinigt er Kants Ausführungen zur Personalität, „einer echten vorphänomenologischen Erfahrung" zu „entspringen"[42], seien sie doch in der alltäglichen Selbstauslegung fundiert, näherhin: „im Ichsagen. Eine Verlautbarung ist dabei nicht notwendig. Mit ‚ich' meint dieses Seiende sich selbst"[43]. Auch für Heidegger ist Zeitlichkeit der Horizont aller Versuche, die Seinsart personalen Daseins aufzuklären.

Wie auch immer man Personalität phänomenologisch dann näher beschreibt, entscheidend ist die methodische Leitidee, daß ein angemessener Begriff nur aus der Perspektive des Selbstverhältnisses gewonnen werden können. Das zeitigt wiederum Konsequenzen für die Frage nach der Personalität Gottes. Hält man am phänomenologischen Leitfaden fest, dann kann auch sie nur im Ausgang von der Selbsterfahrung personalen Lebens gestellt werden und zwar als Frage nach der Möglichkeit oder Unmöglichkeit vollständiger Selbsterfassung bzw. gelingender oder mißlingender Selbstbegründung von Personalität. Es ist dies die Stelle, an der das oben skizzierte Vorgehen Tillichs einschlägig wird, der Gott als Grund ‚alles Personhaften' denkt und daraus zugleich den Grund zur Distanz gegenüber bestimmten Personifizierungen gewinnt.

Die Rede von der Personalität Gottes (und damit die Einlösung der Begründungspflichten, die mit der Zurückweisung pantheistischer oder apersonaler Gottesvorstellungen einhergehen) hängt an dem Umstand, daß unsere Selbstbeschreibung (Selbsterfahrung) als Personen zugleich einen Grund der Unterscheidung konkreten (endlichen) Lebens von Gott zutage fördert. Nur insofern Personalität als durch einen von ihr selbst unterschiedenen Grund konstituiert er-

---

[41] M. Heidegger, Sein und Zeit, GA II, Frankfurt/Main 1977, 64.

[42] A.a.O., 421f.

[43] Ebd. In Aufklärung dieses Satzes vollzieht E. Tugendhat, Selbstbewußtsein und Selbstbestimmung. Sprachanalytische Interpretationen, Frankfurt a. Main ²1979, seine sprachanalytische Abkehr von der traditionellen Bewußtseinstheorie.

scheint, so daß sie sich nicht in sich selbst (v)erschließt, gewinnt auch die Rede von der Personalität Gottes einen vertretbaren Sinn. Es handelt sich dann nicht um eine Lizenz zur *Anwendung* des Personbegriffs auf Gott (im Sinne einer analogen Prädikation, die dem Unterschied zwischen konstituierter und konstituierender Personalität Rechnung trägt[44]), sondern um das Verwiesensein personalen Lebens auf eine Alterität, die nur angemessen repräsentiert werden kann, indem von Gott die Rede ist. Könnten wir ein vollständiges Verständnis menschlicher Personalität gewinnen, ohne der Frage nach Gott ansichtig zu werden, wären theologische Bemühungen um unsere Leitfrage müßig.

Der Ort, an dem diese Einsicht systematisch entfaltet werden muß, ist die Pneumatologie.

3. Pneumatologie

Die Pneumatologie wird hier nicht als ein Lehrstück unter anderen verstanden, das in der Abfolge der dogmatischen Loci zwischen Christologie und Eschatologie seinen Platz hat und auf den ersten Blick nur als heterogen zu beschreibende Themen (Ekklesiologie, Glaube, Wort und Sakrament) in sich versammelt. Sie gilt vielmehr als das organisierende Zentrum, auf das vieles, was ihr im Aufbau vorausgeht, systematisch bezogen ist.[45] Eine der Gründe für diese Einschätzung liegt in ihrer reflexiven Struktur. Schon der Dritte Artikel des Apostolicums (πιστεύομεν εἰς πνεῦμα ἅγιον, ἁγιαν ἐκκλησίαν, ἄφεσιν ἁμαρτιῶν, σαρκὸς ἀνάστασιν) hat die Eigenart, daß die sich zum Glauben bekennenden Subjekte (pisteuomen) in ihrem Bekenntnis zu Gott (εἰς πνεῦμα ἅγιον) auch ihrer selbst (ἁγιαν ἐκκλησίαν) ansichtig werden. Denkt man hier nicht institutionalistisch, sondern an die ,Versammlung der Gläubigen', so zeigt sich eine Verbindung von Gottesglaube und Intersubjektivität. Was die Glaubenden selbst sind und wer Gott ist (Gott ist Geist und als solcher der die ,Versammlung der Vergebungsbedürftigen und Todesbedrohten' heiligende Geist) ist nur in Korrelation zueinander explizierbar. Pneumatologien, die diese Struktur des Credos in der Moderne ausarbeiten, begreifen denn auch Gott und Mensch unter der Einheit eines Begriffs (,Geist'). Die konkrete Unterscheidung zwischen Gott und Mensch, die benötigt wird, um der Andersheit Gottes gegenüber dem Selbstverständnis des Menschen zu entsprechen, wahrt die protestantische Theologie, indem sie die konstitutiven Differenzen von Internität (in nobis) und Externität (extra nos), von verbum externum und testimonium internum, von Wahrheit und Gewißheit,

---

[44] Vgl. dazu: K. Stock, Art. Person II. Theologisch, in TRE XXVI, Berlin/New York 1996, 225-231, 229.

[45] Es sei daran erinnert, daß das erste Graduiertenkolleg des TAP unter dem Titel ,Erkenntnistheorie und Pneumatologie' dafür einen Sinn hatte.

von Einzelnem und Gemeinde, von Buchstaben und Geist etc. zu ihrem stilbildenden Prinzip macht. Sie entfaltet Referenz als interne Differenz. Im Blick auf die drei Artikel des Glaubensbekenntnisses sollte das einleuchten: Denkt die Schöpfungslehre das Verhältnis von Gott und Mensch in Gestalt der kategorialen Unterscheidung von Schöpfer und Geschöpf, die Christologie in der Einheit der Person Jesu, so bestimmt die Pneumatologie es in der Gestalt sich daraus ergebender unhintergehbarer Leitunterscheidungen. Gerade so ist sie die Explikation des Geistes, der die Gemeinschaft der Glaubenden bestimmt.

Eine dogmatische Behandlung unseres Themas würde ich deshalb nicht im Kontext eines isolierten Lehrstückes ‚De Deo' als Frage nach möglichen Gottesprädikaten behandeln wollen, sondern dort, wo zugleich das glaubende Subjekt sich zum Gegenstand wird, also im Horizont der Pneumatologie. Das entspricht sowohl der Beobachtung einer in der Ausbildung der Trinitätstheologie gründenden Sinnverschiebung, die den traditionellen Vorstellungen von Gott und dem Personbegriff eine unerwartete Variation abverlangt, wie auch der hermeneutischen Ausgangsthese einer nicht abschließbaren Metaphorisierung der Sprache. Denn die Pneumatologie ist auch der Ort, an dem eine umfassende Theorie der Medien (Schrift, Zeichen, Symbole, Bilder, Wort und Sakrament) entfaltet wird, so daß die hermeneutischen und historischen Umwege sich als nicht bloß äußerlich erweisen.

Meine Leitthese lautet vor diesem Hintergrund: Die Rede von der Personalität Gottes legitimiert sich aus der Explikation des christlichen Selbstbewußtseins am Ort der Pneumatologie. Ihren systematischen Grund hat sie also in der Aussage: „Gott ist Geist", die aus den dargelegten Gründen durch die Fortsetzung: „die ihn anbeten, müssen ihn im Geist und in der Wahrheit anbeten" (Joh 4, 24) im Blick auf die glaubenden Subjekte präzisiert wird. Die Lebensvollzüge, die im Geist und darum im Hören (auf Gottes Wort), im Erkennen der Wahrheit und im Antworten (Gebet) prägnant werden, stehen in einem inneren Zusammenhang mit dem Gott, der Geist ist. Die Trinitätstheologie hatte dem Rechnung getragen, indem sie den Geist als Einheit von Vater und Sohn zugleich aber als diejenige Bestimmtheit zu denken aufgab, in der sich das Leben der Glaubenden vollzieht. Denn daß der Vater im Sohn und der Sohn im Vater geglaubt werden kann, ist das Werk des Geistes, der also bezeugt, was er ist, und ist, was er bezeugt. Die Verschränkung von Theologie und Anthropologie, von Selbst- und Gottesverständnis, stellt daher nicht nur eine methodische Prämisse dar, mit der die Theologie operiert. Sie wird auch thematisch eingelöst und dort konkretisiert, wo von der Wirklichkeit des Geistes die Rede ist. Die Frage, ob Gott Personalität zukommt, wird so zur Frage, was uns selbst zukommt, indem wir uns sub specie Dei und also im Geist betrachten. Daß die rechte Beschreibung menschlicher Existenz als eines Selbstverhältnisses, das sich nicht selbst fundiert, sondern sich einem Anderen verdankt, den Begriff der Personalität wesentlich bestimmt, schließt ein, daß Gott im Horizont personalen Lebens gedacht und erfahren wird. Krisen im Gottesverständnis, die den Glauben begleiten, solange er lebendig ist, und die mitunter zur Infragestellung traditioneller Gottesbilder führen, kann man daher nur mit der Gegenfrage begegnen, welche Konsequenzen sich für das Verständnis personalen Lebens ergeben. Und umgekehrt: Feldzüge für den ‚persönlichen Gott' haben etwas Irreführendes, wenn sie nicht als Explikation des Satzes ‚Gott ist Geist' identifizierbar sind.

Die wechselseitige Implikation von Gottesverständnis und Selbstverständnis (sie wurden oben bereits ‚Korrelation' genannt) tritt an die Stelle der den Anthropomorphismuseinwand nur umkehrenden Losung Karl Barths: „Der Mensch *ist* nicht Person, sondern er *wird* es auf Grund dessen, daß er von Gott geliebt wird"[46] bzw.: „Nicht *wir* sind, sondern *Gott* ist *Ich*"[47]. Barth denkt Gott als die *personifizierende* Person (womit er naiv-realistische Vorstellungen eines persönlichen Gottes abwehren will) und schlußfolgert, erst so und daraufhin könne (und zwar immer nur hypothetisch!) auch von der Personalität des Menschen die Rede sein. Letztlich leitet ihn dabei nicht die offenbarungstheologische Anlage der Kirchlichen Dogmatik, sondern die christologische Grundthese der Anhypostasie der menschlichen Natur: *„Der Eine, die Person,* die wir wirklich kennen […] ist die Person Jesu Christi […], in die die Menschheit, ohne selber Person zu sein oder zu haben, aufgenommen wurde"[48].

Eine verwandte Auskunft findet sich in der von Martin Buber notierten Erzählung: „Nachts klopft es an eines Rabbis Haus. ‚Wer ist da?' ruft der Rabbi ins Dunkle. ‚Ich bins' schallt es bescheiden zurück, denn der Flüsterer verläßt sich offenbar darauf, daß der Rabbi ihn an seiner Stimme erkennt. Darauf ruft der Rabbi: ‚Wer, außer dem allmächtigen Gott, darf es wagen, sich ein ‚Ich' zu nennen?'"[49].

Sieht man einmal davon ab, daß beide Umkehrungsstrategien den Nebeneffekt haben, die Personalität menschlichen Lebens zum Schein zu erklären, so ist doch hier wie dort darin etwas Richtiges getroffen, daß der Mensch Person nur sein kann, indem er Person wird – und dies nicht unabhängig von den sozialen und historischen Prozessen, in denen sich das Verständnis von Personalität ausbildet, und darum auch nicht unabhängig von der Frage, wer ihm Gott ist. Wird Gott als Gegenüber des Menschen gedacht (und sei es auch nur in der problematischen Gestalt eines Konkurrenten, mit dem der Mensch wetteifert), so vertieft und begründet das den konkreten Sinn von Personalität. Formal schließt diese

---

[46] K. Barth, Kirchliche Dogmatik II/1, Zollikon-Zürich 1946, 319.
[47] Ebd.
[48] A.a.O., 321.
[49] Zit. n. Rosenstock-Huessy, a.a.O., 105.

Behauptung die Überzeugung ein, daß die Entstehung und die Rezeption des alttestamentlich-jüdischen Gottesglaubens und seiner neutestamentlichen Modifikation Spuren in der Entwicklung ‚unseres' Personverständnisses hinterlassen hat, die nicht ausgetilgt und auch nicht in einen ‚säkularen' Personbegriff gleichsam ohne Rest übersetzt werden können. Die Metaphern und Bilder Gottes sind insofern unabgegoltene Herausforderungen für die Explikation von ‚Personalität'.

Auch Ernst Cassirer entkräftet den Anthropomorphismuseinwand mit der Bemerkung, die Geschichte der Religion und des Gottesglaubens habe selbst einen konstruktiven Anteil an der Entwicklung von Personalität gehabt. Was nämlich nach Maßgabe dieses Einwandes auf Gott allererst übertragen werde, entspringe in anderer Hinsicht der Beziehung zu Gott: „[D]er Mensch überträgt nicht einfach seine eigene, fertig ausgestaltete Persönlichkeit auf den Gott und leiht diesem nicht schlechthin sein eigenes Selbstgefühl und Selbstbewußtsein: Sondern die Gestalt seiner Götter ist es, an der er dieses Selbstbewußtsein erst *findet*"[50]. Cassirer begreift die Gottesvorstellung also nicht als Produkt, sondern als Medium personalen Selbstverständnisses. Wo Metaphorisierungsprozesse ernst genommen werden (und das ist in der ‚Philosophie der symbolischen Formen' der Fall), fällt diejenige Voraussetzung des Anthropomorphismuseinwandes, die in der Annahme fester, im Bewußtsein fertig bereitliegender Formen besteht. An die Stelle einer kausalen Erklärung der Genese von Gottesvorstellungen durch Projektion tritt folglich ein antireduktionistischer Versuch, die Vermittlung von Personalitätsvorstellungen durch die symbolischen Formen der Religion zu verstehen.

Vor diesem Hintergrund erhellt, warum die Theologie den Umweg einer Hermeneutik biblischer Texte geht. Es soll deshalb in einer abschließenden Überlegung das Problem der Personalität Gottes am Phänomen des Eigennamens durchdacht werden.

Als Ausgangspunkt dient die Bemerkung Plessners: „das Selbst findet seinen Halt nur am Namen, nach außen wie nach innen"[51]. Sie rechnet mit der Instabilität personalen Lebens (das nicht in der Massivität einer mit sich identischen Substanz ruhen, sondern nur in exzentrischer Positionalität seinen Stand finden kann) und versteht die Praxis der Namensgebung als einen zentralen Gegenhalt. Der Name dient nicht nur der externen Identifikation, sondern stiftet durch das Phänomen der Ansprache bzw. des Angesprochenwerdens ein Bewußtsein unvertretbarer personaler Identität. Und in der Tat: Wer für uns nicht nur *etwas*,

---

[50] E. Cassirer, Philosophie der symbolischen Formen II, Ges. Werke Hamburger Ausgabe Bd. 12, hg. v. B. Recki, Darmstadt 2002, 249.

[51] H. Plessner, Conditio humana, Gesammelte Schriften VIII, Frankfurt/Main 1983, 136-217, 197.

sondern *jemand* ist, trägt einen Namen. Ricoeurs Hinweis auf die Möglichkeit, ,Gott zu nennen'[52] meint daher sowohl begriffliche Identifikation (etwa im Sinne der von Thomas ausgearbeiteten Erklärung: quod omnes dicunt deum) wie auch Anrede, die in den biblischen Texten daraufhin erfolgt, daß Gott seinen Namen in freier Selbstvorstellung ,offenbart'. Der Offenbarung des Namens entspricht das Verbot des Namensmißbrauchs und in seiner Folge die zunehmende Tabuisierung seines Gebrauchs. Das Verhältnis von Namensgebung und Anrede, von konkreter Identifikation und Transzendenz begründet die Unverfügbarkeit, die wir für eine konstitutive Seite von Personalität halten.[53] Insofern trägt die Möglichkeit, ,Gott zu nennen', das Gewicht der Rede von der Personalität Gottes.

Allerdings handelt es sich bei dieser hermeneutischen These nicht um einen zwingenden Schluß. Sie beruht nämlich im Kern auf einer Analogie: Wie sich die Personalität des Menschen in ihrer Unverfügbarkeit im Phänomen des Eigennamens symbolisiert, so repräsentiert der Name Gottes seine Personalität. Folglich begreift die jüdisch-christliche Religion Gott als eine Person, solange und sofern sie an seinen Namen glaubt. Diese Analogie wird durch eine Vielzahl konkreter Metaphern und Symbole gestützt. Es wäre ein Mißgriff, diese zu einem Gesamtbild, gleichsam zu persönlichen Kennzeichen zusammenfügen zu wollen. Vielmehr versteht man jede dieser Metaphern nur solange, wie man ihre Ungenauigkeit und Unbestimmtheit und damit ihren metaphorischen Sinn wahrnimmt. Es handelt sich bei ihnen nämlich nicht um solche Analogien, die zwischen einem festen Ausgangspunkt und einem Endpunkt (terminus a quo und terminus ad quem) eine in einem Bereich gültige Bedeutung auf einen anderen Bereich ab extra ,übertragen'. Denn ein solcher „Gebrauch der Metapher setzt offenbar voraus, daß sowohl der Sinngehalt der einzelnen Gebilde wie die sprachlichen Korrelate dieses Sinngehaltes bereits als feste Größen *gegeben* sind: erst nachdem die Elemente als solche sprachlich bestimmt und fixiert sind, können sie miteinander vertauscht werden"[54]. Von diesem Vorgang ist die „wahrhaft ,radikale' Metapher" zu unterscheiden, von der Cassirer behaupten konnte, sie sei „eine Bedingung der Sprachbildung [...] selbst"[55]. Nur solange den biblischen Metaphern diese Radikalität zugetraut wird, hat auch der Begriff der Personalität Gottes Bestand.

---

[52] Vgl. den Beitrag von Friedhelm Hartenstein in diesem Band.

[53] Vgl. W. Pannenberg: Die Frage nach Gott, in: ders., Grundfragen systematischer Theologie, Göttingen 1967, 361-386, 383.

[54] E. Cassirer, Sprache und Mythos (1925), Ges. Werke Hamburger Ausgabe Bd. 16, hg. v. B. Recki, Darmstadt 2003, 227-311, 302.

[55] Ebd.

Reiner Preul

DIE ANREDE GOTTES IM GEBET

I.

Wenn jemand betet, dann ist für ihn die Frage nach der Personalität Gottes entschieden. Das gilt jedenfalls, solange das Gebet anhält. Denn das Gebet ist *Anrede* Gottes, und zwar nicht nur hinsichtlich der benutzten Anredeformel, sondern in seinem ganzen Vollzug; und diese Anrede setzt ein personales Gegenüber, das zumindest und zunächst einmal ansprechbar ist, voraus, mehr noch: ein Gegenüber, das nicht nur hört, wie auch immer, sondern im Falle des Bittgebets auch erhören kann, obgleich nicht muss, das also frei ist, etwaigen Bitten zu entsprechen oder auch nicht. Es gibt andere Formen von praxis pietatis in der Frömmigkeitsgeschichte des Christentums, von anderen Religionen zu schweigen, die ein solches personales Gegenüber nicht voraussetzen, Formen der Andacht, der Meditation und Kontemplation beispielsweise. Anders das Gebet. Und hier stellt sich natürlich die Frage: *Setzt* das Gebet einfach das personale Gegenüber Gottes als Gebet, oder setzt es dieses Gegenüber *voraus* in dem Sinne, dass die Existenz Gottes als Person auch unabhängig vom Akt des Betens anzunehmen und dann systematisch-theologisch weiter zu explizieren ist? Diese Frage auszudiskutieren und mit Gründen so oder so zu entscheiden, fühle ich mich in diesem Essay und in meiner Rolle als praktischer Theologe nicht berufen. Meine vorläufige Meinung dazu will ich aber wenigstens andeuten.

Während z.B. Vincent Brümmer in seinem Buch über das Gebet die Auffassung vertritt, dass Gott nicht nur als Person vorzustellen und anzureden ist, wie es das Gebet unausweichlich fordert, sondern dass Gott an und für sich Person ist[1], halte ich doch die erstgenannte Alternative für vertretbar und für theologisch hinreichend. Freilich unter einer Voraussetzung: nämlich dass dieses im Gebet praktizierte „Sprachspiel", über das später noch mehr zu sagen ist, uns durch die Offenbarung Gottes in Christus *aufgegeben* ist und dass wir in ihm auf die unseren menschlichen Möglichkeiten optimal entsprechende Weise die *Wahrheit,* die als solche nicht unsere Setzung sein kann, tatsächlich *erfassen,* in sie

---

[1] Vincent Brümmer, Was tun wir, wenn wir beten? Eine philosophische Untersuchung, Marburg 1985 (engl.: What Are We Doing When We Pray? A Philosophical Inquiry, London 1984). Für die gegenteilige Position steht z.B. Dewi Z. Phillips, The Concept of Prayer, Oxford 1965.

einkehren und in ihr leben.[2] Das kann in Einheit mit der christologischen Begründung auch schöpfungstheologisch fundiert werden: Wir sind so geschaffen, dass die Anrede Gottes im Gebet unsere höchste und den Sinn des gesamten Schöpfungsprozesses erfüllende Möglichkeit darstellt, oder auch – etwas einschränkend, da wir ja auch aktive Gestaltungsaufgaben in diesem Prozess haben – ein notwendiges, unverzichtbares Element unserer Bestimmung ist, ein Element, das dann die ganze Wahrnehmung und tätige Ausübung dieser Bestimmung präformiert.

Ich halte diese Position, wie gesagt, für hinreichend, obwohl ich klare Argumente für die Personalität Gottes remota oratione für wünschenswert erachte. Zur Klarstellung und Absicherung gegen Missverständnisse sei nur noch hervorgehoben, dass diese Position, nach welcher die Rede von Gott als Person nur im Rahmen des oratorischen Sprachspiels, das freilich christologisch und schöpfungstheologisch fundiert ist[3], seinen Ort und seine Begründung hat, mit der üblichen Behauptung, man könne von Gott ohnehin nur metaphorisch und in Bildern reden, nicht verkoppelt oder gar identisch ist. Denn wer solches behauptet, kann durch die Frage aus dem Gleichgewicht gebracht werden: Woher weißt du denn, dass du in deinen Metaphern oder Bildern *von Gott* redest? Was soll es denn heißen, dass du in ihnen *von Gott* redest? Darauf kann er nun nicht wiederum metaphorisch antworten oder so, dass er noch einmal ein Bild aus der Tasche zieht. Sondern er ist zu einer begrifflichen Explikation gezwungen, die ein Kriterium benennt, welches klarstellt, dass die metaphorische oder bildhafte oder auch symbolische Rede von Gott tatsächlich *Rede von Gott* ist. Und wo „stünde denn geschrieben", dass das menschliche Vermögen der Begriffsbildung definitiv auf innerweltliche Gegebenheiten beschränkt und für einen philosophischen Gottes*begriff* gänzlich untauglich wäre, auch wenn dieser als solcher für die Motive und Strebungen christlicher praxis pietatis noch unzureichend ist? Tillich hat den hier umrissenen Sachverhalt in seiner Symboltheorie klar formuliert: „Wenn das religiöse Symbol auf etwas hinweist, das auf keine andere Weise ergriffen werden kann, wie können wir dann wissen, ob es überhaupt auf etwas bezogen ist?"[4] M. a. W.: Ohne die Möglichkeit *auch* begrifflicher Rede von Gott geht alle symbolische Rede von Gott ins Leere. Welcher Art und welchen Inhalts ist dann

---

[2] Nur in diesem präzisen Sinne, nicht aber in einem absoluten oder Feuerbachschen Sinne gilt: „fides creatrix divinitatis" (Luther).

[3] Eine solche Fundierung fehlt völlig bei Phillips, was auch daran liegen mag, dass er partout die Rolle eines Philosophen spielen will, der weder für noch gegen etwas plädiert, sondern nur die Grammatik – wenn auch die „deeper grammar" – gegebener Sprachspiele erhellen möchte. Allerdings räumt Phillips ein, dass seine „arguments will be understood *best* by those who pray or rebel against prayer". A.a.O. 28.

[4] Gesammelte Werke, Bd. V (Die Frage nach dem Unbedingten. Schriften zur Religionsphilosophie), Stuttgart 1964, 239.

diese begriffliche Rede? Was kann sie leisten und was nicht? Und worin hat sie ihr Fundament?

II.

Eine sorgfältige Erörterung dieser Fragen, wie sie hier freilich nicht möglich ist, führt auf das, was man die *Unwahrscheinlichkeit des Gebets* nennen könnte. Denn was ich begrifflich über die Gottesbeziehung und – darauf kommt es hier an – speziell das Relat Gott sagen lässt, und zwar so, dass wir ein allgemein-rational vermittelbares Resultat erhalten, ist zwar unverzichtbar, aber zugleich als solches so schmal und abstrakt, dass sich daraus noch kein persönlich geleb-ter Glaube, wie er sich im Gebet konzentriert, herleiten lässt.

Durch die Analyse der Selbsterschlossenheit der eigenen Person und damit je-der endlichen Person lässt sich zwar mit Schleiermacher ein unmittelbares Be-wusstsein bzw. Gefühl schlechthinniger Abhängigkeit des Subjekts – jedes menschlichen Subjekts – und seiner Welt, mit der es in Akten begrenzter Freiheit und Abhängigkeit in Wechselbeziehung steht, ableiten.[5] Die diese Theorie zwin-gend machende Einsicht scheint mir in dem Satz ausgesprochen zu sein: „Allein eben das unsere gesamte Selbsttätigkeit, also auch, weil diese niemals Null ist, unser ganzes Dasein begleitende, *schlechthinnige Freiheit verneinende* Selbstbe-wusstsein ist schon an und für sich ein Bewusstsein schlechthinniger Abhängig-keit; denn es ist das Bewusstsein, daß unsere ganze Selbsttätigkeit ebenso von anderwärts her ist, wie dasjenige ganz von uns her sein müsste, in Bezug worauf wir ein schlechthinniges Freiheitsgefühl haben sollten."[6] Mit diesem Aufweis des Bewusstseins schlechthinniger Abhängigkeit ist dann auch ein wie auch immer beschaffenes „Woher" der schlechthinnigen Abhängigkeit gesetzt, ein Woher, das wir Gott nennen *können* und als Christen Gott nennen *müssen*.

Aber wenn wir das tun, wenn wir hier – wie es nahe liegt – vom Schöpfergott reden und infolgedessen auch von Schöpfung, legen wir weit mehr in die Ur-sprungsbeziehung hinein, als ihre Analyse unter dem Titel der schlechthinnigen Abhängigkeit von sich aus ergibt. Freilich, ohne diese Analyse – genauer: wenn sie unsinnig wäre – wäre die Rede von Gott als Schöpfer und der Welt als Schöp-fung, wie auch alle Rede von Gott, ontologisch ungedeckt. Sie liefert gleichsam einen ontologisch validen Platzhalter für alle fülligere Rede von Gott – und das

---

[5] Ich habe an anderem Ort versucht, den Inhalt von § 4 der Glaubenslehre in einem Schau-bild darzustellen; vgl. Reiner Preul, So wahr mir Gott helfe! Religion in der modernen Gesell-schaft, Darmstadt 2003, 21.

[6] GL, 28. Hervorhebung von mir. Ich beziehe mich auf die von Martin Redeker besorgte Ausgabe der zweiten Auflage.

ist viel.[7] Aber sie allein ergibt z.B. noch keinen Begriff von Gott als Person, wie ihn das Gebet als Implikat seiner Vollzugsmöglichkeit voraussetzt. Zwar könnte man vom Bewusstsein der schlechthinnigen Abhängigkeit aus auf die Kontingenz der Welt und von daher auf Selektivität in ihrem transzendenten Ursprung schließen. Aber selbst wenn diese Schlussfolgerung stichhaltig wäre, was ich hier unentschieden lassen möchte, so ist Selektion/Selektivität zwar etwas, das Personen zukommt, apersonalem Seiendem aber auch. Denn sie besagt ja nur ein So oder So; aber so oder so fällt auch jedes auf die Spitze gestellte Ei um, sofern es sich nicht gerade um das Ei des Kolumbus handelt. Es bleibt also dabei, dass die Personalität Gottes vom Ausgangspunkt der Selbstanalyse her nicht rational zu erschließen und begrifflich zu erfassen ist – was freilich noch nicht ausschließt, dass es vielleicht auf andere Weise möglich sein könnte.

Es ist nicht einmal zwingend, das Woher der schlechthinnigen Abhängigkeit überhaupt „Gott" zu nennen und die Ursprungsbeziehung als *Gottes*beziehung zu bezeichnen.[8] Wenn man über Gott *nicht mehr* zu sagen weiß, als dass er der Ursprung von allem ist, erübrigt sich das Wort „Gott"; statt dessen bieten sich philosophische Begriffe wie „das Absolute", „das Sein an sich" u.ä. an. Für den Christen, zumal den betenden Gläubigen, dessen religiöses Aussagensystem weitere Gottesprädikationen enthält, ist es freilich zwingend notwendig, auch und gerade schon hier von „Gott" und von der „Gottesbeziehung" zu reden.

Nebenbei sei an dieser Stelle bemerkt – wir werden später noch einmal darauf zurückkommen –, dass wir hier auf den unschätzbaren sprachlogischen Vorteil des trinitarischen Glaubens und der Trinitätslehre stoßen: Eine einzelne Aussage über Gott, wie die, dass er die Welt geschaffen hat und erhält, oder auch, dass Gott die Liebe ist oder umgekehrt, ist *als einzelne* – sofern wir sonst nichts über

---

[7] Es sei wenigsten angedeutet, dass sich auch noch andere, aber ähnliche Möglichkeiten, sich eines solches Platzhalters zu vergewissern, denken lassen. So könnte man etwa sagen, dass alle Wahrnehmungs- und Bewusstseinsinhalte Inhalte eines Subjekts oder Ich, mithin ich-relativ sind, was man – Fichte folgend – dahingehend zuspitzen könnte, dass das sich selber reflektierende Ich kraft einer Fülle von Unterscheidungs- und Relationierungsakten das gesamte Weltbewusstsein als Inbegriff von zwangsläufigen und nicht zwangsläufigen Vorstellungen produziert. Was es aber nicht einholen kann in seiner Reflexion, ist seine eigene Möglichkeit, seine eigene Genese als Ich, was natürlich mit leiblicher Abstammung, die in den meisten Fällen als geklärt gelten darf, nichts zu tun hat. Es müsste aus sich selbst heraustreten können, um dieser Genese ansichtig zu werden. Das Ich ist nach dem späten Fichte nicht das Absolute, sondern nur dessen Erscheinung oder Form. So stoßen wir auch hier auf einen verborgenen, gleichwohl als real zu bezeichnenden Grund.

[8] Darauf hat mit Recht kürzlich hingewiesen Dieter Henrich, Menschsein – Bildung – Erkenntnis. Eine Variation von Schleiermachers Grundgedanken in Beziehung auf seine Gedanken zur Begründung der Universität, in: Joachim Ochel (Hg.), Bildung in evangelischer Verantwortung auf dem Hintergrund des Bildungsverständnisses von F.D.E. Schleiermacher. Eine Studie des Theologischen Ausschusses der Evangelischen Kirche der Union, Göttingen 2001, 185-205, bes. 196ff.

Gott zu sagen hätten – gar keine sinnvolle Aussage über Gott. Sie ist nur möglich und sinnvoll und sachhaltig in Verbindung mit weiteren Aussagen; zumindest *eine* weitere Aussage muss gemacht werden. Diese lautet dann etwa: „Gott war in Christus und versöhnte die Welt mit sich selbst." Auch diese zweite Aussage könnte nicht für sich allein stehen, sondern setzt die erste voraus. Jede Prädikation ist also nur als Element eines engeren oder weiteren *Systems von Prädikationen* sinnvoll und aussagekräftig.[9] Dieses System ist im Prolog des Johannesevangeliums auf den knappsten und prägnantesten Ausdruck gebracht: Das Wort, das am Anfang war und durch welches alle Dinge geschaffen sind, *dieses Wort* wurde Fleisch und wohnte unter uns. Dass dieses sprachlogisch sinnvolle Aussagensystem ein für uns existentiell sinnvolles System wird, das ist das Werk des Heiligen Geistes, welcher bewirkt: „Wir sahen seine Herrlichkeit, eine Herrlichkeit als des eingeborenen *Sohnes* vom *Vater*, voller *Gnade* und *Wahrheit*." Der Geist verwandelt die Sinnpotentialität des Systems in Aktualität.[10] Spätestens an dieser Stelle – wenn also der Geist Gottes ins Spiel kommt – konstituiert und konturiert sich auch die Vorstellung eines *in sich personalen* Gottes, die dann auch nach einer begrifflich-konzeptuellen Ausformulierung verlangt. Denn eine solche Wirksamkeit, wie sie dem Geist Gottes zugeschrieben wird, lässt sich wohl kaum mit dem Begriff des Seins an sich oder des Absoluten verknüpfen – es sei denn, das Absolute würde von vornherein als Geist verstanden.[11] Dass mit dieser sprachlogischen Interpretation die Trinitätslehre natürlich nicht ausgeschöpft ist (etwa hinsichtlich der opera trinitatis ad intra), braucht man mir nicht klar zu machen.

Zurück zum eigentlichen Gedankengang! Wenn es schon eine neue Qualität bedeutet, das Woher der schlechthinnigen Abhängigkeit und ihrer Wahrnehmung im Gefühl bzw. unmittelbaren Selbstbewusstsein mit Gott zu identifizieren, dann ist es erst recht nicht selbstverständlich, zu diesem Woher oder Ursprung oder geheimnisvollen Grund irgendeine persönliche Beziehung aufzunehmen, ihn anzureden, zu bitten, auf ihn zu vertrauen bzw. „sein Herz daran zu hängen", ihn zu loben, hoffend etwas von ihm zu erwarten. Das meine ich mit der *Unwahrscheinlichkeit* des Gebets. Hier ist auch Phillips zuzustimmen, wenn er

---

[9] Der Sachverhalt spiegelt sich auch noch in der Struktur des islamischen Glaubensbekenntnisses: „...und Mohammed ist sein Prophet". Und der erste Satz der hebräischen Bibel definiert auch nicht einfach „Gott". Der Gott, der Israel aus Ägypten geführt hat (man kann hier auch den ganzen und immer neu aufgerollten Erzählzusammenhang des AT heranziehen), *der* hat am Anfang Himmel und Erde geschaffen.

[10] Von hier aus ergibt sich die Möglichkeit, die schöpfungstheologische und christologische Absicherung des oratorischen Sprachspiels durch eine pneumatologische zu vervollständigen, so dass wir insgesamt eine trinitarische Fundierung des Gebets erhalten.

[11] Es verwundert nicht, dass Hegel dann auch Geschmack an der Trinitätslehre fand.

in einem allgemeinen Sinne betont, „that philosophical assent to the *kind* of being, God can be said to possess, does not entail belief in God".[12]

Durch das Gebet wird also gleichsam eine neue Seite aufgeschlagen in der Gottesbeziehung. Das Gebet führt eine ganz neue Sprachwelt, wenn man so will: ein neues Sprachspiel herauf, welches Ausdrucksmöglichkeiten bietet, die die allgemeine Daseinsanalyse als solche noch nicht hergibt, die aber auch die dogmatische Begrifflichkeit, wie sie sich auf dem Boden der christlich verstandenen Ursprungsbeziehung resp. Gottesbeziehung ausbildet, überschreiten. So ist z.B. die Dogmatik gut beraten, wenn sie statt vom „Handeln" Gottes von seinem „Wirken" – seinem „daseinskonstituierenden" und seinem „geschichtlichen" Wirken – spricht, um bestimmte Missverständnisse zu vermeiden, die sich aus einer Übertragung des alltagssprachlichen Handlungsbegriffs auf Gott ergeben können.[13] Das Gebet bzw. die ganze christliche Frömmigkeit, die von den „großen Taten Gottes" zu singen und zu sagen weiß (Apg 2, 11), kann gar nicht anders, als von Gottes Handeln, und zwar meistens ganz konkret, zu reden.

Aber lassen wir das Verhältnis zur Sprache der Dogmatik beiseite und kehren wir zurück zur Grenzlinie zwischen der unmittelbaren Ursprungs- oder Gottesbeziehung und der Sprache der Frömmigkeit, insbesondere des Gebets.[14] Nun ist in jener Grundrelation zum Glück auch ein möglicher Übergang mitgesetzt, ohne welchen auch keine Synthesis, wie ich sie am Beispiel des trinitarischen Sprachmodells vorzuführen versucht habe, möglich wäre. Denn jenes Bewusstsein der schlechthinnigen Abhängigkeit ist uns ja in einem all unsere Lebensmomente begleitenden *Gefühl* gegeben. Dieses Gefühl aber, man hat es auch als „Kreatur-

---

[12] Op.cit. 21.

[13] So Wilfried Härle, Dogmatik, Berlin/New York 1995, 282ff. Vgl. auch vom Verf., Problemskizze zur Rede vom Handeln Gottes, in: MJTh I/1987, 3-11. Ich sehe die Problematik der Übertragung allerdings nicht nur in bestimmten Missverständnissen, sondern auch in dem Sachverhalt begründet, dass der Handlungsbegriff als anthropologischer Grundbegriff mit dem ganzen Netzwerk von Kategorien der Selbst- und Welterfahrung implikativ verknüpft ist, durch welches menschliches Dasein strukturiert und analytisch erschlossen wird. Hier ist nicht nur ein sprachpragmatisches, sondern ein grundsätzliches epistemologisches Problem aufgeworfen: ob es möglich ist, irgendeinen anthropologischen Begriff aus jenem Netzwerk herauszulösen und auf Gott anzuwenden – und zwar nicht als Metapher, sondern weiterhin *als Begriff*. Natürlich wird der Handlungsbegriff bei solcher Übertragung selbst modifiziert, etwa: minus Leiblichkeit, plus Bestimmung aller Handlungsbedingungen durch das göttliche Handlungssubjekt, wobei freilich das Minus im Plus schon enthalten ist. Die Sinnhaftigkeit solcher Operationen muss sich daran bemessen, ob sie der *anderen Seinsart*, die Gott zukommen muss, wenn er tatsächlich der Grund von Welt und nicht ein Teil derselben sein soll, Rechnung tragen, ja diese andere Seinsart erfassen.

[14] Man kann darin vielleicht eine Variante zu dem Verhältnis zwischen sogenannter Vernunftreligion, deren Unmöglichkeit spätestens seit Schleiermacher als nachgewiesen gelten darf, und positiver Religion erblicken, oder besser umgekehrt. Ob und wieweit weitere Unterscheidungen wie reden über und zu Gott, reden über und aus Gott, Ausrichtung auf Gott in Gedanken und mit dem Herzen damit parallelisierbar sind, lasse ich unerörtert.

gefühl" bezeichnet, gibt es nicht in unvermischtem Zustand und ohne Interferenz mit den sinnlichen Affekten, und es verlangt nach Symbolisierung, wie sie dann von der jeweiligen positiven, geschichtlich existierenden Religion unter Rekurs auf die sie jeweils prägende Grundunterscheidung oder Polarität auch vorgenommen wird. Das in der Ursprungsbeziehung Enthaltene und Gefühlte bleibt dabei stets präsent.

III.

Der ganze Sprachschatz und das gesamte Vorstellungsrepertoire der positiven Religion wird nun vom Gebet – sei es ein privates Gebet oder ein Gebet im Kontext gemeinsamer praxis pietatis – in Anspruch genommen und in bestimmter, noch zu erläuternder Weise aktualisiert, dabei vor allem auf die persönliche Gottesvorstellung[15] fokussiert. Wird damit das Gebet zu einem isolierten Akt im Lebenszusammenhang?

Das ist nicht der Fall! Zwar machen wohl nicht wenige Zeitgenossen nur noch bei seltenen Anlässen wie dem Besuch der Christvesper die vielleicht für sie selber überraschende Erfahrung, dass sie noch beten können. Es ist offenbar leichter, mit anderen zusammen zu beten und sich dabei einer bewährten Gebetsform wie dem Vaterunser oder auch einem vom Pastor formulierten Gebet wie dem Allgemeinen Fürbittengebet[16] zu überlassen. Wenn Luther in der berühmten Torgauer Predigt (1544) bemerkt: „Da ist der Vorteil dabei, wenn Christen so zusammenkommen, daß das Gebet noch einmal so stark gehet wie sonst. Man kann und soll zwar überall, an allen Orten und zu allen Stunden beten. Aber das Gebet ist nie so kräftig und stark, als wenn die ganze Gemeinde einträchtig miteinander betet"[17], dann meint er sicher nicht, dass das gemeinschaftliche Gebet Gott mehr beeindruckt als das einsame, sondern er reflektiert auf jenen Sachverhalt des leichter beten Könnens in Gemeinschaft. Je seltener Personen beten und je mehr sie das private Gebet „an allen Orten und zu allen Stunden" einstellen, desto mehr gewinnen jene seltenen Gebetserfahrungen schlechthin exzeptionellen Charakter.

---

[15] Wenn ich hier, wie an einigen weiteren Stellen, „persönlich!" statt „personal" sage, dann meine ich damit keine nach persönlichen Vorlieben individualisierte Gottesvorstellung; es wird nur stärker darauf abgehoben, dass Gott hier als Relat einer persönlichen und als solcher auch entwicklungsfähigen Beziehung angenommen wird.

[16] Vgl. Reiner Preul, Überlegungen zum Allgemeinen Kirchengebet im evangelischen Gottesdienst, in: Reformation und Katholizismus. Beiträge zu Geschichte, Leben und Verhältnis der Konfessionen. FS Gottfried Maron, hg. von Jörg Haustein und Harry Oelke, Hannover (LVA) 2003, 317-332.

[17] WA 49, 593. Hier zitiert nach Michael Meyer-Blanck, Liturgie und Liturgik. Der evangelische Gottesdienst nach Quellentexten erklärt, Gütersloh 2001, 30.

Diese Art von Exzeptionalität tangiert aber nicht das *sprachliche Kontinuum*, in welchem das Gebet steht und sich bewegt. Und auf diesen Aspekt, nicht auf die Probleme, die einzelne Personen mit dem Gebet als Akt eigener Hingabe haben können, kommt es mir hier an. Da das Gefühl der schlechthinnigen Abhängigkeit ein alle Lebensmomente begleitendes Gefühl ist und infolgedessen auch das christlich bestimmte Gottesbewusstsein sich mit allen Lebensmomenten verbinden kann und soll, steht das Gebet auch in Kontinuität mit allen vom christlichen Gottesbewusstsein durchdrungenen Lebensmomenten. Und es steht in Kontinuität mit allen außerhalb seiner selbst produzierten Symbolisierungen Gottes und des Gott-Mensch-Verhältnisses. Das gilt insbesondere für die Vorstellung eines persönlichen Gottes, für die es im konkreten Lebensvollzug mindestens drei starke Motive gibt, nämlich *Dank, Klage* und die *Beziehung auf eine Instanz, die die Wahrheit ganz kennt.* In allen drei Fällen wird die Vorstellung eines persönlichen Gottes zwar nicht automatisch und gänzlich autonom produziert, wohl aber wird die überlieferte Gottesvorstellung mit einer gewissen Leichtigkeit aufgenommen.

Wenn jemand *Dank* empfindet nicht nur für irgendeine einzelne Wohltat, sondern etwa für sein ganzes bisheriges Leben, dann kommt als Adressat solchen Dankes, zumal wenn er denn ausgesprochen werden soll, nur Gott infrage. Dass man zugleich auch allen menschlichen Personen, die zum Gelingen des Lebens beigetragen haben, danken kann und soll, sofern sie noch erreichbar sind, versteht sich von selbst. Aber selbst die Gesamtheit aller solcher Danksagungen macht den Dank an Gott, der dieses Leben hat möglich werden lassen und es oft genug „vor Schaden und Gefahr behütet hat", nicht überflüssig. Ein Gott, dem Dank gebührt, kann aber nur als Person vorgestellt werden. Noch evidenter ist der Sachverhalt im Falle des Dankes für das Leben eines Verstorbenen, wie er z.B. bei einer Trauerfeier nach Ausdruck verlangt. Wohin jetzt mit dem Dank, sofern er nicht nur empfunden wird, sondern auch ausgesprochen werden soll? Es hat immer etwas leicht Komisches, wenn ein Trauerredner in das offene Grab ruft: „Egon, wir danken dir, dass du..." Der Dank gegenüber einem Verstorbenen drängt ins Gebet. – Der Dank gegenüber Gott ist eng verbunden mit dem Gotteslob und dem Preis seiner Güte und Herrlichkeit. Lob und Preis können aber auch ohne förmliche Anrede Gottes zum Ausdruck gebracht werden. So hat bekanntlich Bruckner sein ganzes symphonisches Schaffen als Lobpreis Gottes verstanden; seine letzte Symphonie, als deren Finale das Tedeum gespielt werden soll, hat er „dem lieben Gott gewidmet", nachdem er die dritte Symphonie Richard Wagner und die achte Franz Josef I. gewidmet hatte.

Dass auch die *Klage*, wenn sie mehr ist als ein Sichbeklagen über dies und das, das Bild eines persönlichen bzw. personalen Gottes heraufführt, liegt auf der Hand. Sofern sie zur Anklage Gottes wird, geht sie in eine Redeform über, die dem Gebet vergleichbar ist, die wir aber normalerweise nicht Gebet nennen würden. Es gibt Klagepsalmen, aber wohl keine Anklagepsalmen; denn Anklage ist ihrer Intention nach Gebetsverweigerung. Wir können hier nicht allen möglichen Nuancen nachgehen. Die menschliche Psyche ist aber so vertrackt, dass jemand überzeugt sein kann, nicht an Gott zu glauben, und ihn trotzdem anklagt oder ihm flucht.

Der interessanteste, obwohl am wenigsten bedachte Fall ist der dritte: Gott als *Kenner der Wahrheit*, als jemand, der weiß, was wirklich der Fall ist. Hier haben wir Belege bis in die Alltagssprache hinein: „Gott ist mein Zeuge!", „Gott weiß es!" oder „Gott allein weiß es!", vielleicht auch „So wahr mir Gott helfe!". Selbst in der Floskel „weiß Gott" schwingt es noch nach. Natürlich gibt es hier graduelle Unterschiede. „Weiß Gott" kann gleichbedeutend sein und ist es meistens mit „weiß der Kuckuck!" oder „was weiß ich?". Es gibt aber am anderen Ende der Skala Situationen, in denen ein Mensch höchsten Wert darauf legt, Gott, den allwissenden Gott, als Zeugen benennen zu können. Diese Berufung auf Gott als Zeugen kann sich auf die Ernsthaftigkeit einer Äußerung beziehen, aber auch und meistens zugleich auf deren Wahrheitsanspruch, also auf das Recht, gerade dieses zu sagen oder zu tun, möglicherweise gegen alle Bestreitung und allen Widerstand von Seiten Dritter. Dieses Bedürfnis der Berufung auf einen allerhöchsten Mitwisser dürfte in dem anthropologischen Sachverhalt wurzeln, dass der Mensch als soziales Wesen sein Denken, Sagen und Tun nicht nur vor sich selbst, seinem angeblich autonomen Gewissen, zu rechtfertigen sucht, sondern immer auch vor einem – sei es realen, sei bloß imaginierten – externen Forum von Personen, jedenfalls solcher Personen, auf deren Meinung man Wert legt. Es wäre eine Verleugnung von Sozialität und überdies lieblos, auf das Einverständnis anderer von vornherein zu pfeifen. Gerade wenn man ganz eigene Wege einschlägt, um nur das zu tun, „was man selber für richtig hält", wirbt man um Verständnis für dieses abweichende Verhalten. In dem Maße, wie dieses Bemühen ohne Erfolg bleibt, nimmt man dann Zuflucht zur letzten und höchsten Instanz – täte man es nicht, wäre das eigene Verhalten von eigensinniger Rechthaberei nicht mehr zu unterscheiden. Freilich muss hinzugefügt werden, dass eine solche Appellation ihrerseits nur aufrichtig ist, wenn man sich auch dem *kritischen* Urteil dieser Instanz ausliefert und Gott nicht einfach zum letzten noch übrig gebliebenen Claqueur degradiert. Jedenfalls wird in diesem Zusammenhang der Gewissensberufung die persönliche Gottesvorstellung wiederum mit einer gewissen Leichtigkeit evoziert. Und diese Bezugnahme auf das Forum Gottes ist nach christlicher Einsicht und Lehre auch eine wesentliche Bedingung persönlicher Freiheit. Wer sich ausschließlich vor menschlichen Foren rechtfertigt, macht sich leicht von der Meinung der anderen abhängig und ist dann nur noch, was diese ihn sein lassen. Christlich gilt vielmehr: wir setzen uns dem Urteil anderer

Menschen deshalb gern aus und werben um ihr Einverständnis, weil wir wissen, dass sie eben nicht das letzte Wort haben. Weitere Aspekte, die mit diesem Element der Gottesbeziehung verknüpft sind, müssen hier nicht ausgeleuchtet werden.[18]

Ich sprach von *wenigsten* drei starken Motiven für die Bildung der Vorstellung eines persönlichen Gottes. Ein weiterer und gegebenenfalls sehr starker Impuls, nach einem persönlichen Gott zu fragen, kann in dem Verlangen nach Vergebung und Bewältigung einer Schuld liegen, die man sich selbst nicht vergeben kann und die auch von dem Geschädigten nicht vergeben wird, vielleicht von ihm gar nicht mehr vergeben werden kann, weil er gar nicht mehr lebt. Natürlich schließt für den Christen *jede* Schuldbewältigung die Vergebung durch Gott ein; aber nicht von jeder Schuld, die irgend jemand auf sich geladen hat und die ihn bedrückt, gilt, dass sie ohne Vergebung durch Gott *gar nicht* bewältigt werden kann.[19] –

Es ist eine interessante, aber hier nicht vollständig zu beantwortende Frage, ob und inwiefern die Personifikation Gottes, wie sie in den genannten Beispielen illustriert wurde, ein Spezialfall all der Personifikationen und Hypostasierungen ist, die wir, poetischen Impulsen folgend, allen möglichen Dingen angedeihen lassen: nicht nur Tieren, wo es nahe liegt und oft realen Anlass hat, sondern auch Pflanzen („Veilchen träumen schon, wollen balde kommen") sowie Sonne, Mond und Sternen und anderen unbelebten Gegenständen, ein Verfahren, zu dem Martin Bubers Ich-Du-Philosophie eine theoretische Basis formuliert hat.[20] Manche Leute sprechen auch mit ihrem Gummibaum und meinen beobachtet zu haben, dass er dann besser gedeiht – was aber vielleicht auch dadurch zu erklären ist, dass Leute, die mit ihren Pflanzen reden, auch sonst besser für sie sorgen. Man muss kein Fabeldichter sein, um auch Pflanzen miteinander in ein quasi menschliches Verhältnis treten zu lassen wie etwa in Lafontaines „Le chêne et le roseau". So war die Frau eines Kollegen Zeuge eines Techtelmechtels zwischen zwei Topfblumen. Sie gediehen prächtig nebeneinander, sie ließen die Blätter hängen, als eine dritte Pflanze zwischen sie gestellt wurde, und sie erholten sich sofort und blühten auf, nachdem die alte Nachbarschaft wieder hergestellt war. Es hat zwar den Anschein, als tue letzteres nicht viel zur Sache, aber es illustriert doch

---

[18] In einem Essay mag es gestattet sein, auch auf Predigten zu verweisen. Vgl. die Predigt über Hebr. 4, 12f. in Reiner Preul (Hg.), Wort und Leben. Predigten aus dem Kieler Universitätsgottesdienst, Kiel 2005, 60-65.

[19] Mehr zu diesem Punkt in meinem Aufsatz: Die Bedeutung des Gewissensbegriffs für die Seelsorge, in: Reiner Preul, Luther und die Praktische Theologie, Beiträge zum kirchlichen Handeln in der Gegenwart, Marburg 1989, 71-83.

[20] Vgl. zum folgenden auch Phillips' Beschreibung der Differenzen zwischen talking to God und talking to nature, a.a.O. 72ff.

das Ausmaß der anthropomorph-ästhetischen Wahrnehmung der Welt[21]; und es gibt keinen Grund, dieser Lesart weniger Gültigkeit, weniger Objektgerechtigkeit, weniger Realitätshaltigkeit beizumessen als einer streng naturwissenschaftlichen, die überall nur Stoffwechselprozesse wahrnimmt und die ja, wie seit Kant als erwiesen gilt, ebenfalls subjekt-relativ ist. Es entspricht der menschlichen Seele – was im Kern nichts anderes heißt, als dass der Mensch ein emotional Anteil nehmendes Verhältnis zu sich selbst, zu seinesgleichen und zu den Mitgeschöpfen hat[22] –, dass er in einer beseelten Welt leben will.

Es mag also erlaubt sein, die Gott personifizierende Sprache des Gebets wie überhaupt des Glaubens in einem Kontinuum mit den überall anzutreffenden Phänomenen einer allgemeinen Weltbeseelung wahrzunehmen und zu würdigen. Das Vermögen der Imagination bringt ja auch immer wieder Übergänge zustande.[23] Hier wie da handelt es sich formal gesehen um Anthropomorphismen, um Projektionen, die mehr oder weniger Anlass an ihren Projektionsobjekten haben.

Es sind aber auch wenigstens zwei Unterschiede zu notieren. Im Falle der projektiven Naturbeseelung schweift die Phantasie fast völlig frei, die Laune des Dichters bzw. des imaginierenden Subjekts schlägt überall durch, was sich etwa in einer wahren Sturzflut von anthropomorphen Metaphern für ein und dasselbe Sujet Ausdruck verschaffen kann. Die Sprache der Frömmigkeit, zumal des Gebets als Anrede Gottes, ist aber im allgemeinen nicht launig, geschweige denn launisch. Die Sprache der Psalmen ist originell und manchmal verwegen, aber niemals übermütig. Für den Prediger gelten weniger strenge Regeln; und der Verspottung des Teufels im risus paschalis sind kaum[24] noch Grenzen gesetzt, aber hier handelt es sich auch nicht um Gebete, wohl aber noch um religiöse Sprache/religious language. – Vor allem aber: Bei allen Symbolisierungen Gottes – und seien sie noch so anthropomorph oder sogar theriomorph oder physikomorph – haben wir es nicht primär mit Einzelaspekten der erlebten Wirklichkeit zu tun, sondern mit dem *Existenz- und Wirklichkeitsverständnis im ganzen*, oder: mit Einzelaspekten nur insofern, als sie auf das Ganze des christlichen Wirklichkeitsverständnisses, seine Struktur und seinen systemischen Zusammenhang, bezogen sind.

---

[21] Eine Fundgrube für Beispiele solcher Wahrnehmung ist der Erfolgsroman des flämischen Schriftstellers Felix Timmermans „Pallieter" (1916).

[22] Natürlich ist auch das Gottesverhältnis emotional bestimmt; als solches modifiziert es die Seele genannte Anteilnahme des Menschen an sich selbst, an seinesgleichen und an den anderen Mitgeschöpfen.

[23] Timmermans' Buch, eine Mischung aus Naturfrömmigkeit und naivem Katholizismus, bietet auch hierfür Belege. Ein sehr schönes Beispiel auch bei Phillips, a.a.O. 73f.

[24] „Gar keine" ginge zu weit, denn auch bei solcher Ausgelassenheit muss man sich Gott noch als Beobachter, wenn auch nicht als Ansprechpartner, denken.

IV.

Das Gebet ist, weil es Anrede Gottes ist, der *Ernstfall der Frömmigkeit und der religiösen Sprache*.[25] Es ist, wie man auch gesagt hat, das Herz der Religion. Vielleicht gilt das nur für bestimmte Religionen, für solche, in denen der Glaube des Einzelnen als Hingabe an Gott im Zentrum steht, nicht aber für Religionen, bei denen es primär auf den gemeinschaftlich oder von bestimmten Personen vollzogenen Ritus, insbesondere den Opferkult, ankommt oder in denen die praxis pietatis in Übungen der Versenkung oder der Askese besteht. Es trifft jedenfalls zu für das Judentum und für das Christentum, hier im besonderen Maße für den die Unmittelbarkeit jedes Einzelnen zu Gott betonenden Protestantismus. Die Reformatoren haben ja alle praxis pietatis – im weiteren Sinne der logike latreia (Röm 12, 1) wie im engeren Sinne expliziter Religionsausübung – auf die Relation von Wort und Glaube fokussiert und damit einerseits bestimmten Riten und Zeremonien, in denen sie nur den Geist äußerer Observanz am Werke sahen, den Boden entzogen und andererseits das persönliche Gebet in Einheit mit dem Wort- und Sakramentsgottesdienst sowie mit dem Lesen der Heiligen Schrift zum Inbegriff der Frömmigkeit gemacht. Ob der Islam, der neben dem Gebet auch Fasten, Almosen, Bekenntnis und Hadsch als weitere „Säulen" benennt, dem Gebet einen vorrangigen Stellenwert gibt, vermag ich nicht zu beurteilen, aber vielleicht ergibt er sich dort schon aus der Praxis des mehrmaligen täglichen Gebets sowie des Freitagsgebets, vielleicht auch aus der Wortbedeutung von „Islam": Hingabe.

Natürlich kann man sagen, dass auch Gebete, vor allem die im Gottesdienst gesprochenen, etwas Rituelles sind, wobei an deren agendarische Regelmäßigkeit oder auch an deren festgelegten Wortlaut, beim Allgemeinen Kirchengebet vielleicht an dessen Struktur bzw. dessen eingeschränkte Zahl von Strukturmodellen[26] zu denken wäre. Die römisch-katholische Kirche subsumiert gemäß dem „Rituale Romanum" die Messe sowie alle Gottesdienstformen unter den Begriff des Ritus. Die Reformatoren jedoch waren äußerst zurückhaltend in der Verwendung dieses Terminus; das ex-opere-operato-Mißverständnis lag zu nahe. Den Gottesdienst haben sie definiert durch das Geschehen, das ihn konstituiert, nämlich „dass unser lieber Herr selbst mit uns redet durch sein heiliges Wort und wir wiederum mit ihm reden durch Gebet und Lobgesang"[27], aber sie haben sich gehütet, ihn als Spezialfall rituellen Verhaltens zu identifizieren. Und erst

---

[25] Zur Möglichkeit, zur Morphologie und zu den Gebrauchsformen religiöser Sprache vgl. Reiner Preul, Gottesdienst und religiöse Sprache, in: ZThK 88/1991, 388-406; ders., So wahr mir Gott helfe! Religion in der modernen Gesellschaft, Darmstadt 2003, 27-35.
[26] Vgl. dazu meinen in Anm. 16 genannten Aufsatz.
[27] WA 49, 588.

neuerdings ist man angesichts des Verlangens des „postmodernen" verunsicherten Menschen nach Ritualen und auf dem Hintergrund moderner Ritenforschung dazu übergegangen, den Begriff des Ritus liturgiewissenschaftlich wieder aufzuwerten und als analytische Kategorie für den Gottesdienst zu nutzen[28], ein Vorgang, bei dem es sicher ratsam ist, sich an die reformatorischen Vorbehalte zu erinnern.

Zu diesen Vorbehalten gehört auch, dass Luther in der „Formula missae et communionis" das Wort „Opfer" (omnia „quae oblationem sonant"[29]) aus der Messe streichen wollte. Daher sollte man Credo und Gebete auch besser nicht als Lob*opfer* bezeichnen. „Opfer" verweist ja zunächst auf einen Tauschhandel, bei dem eine zornige Gottheit gnädig zu stimmen ist oder das Opfer das Aufflammen göttlichen Zorns im Vorhinein verhindern soll. Anders ist es freilich, wenn das Opfer Antwort auf schon empfangene göttliche Wohltat ist; die Opferlogik lautet dann nicht do ut des, sondern do quia dedisti. Insofern könnte man das „Lobopfer" des Bekenntnisses rechtfertigen. Da aber liturgische Belehrungen zum Thema Opfer während des Gottesdienstes unangebracht sind, dürfte es gleichwohl ratsam sein, die missbräuchliche Opferterminologie gänzlich zu vermeiden und schlicht von Lob und Dank zu sprechen.

Das Gebet ist deshalb der *Ernstfall* der Frömmigkeit, weil man nicht hypothetisch beten kann, wie es scherzhafter Weise Voltaire empfohlen haben soll: Lieber Gott, wenn's dich gibt, rette meine Seele, wenn ich eine habe[30]. Das Gebet ist der religiöse Akt par excellence[31], weil es die ganze Person involviert; nicht nur ihr Denken und Imaginieren, sondern in Einheit damit ihr Fühlen und Wollen. Auch hier ist wieder ein Kontinuum im Verhältnis zu der Fülle außer- oder vororatorischer religiös-affizierter Lebensmomente auszumachen; die Skala dieser Momente reicht von der frei assoziierenden und Metaphern produzierenden Phantasie, die sich auch in grillenhaften Einfällen ergehen kann, auf der einen Seite bis zu Momenten leidenschaftlichen Fragens nach Gott und seinem Handeln oder tiefer Ergriffenheit, die als solche ins Gebet drängen, auf der anderen Seite. Die Intensität der Anmutung und der Grad des Involviertseins der Person und ihrer Vermögen können also variieren. Religiöse Erfahrungen werden überall und allenthalben gemacht, aber die darin sich bemerkbar machende coram-deo-Dimension

---

[28] Vgl. vom Verf. die Artikel „Ritus/Ritual. Liturgisch, Dogmatisch, Ethisch, Praktisch-theologisch", RGG⁴, Bd. 7, 2004, 555-559.

[29] WA 12, 211.

[30] Mir wurde entgegengehalten, dass es solche Gebete in Notsituationen doch ganz häufig gibt: als Hilferufe to whom it may concern. Aber solche Gebete sind ernsthaft gemeint und fallen gerade nicht unter die Voltairesche Leichtfertigkeit, etwa nach dem Schema: besser ist besser, es nützt vermutlich nichts, kann aber auch nicht schaden.

[31] Eine Theorie des „religiösen Aktes" entwarf Max Scheler, Vom Ewigen im Menschen, Bd. 1: Religiöse Erneuerung, Leipzig 1921, 521-564.

menschlicher Existenz wird erst im Gebet gänzlich explizit und voll aktualisiert.[32] In diesem Verhältnis zwischen Gebet und anderen Manifestationen religiöser Erfahrung spiegelt sich die Differenz zwischen der Wahrheitsgewissheit des Glaubens und dem stets mehr oder weniger experimentellen Charakter aller künstlerischen oder theoretischen Beschäftigung mit dem Glauben, deren gelungenste Objektivationen vielleicht mit dem Gütesiegel der Perfektion, aber nicht der Gewissheit ausgezeichnet werden dürfen.

Die Frage, *wie* die Person des Beters involviert ist, führt zum nächsten Punkt: Zu analysieren sind die *Sprachformen* bzw. *sprachlichen Gesten* des Gebets und die darin *realisierte Gestaltung* des Gott-Mensch-Verhältnisses.

V.

Das Gebet ist Anrede Gottes.[33] Dabei darf der Terminus „Anrede" nicht zu eng gefasst werden im Sinne einer strikten Beschränkung auf ein Sprechen zu Gott in der zweiten Person Singular. Alles Reden, bei dem Gott als Empfänger vorgestellt wird, ist Anrede Gottes und somit Gebet. Insofern sind nicht nur alle Invokationen wie das Kyrie, sondern auch gesprochene und gesungene Doxologien wie das Gloria patri und das Gloria in excelsis, Hymnen und Psalmgesänge wie auch eine Vielzahl von Gesangbuchversen und ganze Lieder Gebete[34], nicht aber

---

[32] Zur Phänomenologie und zum Begriff der religiösen Erfahrung vgl. vom Verf.: Was ist religiöse Erfahrung? In: Befreiende Wahrheit. FS Eilert Herms, hg. von Wilfried Härle, Matthias Heesch und Reiner Preul, Marburg 2000, 521-533.

[33] In der Literatur zum Gebet wird diese Gleichsetzung, die zunächst auch nur eine Phänomenbeschreibung ist, m. W. nur bestritten von Walter Bernet, Gebet, Stuttgart 1970 (Themen der Theologie, Bd. 6). Bernet nennt das fragende Reflektieren über die Endlichkeit der Existenz und das „Geheimnis" der Welt, das sich dann in epischer Weise Ausdruck verschafft, „Gebet". Ich würde das eher eine Vorform des Gebets nennen. Emanuel Hirsch, Der Sinn des Gebets. Fragen und Antworten, Göttingen ²1928, unterscheidet „betende und nichtbetende Erhebung zu Gott".

[34] Dass Luther in der sog. Torgauer Formel „Gebet" und „Lobgesang" nebeneinander nennt, ist dagegen kein Einwand. Die parataktische Nennung des Lobgesangs reflektiert zum einen auf die besondere Stilform des Gesangs, für dessen Bereicherung Luther das deutsche Gemeindelied durch eigene Lieddichtung eigentlich erst geschaffen hat; Melanchthon charakterisiert es in CA 24 als das eigentliche Unterscheidungsmerkmal des reformatorischen Gottesdienstes, gewiss eine Untertreibung. Zum anderen versteht Luther, wenn er Lob und Gesang einander zuordnet, das Gebet offenbar primär als Bittgebet, wie auch das von ihm entworfene Allgemeine Kirchengebet am Ende der Torgauer Predigt sowie sein früherer Vorschlag, dieses Gebet als Vaterunser-Paraphrase vorzutragen, zeigen. Man kann in der Torgauer Formel allenfalls das Moment der Klage vermissen, der Luther aber in etlichen seiner Lieder reichlich Raum gibt. Dass sie in der Formel fehlt, erklärt sich am ehesten daraus, dass Luther den ganzen Gottesdienst als Dialog zwischen „dem lieben Herrn" und der Gemeinde versteht, der aber durch die Anrede des Menschen durch das Wort Gottes ermöglicht und eröffnet wird. Der menschliche Part im Gottesdienst ist also insgesamt Antwort.

– was sich freilich von selbst versteht – Segensformeln und Kanzelgruß, auch nicht das Credo, das gleichsam coram mundo gesprochen wird.

Ist das Wesen des Gebets reiner verwirklicht im Gebet des Einzelnen als im gemeinschaftlichen liturgischen Gebet? Friedrich Heiler hat diese Auffassung in seinem epochalen Buch über das Gebet vertreten: „Die Urform des Betens ist das naive Beten des *primitiven* Menschen; Affektivität, Spontaneität und Freiheit, urwüchsiges eudämonistisches Verlangen und konkretes realistisches Vorstellen sind seine Eigentümlichkeiten. Das lebendige, aus dem Augenblicksaffekt geborene Beten des naiven Menschen verkümmert im *rituellen* Gebet zur heiligen, unantastbaren Formel, zum priesterlichen Amtsgeschäft…"[35] Wolfgang Trillhaas hat die Gegenposition vertreten: „Es ist… unzureichend und irreführend, wenn in der modernen Welt das Gebet einseitig emotional und nur vom Individuum aus begriffen wird. Selbst der Trieb zum Gebet ergibt sich häufig von Regel und Sitte aus, und es ist bekannt, wie da, wo das Gebet am elementarsten aus der Seele hervorbricht, häufig die eigenen Worte fehlen, und, weit entfernt, daß es nun zu einem ‚persönlichen' Gebet käme, gerade die konventionellen Gebete sich einstellen."[36] Auch religionshistorisch ist sicher die Heilersche vitalistisch grundierte Sicht nicht haltbar. Religion ist ursprünglich immer eine gemeinschaftliche Angelegenheit, und das Heraustreten des Einzelnen *gegen* das Kollektiv ist immer eine Spätform oder sogar Verfallsform. Entscheidend in christlicher Perspektive ist wohl, dass jedes Gebet, ob im privaten oder gottesdienstlichen Rahmen, „Gebet im Namen Jesu" sein muss und damit in der Tradition der christlichen Kirche steht.[37]

Nach diesem kurzen Überblick über Formen des Gebets nun zur *Sprache* des Gebets.

Wir wenden uns zunächst der *förmlichen Anrede* Gottes im Gebet zu und machen dabei sofort eine fast banale, aber doch bedenkenswerte Beobachtung. Die Anrede besteht aus *Titeln*, *Prädikationen* und dem *Personalpronomen Du* in allen Casus. *Titel*, im Vocativ vorgetragen, sind etwa „allmächtiger Gott", „barmherziger Gott", „gnädiger Gott", „ewiger Gott", „dreieiniger Gott", „himmlischer Vater", „Herr", „Kyrie". Die Sprache der Lieder und Oratorien kennt eine Fülle weiterer Titel, die teilweise ins gesprochene Gebet übernehmbar sind: „Großer Gott", „Gott des Himmels und der Erden", teilweise auch nicht oder schwerlich:

Auf das Evangelium, sofern es ins Herz dringt, antwortet man aber nicht mit einer Klage, sondern mit Lob bzw. Dank und der rechten Art des Bittens.

[35] Friedrich Heiler, Das Gebet. Eine religionsgeschichtliche und religionspsychologische Untersuchung, München ²1920, 486.

[36] Wolfgang Trillhaas, Die innere Welt. Religionspsychologie, 1946, München ²1953, 68f.

[37] Vgl. §§ 146 und 147 der GL „Vom Gebet im Namen Jesu", ein Text, der in der Literatur über das Gebet leider kaum beachtet wird.

„majestätisch Wesen", „oh Gott, du frommer Gott", „Herr, unser Herrscher",
„hoch geliebter Geist", „großer Herr und starker König". Dazu kommen in Liedern und Psalmen noch poetischere Titel wie „Quelle des Lichts", „Lebensbrünn-
lein", „Freund des Lebens", „Segensbrunn"; wer sucht, wird sicher noch Origi-
nelleres finden. Die Titel enthalten bereits *Prädikationen*, etwa in Gestalt der Adjektive. Trotzdem kann man davon noch explizite Prädikationen in Satzform,
zumeist in Relativsätzen wie im sogenannten Kollektengebet, unterscheiden:
„der du alles in Händen hältst", „der du die Welt gemacht hast", „der du die
Menschen kennst", aber auch: „auf den wir hoffen", „dem wir vertrauen" u. ä.
Dieser nicht hoch genug zu ehrende und zu preisende, nicht weit genug von uns
und allen Kreaturen abzuhebende Gott, diese allerhöchste Instanz und Autorität
wird nun – das ist die Pointe – von uns im Gebet *mit „Du" angeredet*. Es wäre
ganz unmöglich, Gott mit „Sie" anzureden – eine Pointe, die sich freilich nur in
Sprachen ergibt, die diesen Unterschied in der Anrede kennen wie das Deutsche
oder Französische. Gott ist aber auch in früheren Zeiten niemals mit „Ihr" oder
„Euer Gnaden" angeredet worden. Obwohl Gott als allerhöchste Majestät oder
als König *bezeichnet* wird, wäre es gleichsam ein crimen laesae maiestatis, ihn mit
„Majestät" oder „Sire" *anzureden*; nur „Herr", „Notre Seigneur" oder „Our Lord"
ist möglich und üblich.[38]

Das Allergrößte, das *schlechthin Übermächtige* gestattet nur die allerintimste
und vertraulichste Form der Annäherung. Ich will gar nicht versuchen, diesen
Sachverhalt, zu dem wir uns auch gar keine sprachliche Alternative vorstellen
können, zu erklären; etwa daraus, dass Gott als der „ganz Andere" eben nicht
mit menschlichen Respektspersonen auf eine Stufe gestellt werden kann, oder
sprachgeschichtlich aus der Tatsache, dass die biblischen Sprachen, das Hebräische und das Griechische sowie dann das Latein der Vulgata, durch welches die
Bibel dem Abendland übergeben wurde, überhaupt nur die Anrede per Du
kannten. Zu vermerken ist nur, dass dieser erstaunliche Befund im christlichen
Gebet vollkommen zusammenstimmt mit der Verkündigung Jesu von der Nähe
des transzendenten Gottes, mit dem auf ihn zurückgeführten Vaterunser, in welchem die vertrauliche Anrede Gottes als Vater in der zweiten Person Singular
mit der Verherrlichung seines Namens und dem Preis seiner ewigen Kraft und
Doxa verschmolzen ist, wie auch mit der Rechtfertigungsbotschaft und -lehre als
dem Zentrum des christlichen Wirklichkeitsverständnisses. Lex orandi – lex credendi, ich muss diese Korrespondenz hier nicht weiter ausführen.

---

[38] Man beachte übrigens, dass Gottesprädikationen, deren Metaphorik aus dem politischen
Bereich genommen ist, ausschließlich auf monarchisches Vokabular zurückgreifen müssen.
Man kann Gott nicht als Präsidenten oder großen Vorsitzenden bezeichnen. Darf man annehmen, dass genau diese Alleingültigkeit der monarchischen Sprache im Gottesverhältnis
eine der Bedingungen dafür ist, dass wir als Christen auch gute Demokraten sein können?

Wohl aber komme ich im Zusammenhang unserer Beobachtung zur formalen Anrede Gottes im Gebet nicht um eine Bemerkung zu den feministischen Problemen mit der Sprache des Gebets herum. Ich kann sie ohne allzu große Gefahr, Gefühle zu verletzen, deutlich formulieren, da sich inzwischen die Einsicht durchgesetzt hat, dass man dem berechtigten Anliegen „feministischer Theologie" auch ohne radikale sprachliche Manöver gerecht werden kann und überdies praktische Lösungen im Sinne einer nicht ausgrenzenden Sprache – etwa bei der Übersetzung[39], Wiedergabe oder Auslegung biblischer Texte – gefunden hat. Das Problem der maskulinen Gottestitel und -prädikationen – das Personalpronomen bereitet keine Schwierigkeiten – wird in verkürzender Weise wahrgenommen, wenn man meint, es entweder durch Ersetzung durch oder Erweiterung um feminine Ausdrücke oder auch durch Zuflucht zu neutralen Wendungen oder schließlich durch Weglassung aller maskulinen Formen lösen zu können. Ersetzung – was im Extremfall bedeutet, dass man den Teufel nicht durch Beelzebub, sondern durch seine eigene Großmutter austreibt –, Ergänzung und Neutralisierung werden nach meiner Beobachtung inzwischen seltener praktiziert; die Gemeinde mag es auch nicht, ausgerechnet durch das Gebet terminologiepolitisch beeinflußt zu werden. Um so häufiger kommt die Methode der Vermeidung zur Anwendung. Auszulassen sind dann nicht nur alle männlichen Titel wie „Herr", „Vater" oder auch „Schöpfer", sondern auch die Adjektive, so dass als Anrede ein völlig entblößtes und abstraktes „Gott" übrig bleibt, es sei denn, man bedient sich poetischer Ersatzformeln wie „Quelle des Lichts", „Ursprung des Lebens" oder „Ort der Zuflucht". Konsequent praktiziert müssen auch die Prädikationen, jedenfalls in der üblichen Form des Relativsatzes fallen, da Relativpronomen in ihrem grammatischen Geschlecht vom Nomen abhängen. Solche Reduktion aber hat zur Folge, dass jene Pointe im Gebet nicht mehr zum Ausdruck kommen kann. Lex orandi und lex credendi fallen auseinander. Das scheint mir das eigentliche Problem zu sein. Es könnte durch Lyrik und Hauptsätze gemildert werden, ob auch gelöst, erscheint mir fraglich.

VI.

Die „klassischen" systematisch-theologisch zu bearbeitenden Fragen, die das Gebet aufwirft, muss ich hier beiseite lassen: so das Problem der Gebetserhörung bzw. Wirksamkeit des Gebets, insbesondere des Fürbittengebets; die Frage, wie sich das Gebet als intentionaler menschlicher Akt zu den Gottesprädikaten der Allgegenwart, Allwissenheit, Allwirksamkeit und vollkommenen Weisheit und Güte Gottes verhält; die Frage wie sich das Gebet, da es sich nicht als Selbstge-

---

[39] Das ist kein Plädoyer für die „Bibel in gerechter Sprache", denn diese lässt die biblischen Autoren an zahlreichen Stellen nicht mehr sagen, was sie selber sagen wollten.

spräch der Seele verstehen kann, ein Dialog ist und wie es sich vom zwischen-
menschlichen Dialog formal und inhaltlich unterscheidet, wo und wann es also
eine Antwort durch Gottes Wort erfährt; inwiefern der Geist „unserer Schwach-
heit aufhilft" und „uns vertritt mit unaussprechlichem Seufzen" (Röm 8, 26);
schließlich auch das ora et labora-Thema.[40]

Ich sehe mich in diesem ganzen Essay vor allem der Phänomenologie des
christlichen Gebets verpflichtet, zugespitzt auf die Frage, was wir tun und was
mit uns geschieht, wenn wir Gott im Gebet anrufen. Nachdem wir im vorhergehenden schon mit dem ersten Teil der Frage zu tun hatten, wenden wir uns jetzt
schwerpunktmäßig dem zweiten Teil zu.

Was also geschieht mit uns im Gebet? Zweierlei: Wir gewinnen *Erkenntnis* über
Gott im Verhältnis zu uns und zur Welt und über uns und die Welt im Verhältnis zu Gott. Und wir *situieren* uns selbst (und die Welt), indem wir unseren Platz
einnehmen und unseren Part spielen in einem Rollensystem, welches das Gebet
als Anrede Gottes etabliert. Beides geschieht zugleich und durcheinander vermittelt, und das macht aus der Erkenntnis mehr als ein Bescheidwissen und aus dem
„Rollenspiel" mehr als eine stumme Gebärde der Demut oder Unterwerfung.

Natürlich nehmen wir unser woher auch immer gewonnenes und wie auch
immer symbolisiertes Wissen über Gott, Mensch und Welt mit hinein ins Gebet.
Man kann also nicht sagen, dass alle, die überhaupt ernsthaft beten, dasselbe und
auf dieselbe Weise beten, so als gäbe es das eine ursprüngliche Gebet des Herzens[41]. Auch das Stoßgebet aus akuter Not „Gott, hilf mir!" wird noch auf ein
irgendwie vorgeformtes Gottesbild bezogen. Jedes Gebet verweist also auf den
Kontext einer religiösen Überlieferung und Lehre, die von einer religiösen Gemeinschaft getragen und gelebt wird. Wir nehmen dieses Wissen mit hinein in
das Gebet; aber im Gebet wird es zur aktuellen *Einsicht*, wird es angeeignet, wird
es mit einem die ganze Person ergreifenden Akt vereinigt, wird es vertieft und
nicht selten auch erweitert oder neu strukturiert.

Inwiefern der Mensch seiner Situation vor Gott ansichtig wird, indem er Gott
anruft, kann z.B. am Vaterunser studiert werden. Man muss nur die anthropologischen Implikationen hervorheben. Wenn Gott als Vater im Himmel angeredet
wird, dessen Name geheiligt werde und dessen Reich komme und dessen Wille
geschehe, so sind wir seine Kinder auf Erden, deren Bestimmung es ist, durch ihr

---

[40] Verwiesen sei besonders auf die schon genannten §§ 146f in Schleiermachers Glaubenslehre, auf die ebenfalls schon genannte Schrift Emanuel Hirschs (s. Anm. 33) sowie auf Wilfried Härle, Den Mantel weit ausbreiten. Theologische Überlegungen zum Gebet, in: NZSTh
33/1991, 231-247.
[41] Das gilt unbeschadet der Tatsache, dass alle Gebete die Unterscheidung zwischen Gott
und Welt in irgend einer Weise voraussetzen bzw. aktuell vollziehen. Insofern könnte von
einer formalen Wesensidentität aller Gebete geredet werden.

Denken und Tun, aber auch durch das Beten selbst, diesen Namen zu heiligen, Bürger des Reiches Gottes zu werden, indem wir Gottes Willen an uns geschehen lassen und zugleich zu Werkzeugen seines Willens werden. Die Brotbitte bringt zum Bewusstsein, dass wir trotz aller eigenen Vorsorge das Weltgeschehen so wenig in der Hand haben, dass wir selbst die Erfüllung unserer elementaren Bedürfnisse nicht sicherstellen können. In der fünften Bitte bekennen wir uns als Sünder, die auf die Vergebung durch Gott und auf gegenseitige menschliche Vergebung angewiesen sind. Die sechste Bitte reflektiert die Erfahrungen unseres beständigen Angefochtenseins und unserer Verführbarkeit. Die siebte Bitte identifiziert uns und unsere Welt als erlösungsbedürftig. Der doxologische Schluß entzieht allem Selbstruhm des Menschen vor Gott den Boden; man kann sich nicht gegenüber Gott rühmen, sondern allenfalls in Gott, und alles Lob über etwas in der Welt soll zugleich ein Lob Gottes sein, dessen das Reich und die Kraft und die Herrlichkeit ist. Die ganze conditio humana wird also im Vaterunser sichtbar und zugleich christlich gedeutet.[42]

Aber diese Situation des Menschen vor Gott ist nun nicht allein zu denken oder zu bedenken, als solle das Gebet nur von außen als Text betrachtet werden. Wer das Vaterunser wirklich betet mit seinem Herzen und seinem Verstand, der übernimmt diese Situation als seine eigene, tritt in sie ein und situiert sich entsprechend vor Gott, übernimmt die Rolle, die ihm ontologisch zukommt. Das Gebet, jedes christliche Gebet, ist somit *Einkehr oder Rückkehr in die Wahrheit*, ein Wiedereinnehmen des Platzes, der uns in der Seinsordnung angewiesen ist, den wir aber als Sünder verlassen haben und immer wieder verlassen. Wie schon jede Bitte Abhängigkeit und Angewiesenheit signalisiert, so definiert die bittende Anrede Gottes uns als schlechthin abhängig. Und das wird dann, wie am Vaterunser illustriert, inhaltlich konkretisiert durch all das, worum wir bitten, auch worüber wir klagen und wofür wir danken.

„Rückkehr in die Wahrheit" – das gilt, wie beschrieben, in einem objektiv-ontologischen Sinne; subjektiv bedeutet es, dass wir im Gebet *wahrhaftig* werden. Man kann das in der Anrede präsente persönliche Gegenüber Gottes nicht täuschen, nicht überlisten, nicht mit Halbwahrheiten besänftigen, und so ist das Ge-

---

[42] Wie viel Erkenntnis im Gebet enthalten ist, merkt man auch, wenn man ein Gebet formuliert, das andere mitsprechen sollen. Ich denke an das Allgemeine Fürbittgebet am Ende des Gottesdienstes an der Schwelle zum Alltag. Ein gelungenes Allgemeines Fürbitten- oder Kirchengebet ist eine intellektuelle Leistung ersten Ranges. Denn es macht die ganze conditio humana, die „Praxissituation endlicher Freiheit" als gegliederte Sphäre des Erlebens und des verantwortlichen Handelns vorstellig. Dazu bedient es sich bestimmter Schemata, die einen Zugriff auf das Ganze der erfahrbaren, von Gott abhängigen und vom Menschen mit Gottes Hilfe gestaltbaren Wirklichkeit ermöglichen. Hinzu kommt eine Reihe von theologischen Unterscheidungen, die bei der Formulierung der Bitten zu beachten sind. Mehr dazu in meinem in Anm. 16 genannten Aufsatz.

bet auch die Befreiung zu einer realistischen Sicht unserer selbst und der Welt, in der wir leben und handeln. Zu dieser Wahrhaftigkeit vor Gott gehört übrigens auch, dass die vielleicht anfängliche Konzentration auf die eigenen Sorgen und Ängste überwunden wird und das Gebet zwangsläufig zum Gebet auch für andere, vielleicht für alle wird. Das Vaterunser bringt diese inklusive Haltung schon durch die Wir-Form zustande. Das Gebet gibt der Liebe Raum. Die Wahrhaftigkeit ist auch die einzige Regel für die Gestaltung des Gebets, für das, was inhaltlich aus unserer Lebenserfahrung vor Gott zu bringen ist. Bitte und Dank müssen sich auf das beziehen, was uns wirklich wichtig ist und bewegt. Diese Regel ist das Wahrheitsmoment in Heilers Gebetstheorie.

Als Rückkehr oder Einkehr in die Wahrheit in diesem zweifachen Sinne ist das Gebet aktiv realisierte und darin zugleich empfangene *Gemeinschaft* mit Gott, vielleicht in seinem Verlauf auch ein Ringen, an dessen Ende das Einschlagen in den Willen und in das Walten Gottes und damit die aktualisierte Gemeinschaft mit Gott steht, eine Gemeinschaft, die nun auch im weiteren Leben fortbestehen und als tragende Kraft sich erweisen soll. Insofern ist das Gebet dann auch ein Anfang, ein immer neuer Ausgangspunkt eines Lebens und Handelns in Wahrheit und Wahrhaftigkeit. Das Gebet ist „die Gründung der Herrschaft Gottes über unser ganzes Leben."[43]

Die Doppelfrage „Was tun wir und was geschieht mit uns, wenn wir beten?" könnte nun noch weiter verfolgt werden in die Einzelheiten des Gebetsvollzuges und der Gebetserfahrung hinein. Wir könnten nach der inneren Dynamik des Gebets fragen, wie sich etwa Klage, Bitte, Lob und Dank zueinander ordnen.[44] Wir können das Gebet unter dem Gesichtspunkt des Lebenslaufes und bestimmter Lebenslagen in den Blick nehmen. Dabei wäre beispielsweise hervorzuheben, dass und wie Jugendliche im Zusammenhang mit Intimitätserfahrungen und einer erweiterten Wahrnehmung und Reflexion von Perspektivität[45] den ganz persönlichen Gott im Gebet suchen (Gott als besserer Vater, besserer Freund). Schließlich könnten wir auch nach Konsequenzen für die Gestaltung gottesdienstlicher Gebete fragen, damit auch sie als Einkehr in die Wahrheit vollzogen

---

[43] Hirsch, a.a.O. 39.

[44] Dazu Wilfried Härle, a.a.O. (s. Anm. 40) 233f. Ich würde allerdings nicht die oben gegebene und häufig anzutreffende Reihenfolge allein für die „originäre Bewegung des Gebets" halten. Es gibt auch gute Gründe, mit dem Dank zu beginnen.

[45] Vgl. James W. Fowler, Stages of Faith. The Psychology of Human Development and the Quest for Meaning, San Francisco 1981, 153. Die voll entwickelte Perspektivität wird dort in einem Couplet zusammengefaßt:

I see you seeing me
I see the me I think you see
I see you according to me
I see the you you think I see.

und erlebt werden können; wobei es nicht nur auf die Wortwahl und die thematische Ausrichtung, sondern auch auf das Verhalten des Liturgen ankäme. Man hat ja den Eindruck, als ob einige Geistliche hierfür gar keine Theorie zur Grundlage haben, sondern nach momentanem Gutdünken vor dem Altar agieren.[46] Statt alldem kehren wir abschließend noch einmal zum Thema der Personalität Gottes im Zusammenhang mit dem Gebet als Anrede Gottes zurück.

VII.

Was tun wir, wenn wir beten, und was geschieht mit uns, wenn wir beten? Ich habe das eine Doppelfrage genannt. Dieser etwas gezwungen klingende Ausdruck erscheint im Rückblick als gerechtfertigt. Denn es ist nicht so, dass Tun und Ergehen sich die Zeit des Gebets teilten, vielmehr geschieht hier etwas – nämlich das, was ich im letzten Teil beschrieben habe –, *indem* wir etwas tun. Wir empfangen schon, indem wir bitten. Wir werden befreit und beglückt, indem wir danken und loben. Wir werden Kinder Gottes, indem wir ihn als Vater anrufen. Wir werden zu Gottes Werkzeug und zu freiwillentlichen Mitarbeitern in seinem Reich, indem wir in seinen Willen einstimmen. Wir empfangen die Gemeinschaft mit Gott und das Leben, indem wir seine Kraft wirken lassen[47]. Dass Gott dann auch noch gibt über unser Bitten und Verstehen hinaus, darf ebenfalls gesagt werden.

Wenn das richtig und zustimmungsfähig ist für jeden, dem das Gebet nicht ganz fremd ist, dann erscheint die Personalitätsfrage noch einmal in einem neuen Licht. Denn wenn wir Gott im Gebet anreden – nicht nur durch die Anredeformel, sondern durch das ganze in bestimmten Bitten, Klagen und Danksagungen sich aussprechende Gebet –, dann erfassen und erfahren wir ihn als „lebendigen Gott" (als einen Gott, der Wirken, Wille und Liebe in Einheit und in unbegrenzter Gestalt ist), dem wir nicht nur via Schöpfung die Existenz unseres Personseins bzw. unserer Personalität, sondern auch deren Neuschöpfung, d.h. Vertiefung und Umformung und Neuausrichtung, also ihre Qualifikation und Identifikation im Sinne des Evangeliums verdanken.[48] Das heißt: Gott *ist für uns im Me-*

---

[46] Das betrifft z.B. die Frage, was zur Gemeinde und was zum Altar gewendet zu sprechen ist. Ein mit dem Gesicht zur Gemeinde gesprochenes Kollektengebet wirkt wie die Verlesung einer gemeinsamen Grußbotschaft.

[47] Hier treffen sich meine Überlegungen mit der Antwort, die Wilfried Härle in dem in Anm. 40 genannten Aufsatz auf die Frage gibt, wie das Bittgebet eine Wirkung haben kann, die ohne das Gebet nicht einträte, obwohl das Gebet doch Gott zu nichts bewegen kann, was er kraft seiner Eigenschaften (Allmacht, Allwissenheit, vollkommene Güte) nicht schon von sich aus geben will.

[48] Es darf in diesem Zusammenhang mit Wilfried Härle (vgl. das Vorwort seines Aufsatzbandes „Menschsein in Beziehungen. Studien zur Rechtfertigungslehre und Anthropologie", Tübingen 2005) daran erinnert werden, dass Luther die paulinische Formel „hominem iusti-

dium des Gebets, allgemeiner ausgedrückt: im Rahmen der erfahrenen und gelebten Gottesbeziehung, die im Gebet ihre Mitte hat, *Person, weil und indem er uns zur Person macht* – „macht" in dem Doppelsinne des Daseinlassens und des Geleits zur Erfüllung der Bestimmung unseres Personseins. Und nun wäre es willkürlich und auch verderblich für alle Frömmigkeit, dieses im Gebet erfasste Personseins Gottes unter den Vorbehalt eines „als ob" zu stellen. Nein, in der Gottesbeziehung *ist* Gott in Wahrheit *Person für uns*. Es wäre aber auch willkürlich und die Grenzen unserer geschöpflichen Möglichkeiten verleugnend, Gott in den Rahmen einer solchen relationalen Ontologie vollkommen einzusperren. Das heißt: Das „ist" des Personseins Gottes ist nicht ohne weiteres auf seine Aseität zu übertragen, deren Verborgenheit (bzw. verborgene Seite) ist nicht durch den Personbegriff aufzuklären; Gott *ist* Person als *Person für uns*.

Als Person für uns hat Gott einen *Namen*, der zuvor zwar unter den Titeln genannt wurde, aber von ihnen vielleicht noch einmal abzuheben ist, weil er allein dem Gott des christlichen Glaubens zukommt: *dreieiniger Gott*. „Großer", „allmächtiger", „ewiger", „barmherziger Gott" wird auch außerhalb des christlichen Glaubens gesagt; derjenige Titel, der ausschließlich dem auf christliche Weise verehrten Gott – ich sage bewusst nicht: dem Gott der Christen oder dem christlichen Gott – zugesprochen wird, der ist auch sein Name. Und das ist der Name, auf den wir getauft sind. Name und Titel bzw. Prädikationen interpretieren sich gegenseitig.

Gott als Person für uns – und nun die drei Personen der Trinität. Das klingt verwirrend. In der Tat kann sich hier das Denken verheddern. Aber auch das Gebet? Ich bin mir nicht sicher. Jedenfalls wissen wir uns im Gebet nicht gemäß der klassischen Trinitätslehre einer Substanz und drei Personen gegenüber, sondern wir rufen an *den* dreieinigen Gott als Person für uns, *den* Gott in persona, der sich in Christus offenbart hat und uns dessen durch die Kraft des Geistes gewiss macht. Als nicht ganz unproblematisch erscheint mir aber von daher die immer häufiger in Gottesdiensten zu erlebende *separate* Anrufung von Vater, Sohn und Geist im Gebet – nicht in den Liedern, in denen das auch allenthalben vorkommt. Ich kann mich hier zunächst nur auf mein Empfinden berufen, aber ich möchte entschieden dafür plädieren, die trinitarische Fassung z.B. des sogenannten Kollektengebets beizubehalten. Man darf natürlich die traditionelle Formel „Das bitten wir durch Jesus Christus, deinen lieben Sohn, der mit dir und dem Heiligen Geiste lebt und regiert von Ewigkeit zu Ewigkeit" durch andere, aber ebenfalls trinitarische Formulierungen variieren. Man sollte jedoch nicht das

---

ficari fide" als *Definition* des Menschen verstand, und zwar, da sie die philosophischen Aussagen über den Menschen als animal rationale corporeum et sensitivum zu integrieren und an ihren Ort zu stellen weiß, als *erschöpfende* Definition.

trinitarisch strukturierte Kollektengebet durch ein Gebet an Jesus, das manchmal auch recht simpel und betulich klingt, ersetzen. Aber ich will mich hier nicht weiter über liturgische Fehler, wie sie dann vor allem noch einmal im Allgemeinen Kirchengebet begangen werden[49], auslassen.

Stattdessen möchte ich hier auf folgendes hinaus: Es gibt zwei Lehrstücke, die jeweils das Ganze des christlichen Wirklichkeitsverständnisses in den Blick nehmen und die dann auch für den Geist des christlichen Gebets ausschlaggebend sind. Das eine ist die *Rechtfertigungslehre*, die innerhalb der Gottesbeziehung das Ganze aus der Perspektive des Menschen, der vom Evangelium ergriffen wird, zur Sprache bringt und die wir mit Recht für die Mitte und das Kriterium aller evangeliumsgemäßen Theologie halten. Das in dieser Lehre Gemeinte bestimmt auch zutiefst die ganze Haltung oder innere Einstellung des Gebets. Das andere ist die *Trinitätslehre*, deren Zugriff auf das Ganze dadurch erfolgt, dass sie es, wieder innerhalb der Gottesbeziehung, aus der Perspektive des Handelns oder Wirkens Gottes – und zwar seines gesamten in sich zusammenhängenden, systemisch verbundenen Wirkens in Schöpfung, Erlösung und Vollendung – vorstellig macht. Der „Name" verweist hier auf eine große und unüberbietbar reiche Erzählung.

Dieser weit gespannte Vorstellungshorizont wird nun durch die Anrede Gottes im Gebet gleichsam angeklickt und durch den doxologisch-trinitarischen Lobpreis seines Namens weiter ausgerollt. Wenn ich zu Beginn behauptet habe, dass das im Gebet etablierte Sprachspiel uns durch die Offenbarung in Christus aufgegeben ist und dass wir darin die Wahrheit selbst haben, dann möchte ich das jetzt erweitern durch die Verknüpfung des oratorischen mit dem trinitarischen Sprachspiel, wenn man sich so ausdrücken darf. Das trinitarische Sprachspiel, zu dem die neutestamentlichen Autoren die dreigliedrige Formel „Vater, Sohn und Heiliger Geist" bereitgestellt und das die altkirchlichen Theologen unter großen Mühen weiter ausformuliert haben, artikuliert unseren Vorstellungshorizont von Gottes Sein und Gottes Handeln – Gott *ist* die Verbindung von Vater, Sohn und Geist, und Gott *handelt* als Schöpfer, Erlöser und Vollender der Welt –, innerhalb dessen all unsere Gotteserfahrungen, unsere Gefühle, auch unsere Klagen und Schwierigkeiten ihren Platz haben. Es kommt darauf an, das trinitarische Sprachspiel nicht auseinander zu reißen, nicht wieder in Teile zu zerlegen. Denn es ist eine wesentliche Leistung dieses Sprachspiels sowie der

---

[49] Ich habe sie am Ende des in Anm. 16 angegebenen Aufsatzes aufgelistet. Unbedingt zu vermeiden ist: die Pädagogisierung des Gebets zum Zwecke der Gemeindeerziehung, die Belehrung Gottes durch Ausbreitung dogmatischer Distinktionen und Klauseln, die Indiskretion, die Irritation durch allzu konkrete Benennungen („Bruttosozialprodukt!", „Riesterrente" und dergl.), schließlich eine Überleitung zum Vaterunser, die dieses zur black box macht (nach dem Schema: alles, was wir sonst noch auf dem Herzen haben,...).

dogmatischen Trinitätslehre, vor Einseitigkeiten der Frömmigkeit und des Denkens zu bewahren. Wer es nur mit dem Vater zu tun haben will, landet bei einem abstrakten Theismus, dessen gedankliche Probleme mit Sicherheit größer sind, als diejenigen, die der Glaube an den dreieinigen Gott aufwirft.[50] Wer sich nur für den Sohn interessiert, ohne wahrzunehmen, dass in ihm das Wort Fleisch wurde, das am Anfang war und durch das alle Dinge gemacht sind, der hat den guten Menschen von Nazareth vor sich und bringt es bestenfalls zu einem jesuanisch getönten Humanismus. Wer nur den Geist akzentuiert, ohne zu bedenken, dass er „vom Vater und vom Sohne ausgeht", der wird früher oder später in irgendeiner Weise entweder zum Weltverächter oder zum Schwärmer und Enthusiasten wie weiland einige Leute in Korinth. Drei machen nicht nur ein Collegium, sondern ein System.

Es ist unsere Bestimmung als Menschen, uns auf das trinitarische Sprachspiel einzulassen, es mitzusprechen in Bekenntnissen, Liedern und Gebeten, es auch gedanklich auszuloten in der Theologie wie auch in der Predigt, kurz: uns in ihm einzuleben.

VIII.

Nachbemerkung: Ich habe für diesen Beitrag die Form des Essays gewählt. Ein Essay ist ein diszipliniertes Brainstorming. Man weiß nur ungefähr, worauf man hinaus will, und lässt seine Gedanken frei laufen mit dem Risiko von Umwegen, Abwegen und suboptimalen Formulierungen, aber auch mit der Chance, unterwegs einiges zu finden, womit man nicht gerechnet hatte – wie bei der „Verfertigung der Gedanken beim Reden" (Kleist). Das genaue Gegenteil des Essays ist ein Lexikonartikel, der erfolgreich durchlaufene Gedankengänge und sonstige wissenschaftlich-methodische Operationen voraussetzt und deren Ergebnisse übersichtlich gegliedert und in ebenso knapper wie präziser Formulierung vorlegt. Nun kann ich mir freilich einen Lexikonartikel mit dem Titel „Anrede Gottes im Gebet" schwerlich vorstellen, er würde etwa heißen: „Gebet. Praktisch-theologisch". Insofern ist die hier gewählte Form ihrem Inhalt vielleicht doch nicht ganz unangemessen.

---

[50] Analoges dürfte für die gefühlsmäßigen Probleme zutreffen. Christlich gilt eben nicht einfach ein schroffes Gegenüber von Gott und Mensch, das den Menschen klein macht. Durch den Geist Gottes bzw. Christi, der in uns wirkt und unserem eigenen Geist Zeugnis gibt, dass wir Gottes Kinder sind (Röm 8, 16), werden wir hineingenommen in das Leben des dreieinigen Gottes selber. Dieses Hineingenommenwerden impliziert die Willenseinheit zwischen Gott und Mensch, aber es ist noch mehr: Die Gabe des Geistes bewirkt, so Luthers kühne Formulierung im Kleinen Katechismus, dass wir „göttlich leben, hier zeitlich und dort ewiglich". Von einer „Theosis" des Menschen (Tuomo Mannermaa) sollte man gleichwohl nicht reden; wir erhalten Anteil an Gottes Leben, bleiben aber Geschöpf.

BUCHEMPFEHLUNGEN

Markus Knapp / Theo Kobusch (Herausgeber): Querdenker. Visionäre und Außenseiter in Philosophie und Theologie. Darmstadt: Wissenschaftliche Buchgesellschaft 2005. 299 Seiten. Gebunden. € 29,90 [Verlagsausgabe € 42,90]. ISBN 3-534-18385-1.

Dieses Buch hält nicht (ganz), was es verspricht. Denn von den auf der Rückseite angekündigten „Querdenkern" werden zwei sehr interessante leider gar nicht vorgestellt, nämlich weder Arthur Schopenhauer noch Walter Benjamin. Dennoch kann das Buch, das die überarbeiteten Vorträge einer an der Ruhr-Universität Bochum im Wintersemester 2003/04 und im Sommersemester 2004 gehaltenen, originellen Ringvorlesung mit dem Titel „Denker am Rande. Außenseiter, Ketzer und Querdenker im philosophisch-theologischen Diskurs" zusammenstellt und somit einer breiteren interessierten Öffentlichkeit zugänglich macht, durchaus zur Lektüre empfohlen werden.

Denn zum einen wird hier auf ebenso lehrreiche wie spannende Art an 25 Beispielen der abendländischen Geistesgeschichte deutlich, wie eng Philosophie und Theologie (und Literatur) zusammengehören und das eine nicht ohne das andere angemessen verstanden werden kann. Das gilt selbst für eine „rein" biblische Gestalt wie den Propheten Jeremia, mit dem die Reihe der „Querdenker" eröffnet wird, und auch für einen „reinen" Philosophen wie Georges Bataille, mit dem die Reihe schließt. Auch die beiden Herausgeber des Bandes, der Bochumer Professor für Fundamentaltheologie Markus Knapp sowie der Bochumer Professor für philosophisch-theologische Grundfragen Theo Kobusch stehen hier wie auch sonst persönlich für diese sachlich gebotene Zusammengehörigkeit überzeugend ein. Zum anderen erschließt sich die Theologie- und Philosophiegeschichte von der Antike bis zur Gegenwart nochmals überraschend anders, wenn sie aus der Perspektive von Außenseitern, Ketzern und eben „Querdenkern" betrachtet wird. Diese fruchtbare Leseerfahrung eines Perspektivenwechsels im ideengeschichtlichen Entdeckungszusammenhang stellt sich auch bei Vorläufern dieses Buches ein, wie z. B. bei W. Niggs schon klassisch zu nennenden „Buch der Ketzer" (1949) oder bei B. Gräfrath, Ketzer, Dilettanten und Genies. Grenzgänger der Philosophie (1993), um nur zwei Beispiele zu nennen.

Selbstverständlich ist es wie bei der Bestimmung von Orthodoxie und Häresie immer eine Frage des Standpunkts, von dem aus Querdenker oder Außenseiter benannt, oder von dem aus umgekehrt die „Normalen" oder die Insider festgestellt werden können. So sagt dann die Auswahl der Personen und Positionen sowie die Art der Darstellung auch etwas über das Denken und Urteilen der 25 Autorinnen und Autoren aus, die aus ihrer Perspektive jeweils eine(n) der vielen Querdenker vorstellen. Objektive Kriterien kann es hier naturgemäß nicht geben, auch nicht im Blick auf die größere oder geringere, aber niemals im Ganzen überschaubare Wirkungsgeschichte. Daher kann man natürlich fragen, ob die in diesem Potpourri dargestellten Personen und Positionen wirklich Außenseiter oder Querdenker sind. Bezweifeln mag man das z.B. bei Origenes und Plotin, bei Arius und Johannes Scottus Eriugena, bei Ralph Waldo Emerson oder Maurice Blondel, auch wenn sie vielleicht zu den weniger bekannten Denkern der Philosophie- und Theologiegeschichte zählen – obwohl auch das sehr relativ ist. Eher zutreffen mag eine solche Klassifizierung bei Petrus Johannes Olivi, Giordano Bruno und Jakob Böhme, bei Johann Georg Hamann und Georg Christoph Lichtenberg, Franz Overbeck und Simone Weil, auch wenn diese sogar recht gut bekannt sind. Außenseiter und Querdenker – hier gehen biographische, werkimmanente und wirkungsgeschichtliche Aspekte eine eigentümliche Mischung ein, die letztlich nicht zu klassifizieren ist. Daher ist es auch müßig zu fragen, warum andere bedeutende Außenseiter und Querdenker (wie z. B. Sören Kierkegaard oder Friedrich Nietzsche) nicht vorkommen. Und sind nicht selbst auch Thomas von Aquin oder Martin Luther Außenseiter und Querdenker in ihrer Zeit gewesen? Ein entsprechendes Problembewußtsein hinsichtlich der Auswahl und der Klassifizierung haben die beiden Herausgeber selbstverständlich auch (vgl. die Einleitung). Ihr Hinweis auf die umfassenderen methodischen Überlegungen bei Gräfrath ist zur Vertiefung hilfreich.

Nun wäre eine vom Normalen abweichende Form der Präsentation der Sache durchaus angemessen, aber außer der dezent „schrägen" Umschlaggestaltung ist die Form der Beiträge (mit ihrem m. E. nicht eben lesefreundlichen kleinen Druckbild) durch und durch konventionell: zumeist wird in den qualitativ unterschiedlichen Beiträgen (hervorragend z. B. der Beitrag von Christoph Markschies zur Gnosis oder der von Thomas Leinkauf zu Giordano Bruno) das Schema von Person, Werk und Wirkung verwandt, dazu weiterführende Anmerkungen und Literaturhinweise. Aber unabhängig von Methoden- und Formfragen: Außenseiter und Querdenker wahrzunehmen lohnt sich nicht zuletzt wegen der Profilschärfung des eigenen Standpunkts, zumal es nicht von vornherein ausgemacht ist, bei wem der Geist der Wahrheit zu finden ist und bei wem nicht. Insofern haben die Herausgeber Recht, wenn sie einleitend feststellen: „Was wären wir ohne die Denker am Rande, ohne die Außenseiter, Visionäre und Ketzer" (9)?

In kritischer Einstellung ist man immer Außenseiter, indem man nämlich nach übergeordneten Kriterien und Maßstäben sucht, um gleichsam von außen Spruch und Widerspruch einzuschätzen und zu beurteilen. Außenseitertum ist nicht immer deckungsgleich mit einer randständigen Position, sondern bezeichnet eine kritische Grundhaltung, die gegenüber allem, dem Etablierten wie auch dem Sonderlichen oder Ungewohnten angebracht ist. Gegenüber beiden Extremen frei zu bleiben und gerade dadurch Außenseiter zu sein, gilt prinzipiell für die Mystik, die in diesem Band anhand von mehreren Beispielen stark vertreten ist (neben Marguerite Porète auch Jakob Böhme, Franz X. von Baader, Maine de Biran, Gustav Landauer und Simone Weil). Auch hier gibt es noch viel Anregendes zu entdecken.

Mag das Buch bzw. das ganze Unternehmen der zugrunde liegenden Ringvorlesung methodisch auch anfällig für Kritik sein, so ist es doch insgesamt nach den Kriterien der antiken Rhetorik lesenswert, denn es belehrt (docere), bewegt (movere) und unterhält (delectare) in eins und zumal.

Kiel   Hartmut Rosenau

Wolfgang Janke: Plato. Antike Theologien des Staunens. Würzburg: Königshausen & Neumann 2007. 257 Seiten. Kartoniert. € 29,80. ISBN 978-3-8260-3520-3.

„Wir leben in einer präzisierten, entgöttlichten, abendländisch säkularisierten Welt. In ihr sind die antiken Theologien des Staunens wahrheitslos zerfallen" (33) und es wird „nur noch das als wirklich zugelassen, was präzise berechnet, hergestellt, abgemessen, verfügbar gemacht werden kann"[1]. Der weltgeschichtliche Vorgang der Weltpräzisierung, die Methode des universalen Zweifels (R. Descartes) und nihilistisches Mißtrauen (F. Nietzsche) haben die Erschließungskraft unmittelbaren Staunens verdrängt (34) und führen zu einem Absturz in Angst und Verzweiflung.

Der emeritierte Professor für Philosophie Wolfgang Janke lehrte u.a. in Köln und Wuppertal, war TRE-Fachherausgeber für Philosophie und ist Ehrenpräsident der Internationalen Fichte-Gesellschaft. Lange Zeit widmete er sich in vielen Studien vor allem Johann Gottlieb Fichte, dem Deutschen Idealismus und der Existenzphilosophie. Seit einigen Jahren betont Janke die Notwendigkeit der Wiedergewinnung verschütteter ästhetisch-poetischer und religiös-numinoser Wahrheitsstrukturen.[2] Mit seinem Buch über Plato kehrt er nun an den Anfang

---

[1] Wolfgang Janke, Kritik der präzisierten Welt, Freiburg / München 1999, 12.
[2] Vgl. Wolfgang Janke, Archaischer Gesang. Pindar – Hölderlin – Rilke. Werke und Wahrheit, Würzburg 2005; sowie die restituierende Fundierung glücklichen Lebens in der Offenlegung der zwei Lebenserfahrungen von Liebe (und Hass) und Tod (und Abschied) als span-

der Philosophie zurück und zwar unter der Leitperspektive einer Theologie des Staunens. Denn einen anderen Anfang und Grund als das Staunen gibt es für die Philosophie nicht (vgl. Platon, Theaitetos, 155d; Aristoteles, Met. I c. 1 982b11). Zugleich ist dieses umfassende Bild Platos unter Einbeziehung der Auslegung der klassischen Dialoge vor dem Hintergrund von Jankes vorausgegangenen Schriften zu verstehen, insbesondere der 1999 erschienenen Programmschrift „Kritik der präzisierten Welt"[3]. Durch das Abschneiden (*praecidere*: „vorne abschneiden") dieser Wahrheitsbezüge ist unsere Welt um ursprüngliche Daseins-, Welt- und Gottesbezüge gebracht worden. Des Menschen Sein-in-der-Welt ist nach einer längeren Vorgeschichte durch den von Nietzsche herbeigeführten Untergang der Sonne Platos orientierungslos geworden. Auch das Christentum ist nicht nur durch seine enge Verbindung mit dem Platonismus hiervon betroffen. Nietzsches antiplatonische Philosophie als „Kunst des Mißtrauens" (15) untergräbt das Gott-Vertrauen und beschwört den Nihilismus herauf. Der moderne Mensch bezahlt seinen Gewinn an Weltbemächtigung mit dem Verlust an Weltgeborgenheit (24): „Staunende Bewunderung, kosmotheologische Ehrfurcht schlagen um in ein Schaudern vor der Kälte und Weite trostloser galaktischer Räume" (25). „Und diese Unendlichkeit ist furchtbar, nämlich endlos, zeitlos, sinnlos" (36). In dem Abschnitt „Wie die ‚wahre Welt' endlich zur Fabel wurde" aus der „Götzen-Dämmerung" stellt Nietzsche die Hauptphasen der Geschichte eines epochalen Weltwandels heraus: „das Untergehen des platonischen Welttages im Verglühen der alten Sonne und den Anbruch eines neuen Welttages von der Morgendämmerung bis zum großen Mittag" (27). Diesen ersten Teil der dort geschilderten Niedergangsgeschichte nimmt Janke in seiner erneuten Lektüre der Schriften Platos zum Anlass, um die „lebenskräftige Wiederholung der platonischen Theologie des Staunens in der Nacht des Nihilismus"(27) und die „nihilistisch präzisierte Welt in integrum zu restituieren" (33). Die Präzisierung der entgötterten Erde und Gottesidee hat vor dem christlichen Gottes-, Welt- und Geschichtsglauben nicht halt gemacht (KdpW, 57) und stürzt eine Welt ohne Gott in die eigentliche Angst totaler Sinnlosigkeit und Seinsleere (34).

nungsvolle Grundbestimmung unseres Glücks: Wolfgang Janke, Das Glück der Sterblichen. Eudämonie und Ethos, Liebe und Tod, Darmstadt 2002. Vgl. auch zu den Vorüberlegungen u.a. ders., Staunen – Zweifel – Mißtrauen. Wie der Gott der Philosophen zur Chimäre wurde, in: Theologie zwischen Pragmatismus und Existenzdenken. FS H. Deuser, hg. v. G. Linde u.a., Marburg 2006 (MThSt 90), 415-427; ders., Art. Philosophie, in: TRE 26 (1996), 531-560, bes. 553-557; ders., Praecisio mundi. Über die Abschnitte der mythisch-numinosen Welt im Schatten der Götzendämmerung, in: Oswald Bayer (Hg.), Mythos und Religion, Stuttgart 1990, 31-57; ders., In-der-Zeit-Sein. Beispiele für eine postmetaphysische Kategorienlehre, in: Krisis der Metaphysik. FS W. Müller-Lauter, hg. v. Günter Abel u. Jörg Salaquarda., Berlin / New York 1989, 389-416.

[3] S. o. Anm. 1. Nachweise aus diesem Buch finden sich im Text versehen mit der vorangestellten Abkürzung KdpW.

Die so analysierte Präzisierung bringt die unheilvolle, zersetzende und unrechtmäßige Zerstörung menschlichen In-der-Welt-Seins ans Licht. Eine dieser Zergliederung zugehörige Synthese sollte diejenigen Grundbezüge des Daseins wieder heilend zusammensetzen, die ohne Recht und Berechtigung abgeschnitten wurden (37). Damit wendet sich Janke bloß gegen den Alleinvertretungsanspruch, nicht aber gegen das Recht der rationalen Welterklärung für die Wahrheit und über das Wirkliche (KdpW, 263). Es geht ihm nicht um die Ersetzung des dialektischen Logos durch irrationalen Glauben, dichterische Bilder oder mythische Geschichten – das würde nur eine verheerende Gegenpräzisierung heraufbeschwören –, sondern um seine Bewahrung mittels einer existenzialontologischen Vertiefung seines Prinzips. Ein Versehrtes, Geschädigtes, Verstümmeltes (durch Präzisierungen Abgeschnittenes) wieder ganz und heil zu machen, ist Jankes Anliegen. Das Wort *restituere* heißt in der römisch-lateinischen Alltagssprache „etwas wiederherstellen, an seine frühere Stelle zurückbringen, den ursprünglichen Stand wieder einrichten", in der Rechtssprache ist die Restitution die Aufhebung eines unrechtmäßigen Zustands (37). Diese Restitutionssynthese hat sich zur Aufgabe gestellt, die nachweislich unheilvoll abgeschnittenen Seins-, Welt- und Gottesbezüge des Mythos, der Religion und der Dichtung wieder ins Ganze menschlichen In-der-Welt-Seins zusammenzuschließen. Die Wiederherstellung der dreifach-einheitlichen Welterschlossenheit aufgrund unseres noetisch-pragmatischen, poetisch-mythischen, numinos-religiösen Existierens im „Angang" der Dinge und Begebenheiten (KdpW, 14) ist Ziel seines existenzialontologischen Denkens. Die Leistungen einer intellektualistischen Weltorientierung sollen nicht geschmälert, aber die abgeschnittenen mythisch-poetischen und religiös-numinosen Daseins- und Weltbezüge sollen angesichts einer Existenz-, Lebenswelt- und Seinsvergessenheit wieder zusammengeknüpft und kompatibel gemacht werden (KdpW, 59). Das Mythische als symbolische Handlung, Kunstreligion, stiftendes Dichterwort eröffnet eine autochthone sprachliche Seinsauslegung, die unabtrennbar zum Menschen gehört wie auch die Musik (KdpW, 59f.).

Insofern ist Jankes „originär philosophische Restitution der präzisierten Welt" (KdpW, 265) auch ein konstruktiver Beitrag zur Abwendung des Aufkommens und Gedeihens von pseudomythischer und pseudoreligiöser Weltanschauungen, die dort besonders auftreten, wo die Seinsbestimmungen der Ersten Philosophie und die Kategorien dichterisch-poetischer wie religiös-numinoser Weltbezüge unwirklich erschienen und zu Fiktionen herabsinken (KdpW, 265).

Eine restitutionssynthetische Besinnung auf die Theologie des Staunens steht vor einer vierfachen Aufgabe, die platonischen, philosophisch-mythischen, poetischen und neuplatonischen Fassungen ins Ganze der Wahrheit menschlicher Gottoffenheit komplementär zusammenzufügen (40). Das Grundverhalten, das

Schlüsselerlebnis von einem, der Einsicht in die letzten Gründe liebt, ist Staunen (43). Ein Freund der Philosophie muss sich gelassen darauf einlassen, einen offenen Problemstand einzugestehen, um ihn gründlicher zu durchdringen. Doch gilt es nicht im anstarrenden Anstaunen stehen zu bleiben, sondern sich auf den Weg eines aufbrechenden Aufsteigens zu machen, der ein immer tieferes Erstaunen abfordert und zu einem höchst Erstaunlichen heraufführt (44). Solche platonische Arche-Forschung beschließt sich im ungewöhnlichen theologischen Transzensus, dessen Voraussetzung existentielle Betroffenheit ist und Ausdruck plötzliches Erschrecken im Augenblick, da das Göttliche aufstrahlt (ékplexis).

Janke hebt in den folgenden Hauptteilen seines restitutionsphilosophischen Ansatzes der Interpretation von Platos einschlägigen Werken eine „viergestaltige Theologie des Staunens" (50) heraus, die allesamt wieder in das Recht ihrer existentialen Wahrheit eingesetzt und miteinander widerspruchsfrei versöhnt werden sollen, da sie sich sonst in ihrer geschichtlichen Ausformulierung gegenseitig präzisierend eliminieren: 1.) die poetische Theologie erstaunlicher Geschichten vom Widerspiel der Götter und Menschen auf der Höhe der Weltstiftung eines Homer, des Lehrers von ganz Hellas (Teil II, 53-94); 2.) die philosophisch ideengeleitete, transzendente Theologie der Schau des Erstaunlichsten: der unsäglich-unbegreiflichen Ursprungskraft Gottes unter der Besonnenheit dialektischen Aufstiegs zur Idee des Guten (Teil III, 95-127); 3.) eine Theologie philosophischer Mythen, komplementär eingefügt ins Ganze platonischer Daseinserfahrung: unvordenkliche Geschichten vom aufschreckenden Totengericht oder von der Staunen weckenden demiurgischen Schöpfung des kosmischen Wunderwerks (Teil IV, 129-163; 164-175 {Aristoteles}); 4.) die ‚negative Theologie' des überseienden Einen und der ekstatischen Vision mystischer Vereinigung der Seele mit dem göttlichen Seins- und Lichtgrund im Aufbau neuplatonischer Systeme vom epochalen Rang eines Plotin oder Proklos (Teil V, 177-198 {PARMENIDES}; 199-205 {Neuplatonismus}; Teil VI, 207-227 {Plotin}. So will Janke die Unmittelbarkeit platonisch-christlichen Staunens wiedergewinnen, das von den Fluten hinterfragenden Mißtrauens verschlungen und verschüttet scheint (51).

In einer eindrücklichen Interpretation im Anschluss an Heinrich Heine[4] beschreibt Janke die verheerenden Konsequenzen der Verunstaltung platonischer Ideen und der Verunglimpfung des theologischen Staunens in der Heraufkunft nihilistischen Mißtrauens als Ursache der Entfesselung der politischen Katastrophen des 20. Jahrhunderts und stellt auf wenigen Seiten in der Analyse antiplatonischen Verheerungen die zeitdiagnostische Kraft seines restitutionsphiloso-

---

[4] Vgl. aus Heines in Paris entstandene Schrift aus dem Jahre 1834 *Zur Geschichte der Religion und Philosophie in Deutschland:* „Es wird ein Stück aufgeführt werden in Deutschland, wogegen die französische Revolution nur wie eine harmlose Idylle erscheinen möchte." Hier zit. nach W. Janke, Plato, 233.

phischen Ansatzes unter Beweis (229-236). Das alte Gottvertrauen ist in die moderne Angst umgeschlagen, dass alles sinnlos sei (234). „Die eigentliche große Angst ist: *die Welt hat keinen Sinn mehr*" (Nietzsche, KSA 11, 626). Im Schatten solcher Weltverlorenheit gottverlassenen Daseins staunt der moderne Mensch nicht mehr über Sonne und Mond, über das Wunder und die Erhabenheit des bestirnten Himmels und schon gar nicht mehr darüber, als Gottes Ebenbild (*imago Dei*) auf gottgeschaffener Erde als Sinn der Schöpfung zu leben (235). Angesichts dieser Erfahrungen von Angst, Sinnlosigkeit und Schrecken in der Moderne erscheint in unserer metaphysikfeindlichen und wissenschaftsgläubigen Atmosphäre eine philosophiegeschichtliche Wiederbelebung der von Plato gestifteten Welt- und Gottesbezüge unzeitgemäß. Dieses unzeitgemäße Philosophieren als Restitution verlorener Werte (237) wagt es trotzdem, auf den machtvollen Anfang der Antike zurückzugehen, „um die poetische, mythisch-philosophische und idealistisch-platonische Theologie ins Ganze unseres In-der-Welt-Seins einzubinden" (238). Daher formuliert Janke als Ziel seiner Plato-Restitution eine zweifache im Dasein fundierte Grundlegung: 1.) der Entwurf einer umfassenden ‚heilenden' Restitutionssynthese; 2.) die Freilegung des existentialen Grundes der Wahrheit. Die überkommene Zwei-Welten-Theorie (*mundus sensibilis – mundus intelligibilis*) bloß zu wiederholen reicht aber nicht mehr aus, da diese das Ganze theologischer Seinsbezüge weder vollständig ausfaltet noch sie zureichend eint. Sie schneidet inhaltlich die bedeutungsvolle Weltstiftung poetisch-mythischer Theologie ab und steigt systematisch über das sprachmächtige Dasein des Menschen zum transzendenten, namenlosen, unaussprechlichen Anfangs- und Einheitsgrund hinaus (238). Der existierende Mensch kommt so lediglich als physisch-metaphysisches Doppelwesen in den Blick, welches auf der verengenden, präzisen Definition des Menschen beruht, das den Logos im Sinne der Ratio hat (zôon lógon échon – *animal rationale*).

Das religiös-numinose Welt- und Gottesverhältnis sprachlich zu gestalten, das ist Dichterberuf. Hölderlin, der Sänger untergegangener griechischer Götterwelt, wiederholt eine poetische Theologie.[5] Das Werk der Dichter stellt die Welt ins Bleibende: „Was bleibt aber, stiften die Dichter" (Andenken, StA 2, 189). „Und was ich sah, das Heilige sei mein Wort" (Wie wenn an einem Feiertage; StA 2, 118). Dichter errichten ein Haus der Sprache, in welchem der Mensch menschlich zu wohnen vermag (240). „Voll Verdienst, doch dichterisch wohnet der Mensch auf dieser Erde" (In lieblicher Bläue; StA 2,372). Der Mensch ist also nicht nur ‚Bürger zweier Welten' (I. Kant), sondern Bürger von vorzüglich *vier* sprachlich gleichberechtigten Welten: der alltäglichen, empirischen Sinnenwelt (sensus), der übersinnlichen auf den wahren Logos bezugnehmenden Ideenwelt (logos), einer

---

[5] Vgl. ausführlich zu Hölderlin Janke, Archaischer Gesang (s.o. Anm. 2), 77-195.

vorwissenschaftlichen und überzeitlich lebendig gehaltenen mythisch-religiösen Welt (mythos) und der über Alltag und Logizität hinausgehenden poetisch-numinosen Welt (hymnos). Die überlieferte Idee des Menschen als *animal rationale* hat diese vierfache Wurzel des Seins-, Welt- und Gottesbezugs unserer Sprachlichkeit präzisierend abgeschnitten. Ihren überzeitlichen Einheitsgrund hat diese Vielheit und Vierfachheit in der Sprachlichkeit menschlichen In-der-Welt-Seins, „sofern und soweit unser Dasein das es angehende Göttliche ohne Mißtrauen staunend annimmt und dessen Angang vorbehaltlos und unverkürzt entspricht" (242).

Abschließend geht Janke auf die Frage nach dem Wahrheitsanspruch in den Sprachwelten der Theologien des Staunens ein, indem er den existentialen Wahrheitsgrund für den Anspruch antiker Theologien des Staunens aufdeckt: einst wie jetzt (243-245). Obwohl unsere Befindlichkeiten nichts an intellektueller Bestimmung von wahr und falsch hinzufügen können (*adaequatio rei et intellectus*), besitzen sie für unser Leben und Existieren eine ursprüngliche und unvermittelte Erschließungs- und Entdeckungskraft: „Ohne Furcht kennt das Dasein nichts Furchtbares, ohne Angst nichts unheimlich Beengendes, ohne Mißtrauen nichts Vorgetäuschtes und Verschlagenes, ohne Staunen nichts Ungewöhnliches und Erstaunliches" (243). Wie der Mißtrauische Vorgetäuschtes und Verstecktes wittert und aufdeckt, verfährt das Staunen, wenn es unmittelbar und plötzlich etwas erschließt, das unser gewöhnliches Verstehen und unser durchschnittliches Vermögen übersteigt. Das offenbarende Staunen ist existential wahr, weil es in einem eigenen Wahrheitsgrund menschlichen Daseins und Existierens gründet, nämlich in der existentialen Urkorrelation von Angang (Adienz: alltäglich: den uns angehenden Angang dinghafter Sachen, naturhafter Begebenheiten, geschichtlich-geschickhafter Geschehnisse; lat. *adire*, angehen) und Annahme (Attinenz; lat. *attinere*, festhaltenes Annehmen dessen, was mich angeht) (244).[6] Existential wahr ist demnach solches, was uns in der Fraglichkeit unseres unabschließbaren Existierens zeitlich, räumlich, innerlich treffend so angeht, erreicht und erschüttert, daß wir es für unsere Lebensweise und für unseren Existenzentwurf annehmen und in entschiedener Innerlichkeit aufnehmen (244). Eine attinierende Existenz erklärt: „Das geht mich persönlich an", eine retinierende Existenz weist das gleichgültig zurück: „Das geht uns überhaupt nichts an"(244) und verweigert sich dem Angang des Übersinnlichen, Staunen Erregenden – und tötet Gott (245). Die Haltung der Nicht-Attinenz ist dabei nicht mit Gelassenheit zu verwechseln, da wahre Gelassenheit das, was uns angeht, so ernst nimmt, dass sie Abstand dazu gewinnen zu sucht, um sich dann geduldig der Dinge

---

[6] Vgl. auch Janke, Das Glück der Sterblichen (s.o. Anm. 2), 20-22.

anzunehmen und sie frei sein zu lassen.[7] „In adienter Unmittelbarkeit geht das Seiende unser Existieren zu unserem Glück oder Unglück, Heil oder Unheil, in Freude und Schmerz an."[8] Unser endlich-sterbliches, ephemeres, alltägliches Existieren ist für das Außergewöhnliche offen, wie es insbesondere in dem alles überschattenden Beispiel der Unheimlichkeit des Todes, der uns unaufhaltsam angeht, entgegen Epikurs Meinung[9], deutlich wird. An Sokrates geschulte Ehrfurcht nimmt den Angang des Todes in das Leben und Sterben und für das Gedeihen der abgeschiedenen Seele in die ‚Umzüge' der sterblichen Seele und das Totengericht im Hades mit auf. Eschatologischer Mythos und göttliche Dinge sind hier existential ernstgenommen. Die Theologien des Staunens nehmen die göttlichen Dinge in unserem Existieren in den differenten Sprach-Welt-Erschließungen von Logos (Dialektik), Mythos (Kerygma) und Poesie (Hymnos) auf. Die Annahme solchen Angangs gewinnt den Wert einer Wahrheit, welche unsere ganze Seele umwendet (245). Wenn die Kunst des Mißtrauens die Wahrheit eines lebendigen, unser Leben und Sterben betreffenden Gottes nicht mehr retiniert und ein erschüttertes Staunen sie annimmt, kann durch diese uns angehende Wahrheit wieder zu Wort und in die Welt kommen. Dann dürfte sich die ganze Seele zur Helle der Gottoffenheit umwenden und das Erstaunliche der poetischen, mythischen, philosophischen Theologie in veränderter Welt in neuen Auslegungen wieder seine das ganze Dasein betreffende Kraft entfalten. Über der Eingangstür einer erneuerten Philosophie könnte wieder das Anfangswort der Griechen stehen: „Aufgrund des Staunens begannen die Menschen zu philosophieren: einst wie jetzt" (245).

In seinem Plato-Buch gelingt es Janke die drei alten Bestimmungen der Philosophie angesichts gegenwärtig erfahrener Gottesferne lebendig durchzuhalten (KdpW, 63): Philosophie als staunendes Fragen nach dem, was ist, als Lehre von der Wahrheit, die existenziell angeht und schließlich: Erste Philosophie kann wieder unsere Zeit in Gedanken fassen.

Janke lädt den Leser dazu ein, Plato neu durch die Brille seines systematischen Ansatzes zu lesen und liefert so ein ungewohntes Bild von Plato und seiner Wirkungsgeschichte. Das aber kann hilfreich sein, gegenwärtigen Herausforderungen konstruktiv zu begegnen: Die existentiellen Wahrheitsbezüge und die daseinserschließende Kraft der ästhetischen und religiösen Welterklärung zu lichten ist ebenfalls Aufgabe Systematischer Theologie, die im Grunde Existenztheologie ist, da es ihr auch um den ganzen Menschen in seiner Individualität und Eigentümlichkeit seiner Selbst-, Welt- und Gottesbezüge geht. Daher ist sie so

---

[7] Vgl. Janke, Das Glück der Sterblichen (s.o. Anm. 2), 21.

[8] Ebd.

[9] Epikur an Menoikeus: „Das schauerlichste Übel, der Tod, geht uns nichts an. Denn solange wir sind, ist der Tod nicht da; und wenn er da ist, sind wir nicht da."

verstanden auch zum Gespräch mit der Philosophie aufgefordert, um in Zeiten der Gottesferne und des Nihilismus' nicht den Unheilspropheten und Präzisionsanalytikern das Feld der Mensch-, Welt- und Gottesdeutung zu überlassen und das Staunen wieder neu zu entdecken.

Kiel   Philipp David

Ilze Kezbere: Umstrittener Monotheismus. Wahre und falsche Apotheose im lukanischen Doppelwerk. Göttingen: Vandenhoeck & Ruprecht / Fribourg: Academic Press 2007. 231 Seiten = Novum Testamentum et Orbis Antiquus / Studien zur Umwelt des Neuen Testaments, 60. Gebunden. € 39,90. ISBN 3-525-53960-6 / ISBN 3-7278-1573-6.

Darf man Menschen einen göttlichen Status zuschreiben? Die antike Welt hat diese Frage bejaht. Juden aber antworteten mit einem strikten Nein. Christen übernahmen ihre Ablehnung der Apotheose von Menschen, verehrten aber dennoch Jesus Christus wie eine Gottheit. Der Evangelist Lk gehört zu den wenigen Autoren des Neuen Testaments, der wahre und falsche Apotheose kontrastiert und sich wahrscheinlich Gedanken darüber gemacht hat, wodurch sie sich unterscheiden. Der Begriff Apotheose meint dabei nicht nur den staatsrechtlichen Akt der postmortalen *consecratio* von Kaisern, sondern jede Zuwendung göttlicher Ehren an eine Person, gleichgültig, ob sie vorübergehend oder dauerhaft, ob sie zu Lebzeiten oder nach dem Tode geschieht, ob sie die Erscheinung eines göttlichen Wesens in einem Menschen oder die Verwandlung eines Menschen in ein göttliches Wesen meint. Die Arbeit zeigt an erster Stelle ein *theologisches* Interesse an der Frage des Monotheismus: Warum verurteilt Lk die Verleihung eines göttlichen Status an Menschen auf der einen Seite und fordert sie auf der anderen Seite exklusiv für Jesus ein? Welche theologischen Kriterien lassen ihn zwischen beiden Formen von Apotheosen unterscheiden? Das Ergebnis ist: In den lk Erzählungen ist implizit ein Kriterium erkennbar. Wahre Apotheose geht exklusiv von Gott aus und richtet sich exklusiv auf Jesus; nur Gott kann die Initiative zu ihr ergreifen. Abgelehnt wird dagegen die Apotheose, die von Menschen ausgeht und sich auf Menschen richtet. Verwerflich ist insbesondere die Selbstapotheose – an erster Spitze die vom Satan selbst geforderte Apotheose, an zweiter Stelle die von Menschen akzeptierte Apotheose (Agrippa I.), am wenigsten aber Gerüchte, jemand sei „Gott", ohne dass die vergöttlichte Person mit diesen Gerüchten jemals konfrontiert wird (so Paulus in Malta), so dass in diesem Fall eine Selbstapotheose ausgeschlossen ist. Ein *religionsgeschichtliches* Interesse richtet sich auf die Frage, wie die lk Haltung zur Apotheose zwischen Judentum und Heidentum eingeordnet werden kann. Ist Lk ein ehemaliger Heide oder Gottesfürchtiger, der zwischen Verwerfung der Apotheose und Verständnis für sie schwankt? Religionsgeschichtlich steht er auf jeden Fall zwischen der apodiktischen Verwerfung jeder Apotheose im Judentum und der verständnisvollen Haltung der Apologeten, die mit der heidnischen Apotheose die Vergöttlichung Jesu erläuterten und verteidigten. Ein *historisches* Interesse im engeren Sinne führt schließlich zu der Frage, warum gerade Lukas offener als alle anderen neutestamentlichen Autoren die Apotheose von Menschen verurteilen kann. Könnte das mit der konkreten Entstehungszeit des lk Doppelwerks zusammenhängen: Erwogen wird dessen Entstehung kurz nach dem Sturz Domitians 96 n. Chr., als es in der römischen Gesellschaft Verständnis für die Kritik an der übertriebenen religiösen Verehrung von Kaisern gab. Die Christen konnten hier erleben, was im Magnifikat gesungen wird: „Er stürzt die Mächtigen vom Thron" (Lk 1,52).

Wie aber kam es zu der Apotheose von Menschen? Sie entstand bei den Griechen als Ausdruck spontaner Dankbarkeit für die Rettung in hoffnungsloser Lage. Sie wurde seit Alexander zum politischen Machtinstrument, wurde von den römischen Kaisern als postmortale Apotheose institutionalisiert, während sie im Volk (und in den Provinzen) schon zu Lebzeiten begann. Der wachsenden Bedeutung der Apotheose in der heidnischen Welt entsprach deren wachsende Ablehnung bei den Juden. In der Makkabäerzeit spielte sie nur indirekt eine Rolle. Der syrische Herrscher Antiochos Epiphanes verlangte von den Juden noch nicht, kultisch verehrt zu werden. Das tat erst Gaius Caligula, als er den Jerusalemer Tempel in ein Heiligtum des Kaiserkultes verwandeln wollte. Verwerflich ist vor allem seine *Selbst*apotheose. Lk macht bei seiner Interpretation der wahren Apotheose Jesu daher deutlich: Solch eine Selbstapotheose liegt bei Jesus nicht vor. Eine von Gott initiierte Apotheose wäre dagegen in jüdischen Traditionen tolerabel. Das zeigt der Traum des Mose beim Tragiker Hezekiel, in dem Gott dem Mose vorübergehend seinen Platz auf seinem Thron einräumt. Die Apologeten warben dann unter Hinweis auf die Apotheose im Heidentum um Verständnis für die Christologie. Lk wirbt dagegen nur um Verständnis für die irrtümliche Apotheose der Apostel, die er sowohl den sich bekehrenden Gottesfürchtigen (wie Kornelius) als auch den Heiden (wie dem Kerkermeister in Philippi und den Barbaren auf Malta) nachsieht: Diese Menschen haben ja mit Recht im Wirken der Apostel eine göttliche Macht gespürt. Ihr Irrtum besteht nur darin, dass nicht den Aposteln, sondern allein dem Herrn, der sie gesandt hat, ihre Verehrung gelten darf.

Einige Ergebnisse zur „wahren Apotheose Jesu" seien kurz dargestellt: Lk reiht Jesus in der Tauferzählung betont unter alle Menschen ein: Er wird zusammen mit dem Volk getauft und betet (Lk 3, 21–22). Wer betet, stellt sich nicht auf die Seite Gottes, sondern der Menschen. Die Initiative zu seiner Apotheose kommt exklusiv von oben. Das – und nicht eine heilsgeschichtliche Zäsur zwischen dem Wirken des Täufers und Jesu – dürfte der Grund dafür sein, dass der Täufer in der lk Tauferzählung ausgeschaltet wird: Er ist während der Taufe schon gefangen. Auch die Verklärungsszene (Lk 9,28-36) betont die Exklusivität der göttlichen Initiative. Wieder wird Jesus als Betender dargestellt. Er erwirbt seine Würde nicht aufgrund vorhergehender wunderbarer Taten: Lk lässt mit der „großen Lücke" den Seewandel weg, der Jesus in den Augen eines antiken Menschen als göttliches Wesen offenbart hätte (vgl. Mt 14,33). Die Reaktion des Petrus auf die Verklärung hat Lk (wie Mk) als Aussage über die Bedingungen wahrer Apotheose verstanden: Kein Mensch darf die Initiative zur kultischen Verehrung Jesu, zur Errichtung der drei Hütten, ergreifen, vor allem aber darf diese Verehrung nicht Mose und Elia in gleicher Weise wie Jesus zukommen. Erst die Stimme Gottes, die sich exklusiv Jesus zuwendet, ist die legitime Grundlage für seine Verehrung als Gottessohn. Die zweimal erzählte Himmelfahrt (Lk 24,50-53; Apg 1,9-11) ist der Höhepunkt der Apotheose Jesu: Jesus betet nicht mehr, sondern wird selbst durch Proskynese angebetet – im Kontrast zur Proskynese, die der Satan für sich gefordert hatte. Die Himmelfahrt wird in Analogie zu alttestamentlichen Entrückungsgeschichten, vor allem aber als Kontrast zur Kaiserapotheose erzählt: Sie findet nach dem Tod statt, wird von Zeugen beglaubigt und ist Anlass für die gute Nachricht, die in der *ganzen Welt* verkündigt werden soll. Auch die Apocolocyntosis nennt die Nachricht von der Himmelfahrt des Kaisers *bonus nuntius* (Apoc. 1,3).

Wie aber geht Lk mit den falschen Apotheosen von Menschen um? Er beurteilt sie differenziert: (1) Die aktiv eingeforderte Selbstapotheose wird apodiktisch verworfen. Sie ist eine satanische Versuchung. (2) Die passiv erfahrene Apotheose gilt als blasphemisch. Wenn sie Menschen widerfährt, haben sie die Pflicht, sie abzulehnen: Agrippa I. versagt dabei, Paulus und Barnabas bewähren sich. Davon zu unterscheiden sind (3) korrigierbare Apotheosen, die den Aposteln widerfahren: Petrus wird kniefällig von Cornelius verehrt, Paulus und Silas von dem Kerkermeister in Philippi. Die Apotheose wird hier von Menschen irrtümlich vollzogen, die auf dem Weg zum Christentum sind und durch ihren Irrtum über den Unterschied zwischen Heidentum und Christentum aufgeklärt werden können. Schließlich kennt Lk (4) eine tolerierbare Apotheose, die er geschehen lässt. Sie widerfährt Paulus auf Malta, führte aber nicht zu dessen Verehrung.

Im Zuge ihrer Untersuchung kann die Arbeit hin und wieder alte exegetische „Rätsel" einer Klärung näher führen: Lk nennt die Paulus und Barnabas gegen seine sonstige Gewohnheit in der Lystra-Perikope „Apostel" (14,4.14). Dass er hier den Sprachgebrauch einer Quelle übernimmt, erklärt nicht alles. Lk will vielmehr betonen: Die beiden Missionare sind *nur* Boten (*apóstoloi*). Die Verehrung, die ihnen entgegengebracht wird, darf eigentlich nur dem gelten, der sie gesandt hat. Ähnlich ist die Betonung des römischen Bürgerrechts in der Episode in Philippi zu erklären (Apg 16,25-34): Lk führt durch die wahrsagende Sklavin die beiden christlichen Missionare von vornherein als „Knechte Gottes" ein. Betont spricht sie von „diesen *Menschen*" (16,17), ebenso wie die anderen Philipper von „diesen Menschen" (16,20) sprechen. Auch die Missionare insistieren darauf, *Menschen* mit römischem Bürgerrecht (16,37) zu sein – und stellen sich so mit den Philippern, den Bürgern einer römischen Kolonie, auf eine Ebene.

Die letzte Apotheoseszene (Apg 28,1-6) ist eine Probe auf die Gültigkeit der bisherigen Auslegung. Denn hier wird die Apotheose des Paulus scheinbar akzeptiert. Der Erzähler verurteilt sie nicht. Paulus wird nach einem Schlangenbiss für einen Gott gehalten, weil er ihn überlebt. Die Arbeit kann auch diese erstaunliche Toleranz gegenüber der von Lk abgelehnten Apotheose erklären: Der Erzähler betont nämlich zwei Mal, dass es sich um „Barbaren" handelt, womit er die unverständliche Sprache der Inselbewohner meint. Paulus kann schon aus sprachlichen Gründen nicht verstehen, was die einfachen Menschen auf der Insel über ihn sagen. Die Apotheose vollzieht sich auch nicht in einer wahrnehmbaren rituellen Ausdrucksweise, in Proskynese, Opfer oder Akklamation. Darin unterscheidet sie sich von den bisherigen Apotheosen. Paulus wird am Ende mit allem versehen, wessen er *bedarf.* Götter wären bedürfnislos. Paulus ist ein Mensch. Nach den vorhergehenden Erzählungen hat der Erzähler dem Leser deutlich genug gemacht, dass jede selbstinitiierte Apotheose abzulehnen wäre.

Die Arbeit behandelt ein theologisch, exegetisch und historisch relevantes Thema, das so bisher nicht untersucht worden ist. Die Originalität der Arbeit liegt im Nachweis eines klaren und differenzierten Urteils im lk Doppelwerk über die Apotheose, das historisch zwischen Judentum und urchristlichen Apologeten einzuordnen ist. Dazu kommt ein biographischer „Subtext", der diese Heidelberger Dissertation aus dem Jahre 2004 zu einer lebendig geschriebenen Arbeit macht: Die Verfasserin stammt aus Lettland und hat in ihrer Jugend den kommunistischen Personenkult selbst erlebt. Ihre ruhige und sachliche Art trägt mehr zur theologischen Aufarbeitung solcher Erfahrungen bei als eine noch so gut gemeinte „engagierte" Exegese. Denn sie ist frei von Schwarz-Weiß-Malerei und entspricht so dem lk Doppelwerk, das in vielen Fragen differenziert urteilt.

Heidelberg Gerd Theißen

Menschenwürde in der säkularen Verfassungsordnung. Rechtswissenschaftliche und theologische Perspektiven. Herausgegeben von Petra Bahr und Hans Michael Heinig. Tübingen: Mohr Siebeck 2006. XIII, 417 Seiten = Religion und Aufklärung, 12. Kartoniert. € 59,00. ISBN 3-16-149021-5.

1. Die Würde des Menschen ist umstritten. In keinem anderen Begriff spiegeln sich deutlicher Hoffnung und Verhängnis der Neuzeit. Insofern tut Aufklärung gut, gerade in theologischer Hinsicht. Das Graduiertenkolleg des TAP beschäftigte sich 2005 mit diesem Thema, und nun liegen erste Zwischenergebnisse eines interdisziplinären Forschungsprojekts der FEST (Forschungsstätte der Evangelischen Studiengemeinschaft Heidelberg) in dem von *Petra Bahr* und *Hans Michael Heinig* herausgegebenen Sammelband „*Menschenwürde in der säkularen Verfassungsordnung*" vor. In 16 Beiträgen verhandeln Theologen, Philosophen und Juristen grundsätzliche wie konkrete Facetten der Menschenwürdethematik. Angeschnitten werden dabei Fragen eines Menschenrechtsuniversalismus ebenso wie die diversen Verschränkungen des Menschenwürdegrundsatzes aus Art. 1 GG mit Problemstellungen des Sozialstaates, des Medien- oder etwa Asylrechts. Schließlich bleiben auch bioethische Themen nicht außen vor, wenngleich sie sich leider auf den Lebensanfang konzentrieren. Wichtige Fragen am Lebensende (z.B. bzgl. der Patientenautonomie) bleiben ausgeklammert. Ein großer Vorteil des Bandes liegt in der Doppelung von Perspektiven auf ein jeweiliges Thema. Ebenfalls als leserfreundlich erweist sich, dass die Themenblöcke unabhängig voneinander gelesen werden können. Aus Platzgründen konzentriere ich mich im Folgenden auf einige wenige Beiträge.[1]

2. Den Auftakt macht *Stephan Schaede* (7–69) mit einer gründlichen ideengeschichtlichen Archäologie der Herkunft der Menschenwürdevorstellung. Er geht von der großen Varianz der Bedeutung von „Würde" und ihrer sprachlichen Ausdrücke aus. Unterschiedliche soziokulturelle Konstellationen können dabei auch in der Theologiegeschichte nachgezeichnet werden. Zu Recht stellt der Verf. die Originalität, die etwa der Renaissancephilosophie (v.a. Picos Oratio de hominis dignitate) zukommen soll, in Frage (vgl. 53ff.). Schaedes Entmythologisierungsprogramm verweist in dieser Sache auf vielfältige Bezüge im Mittelalter ebenso wie auf das durchaus anders gelagerte Freiheitspathos der Reformation. So gilt ganz allgemein, dass man sich vor „Ursprungslegenden" (67) hüten sollte. Eine Rückführung unseres heutigen Würdediskurses allein auf eine Transforma-

---

[1] Als Rechtfertigung für diese sehr beschränkte Auswahl mag der Leser in Betracht ziehen, dass einige, hier nicht verhandelte Themen (z.B. Lebensschutz oder die Universalismusthematik), in den beiden Marburger Jahrbüchern XIV (Ethik und Recht) und XVII (Menschenwürde) breite Berücksichtigung fanden.

tion des dignitas-Gedanken von der Antike in die Neuzeit verbleibt im Einseitigen.

3. Um zwei prominente Autoren der Theoriegeschichte, Martin Luther und Immanuel Kant, geht es im Beitrag von *Michael Moxter*, der sich *Unterwegs zum Recht* (73-91) befindet. Bei Luther ist für ihn der Gedanke der Würdigung des sündigen Menschen durch Gott zentral. Weniger schöpfungstheologisch ausgerichtet wird hier die Würde der menschlichen Person unbedingt und kontrafaktisch durch den deus iustificans verbürgt (vgl. 78). Damit einher geht die Umstellung von substanzontologischen zu relationsontologischen Kategorien: der Mensch wird das, was er ist, erst im Verhältnis zum Anderen (ebd.). Eine Argumentation, die sich nicht so ohne weiteres mit der Kantischen Perspektive verbinden lässt. Deren „unverzichtbare Behauptung, daß die Natur vernünftiger Wesen diese zu Zwecken an sich selbst macht" (84), lebt nach Moxter von Voraussetzungen, die sie selbst nicht garantieren kann. Denn Kants Versuch „den Würdebegriff auf ein solides, von der religiösen Tradition unabhängiges Fundament" (86) zu stellen, kommt nicht ohne seinen geschichtsphilosophischen „narrativen Umhof" (86) aus. Durch eine stärkere Betonung der Begründungsoffenheit von Art. 1 GG kann deutlich werden, wie abstrakte Verfassungsnorm und religionskultureller Kontext zusammenkommen können. Weil gilt: homo definiri nequit, ist der Rechtsordnung zu Recht ein ihr Unantastbares bleibend entzogen vorgegeben.

Im Anschluss daran klärt uns *Ulrich Haltern* (93-124) über die kulturgeschichtliche Brisanz des Menschenwürdebegriffs auf. Heiligkeit wird im Rückgriff G. Agamben als eine beständige Kategorie des Politischen angesehen und diese kommt in unseren Zeiten der Menschenwürdevorstellung zu (vgl. 93). Jede Kontextualisierung bedeutet daher eine Profanisierung. Was im protestantischen Rationalismus der Aufklärungszeit begann, mündet schlussendlich in einer Mischung aus Resignation und Emphase: „Es gibt nichts Heiliges mehr." (124) *Unsere protestantische Menschenwürde* – so der Titel der Abhandlung – gelangt über die Selbsteinholung der Säkularisierung an ihr Ende. Das Gift (!?) der Vernunft und die allseits dominierende Marktlogik tun ihr übriges, um das letzte noch verbleibende mysterium, das Wunder des Menschen, in Trivialität aufzulösen. (vgl. 116.118) „Wir haben Würde, weil es dort [sc. im Grundgesetz] steht." (122). Mit einer solchen Entzauberung freilich nimmt sich der Protestantismus zu ernst. Zugleich schafft er damit neuen Raum für Imaginationen des Sakralen im Politischen, für die nun statt des einzelnen Individuums wieder einmal gefährliche Größen wie Nation, Revolution oder Volk in Frage kommen (vgl. 124). Haltern bleibt bisweilen genauere historische Nachweise für seine These schuldig. Allerdings zeigt sein Beitrag auch, wie stark Schwellenbegriffe ihr Orientierungspotential einer produktiven Unschärfe verdanken.

4. Moralische und rechtliche Unbedingtheitsansprüche resultieren häufig aus Erfahrungen schockierenden Unrechts, wie sie in Diktaturen und Kriegen alltäglich sind. Prägnant kommt dies im Foltertabu zum Ausdruck, das als „Paradigma für Menschenwürdeverletzungen" (215) gelten kann. Wenig überraschend also, dass es wiederum Erfahrungen von Gewalt und Terror sind, welche Anlass zu seiner Infragestellung bieten. So fordern seit einiger Zeit namhafte Juristen und Politiker (durchaus im Einklang mit Teilen der Bevölkerung) rechtliche Ausnahmeregelungen vom Folterverbot. In Fällen des Staatsnotstands (also Krieg, Gefahren der inneren Sicherheit etc.) bedürfe es eindeutiger juristischer Kriterien, so das Kernargument, um notwendige Güterabwägungen im Bereich von Art. 1 und 2 GG vornehmen zu dürfen. Dagegen argumentiert *Ralf Poscher* (215-231) aus verfassungsrechtlicher Perspektive völlig überzeugend, dass derlei Aufweichungen des Foltertabus aufgrund sog. Ticking-bomb-Szenarien den tragischen Charakter solcher Fälle nivelliert. Zudem steht damit der Eigenstand von Recht und Moral, also ein Grundpfeiler unserer Rechtskultur selbst auf dem Spiel (vgl. 221). Es zeugt von wohltuendem Realismus, wenn Poscher resümiert: „Das Recht kann uns vor tragischen Entscheidungen zu seiner Rettung", die auch Schuld implizieren, „nicht bewahren:" (230).

Die Ablehnung einseitig an Ausnahmesituationen orientierter Betrachtungen von Recht und Moral teilt Poscher mit *Johannes Fischer* (233-248). „Alle Ausnahmefälle (...) müssen Ausnahmefälle bleiben und dürfen nicht zu Regelfällen gemacht werden." (248). Entscheidend ist, dass der Menschenwürdebegriff wieder in seiner sittlichen Orientierungsfunktion verstanden wird, der dazu anleitet, „was einem Menschen qua Menschen angemessen oder unangemessen ist." (241). In ihm wird artikuliert, was in konkreten Szenarien vermittelt und intuitiv erfasst wird. Der Beitrag protestantischer Rechtfertigungslehre hierzu liegt nicht zuletzt in der Unterscheidung von Täter und Tat. Man kann Fischers Ausführungen als kleine Zusammenfassung seiner ethischen Theorie lesen, die er an anderer Stelle ausführlicher dargelegt hat (vgl. zuletzt: Sittliche und moralische Orientierung, in: ThLZ 130 [2005], 471-487). Weil im Menschenwürdegedanken etwas Kategorisches zum Ausdruck kommt, das nicht erlaubt, Umstände anzunehmen, die einem Menschen seine Würde nehmen können, stellt bereits das Räsonnieren über eventuelle Güterabwägungen in diesem Bereich einen Tabubruch dar (vgl. 242ff.). Fischers Beitrag befasst sich zwar nur stellenweise mit der Folterthematik, ist dafür aber in seiner klaren Argumentation und seiner verständlichen Sprache vorbildlich.

5. Letzteres Lob gebührt auch *Klaas Huizing*. Er befasst sich exemplarisch anhand von Linn Ullmanns Thesenroman „Gnade" und der US-amerikanischen Serie „*Six Feet Under*" (335-349) mit Menschenwürde als Topos in den Medien. Ob Medien durch Inszenierungen einer Liebesreligion, die Menschen auch im

Sterben nicht allein lässt, trösten können, mag dahin gestellt sein (vgl. 336, 345ff.). Dass der Menschenwürdediskurs auf sensible ästhetische wie narrative Darstellungen angewiesen ist, scheint mir unabweisbar. Huizing plädiert folgerichtig für eine Theologie, die sich als „Gesten-Wissenschaft" (348) versteht. Sie bemüht sich wesentlich um Aufmerksamkeits- und Gefühlsschulung. Hierzu bedarf es medialer Inszenierungen von „Beispielen mit gelungenen, fiktionalen aber durchaus authentischen Lebensgeschichten" (349). Nur sehr bedingt lassen sich solche Gedankengänge allerdings auf die Ausführungen von *Martin Eifert* (321-334) beziehen. Als Jurist liegt sein Interesse naturgemäß eher auf dem Feld des Persönlichkeitsschutzes (von Individuen) in den Medien. Hierbei ist zu unterscheiden zwischen medialer Berichterstattung *über* Individuen und der Tatsache, dass sich Betroffene *freiwillig* zum Gegenstand von Medienberichterstattung machen. Gewichtiger noch erscheint die Frage, wie weit aus Art. 1 GG der „medialen Verbreitung selbst" Schranken gezogen werden können, und zwar „wegen ihrer gesellschaftlichen Wirkungen." (vgl. 329f.) – Big-Brother is watching you. – So problematisch manche Entwicklungen im Bereich massenmedialer Darstellungen auch sein mögen, Eifert plädiert für eine vorrechtliche Lösung, mithin für „eine verstärkte Selbstreflexion der Medien im Sinne ihrer gesellschaftlichen Verantwortung" (333; Stichwort: freiwillige Selbstkontrolle!). Ob jedoch säkulare Gesellschaften – jenseits von Jugendschutzbestimmungen – im Kommunikationsbereich keine Tabus mehr kennen dürfen (vgl. 332), bleibt zumindest diskussionswürdig.

6. Nicht ganz einfach zu verstehen, ist schließlich der Aufsatz von *Philipp Stoellger* (368-403) zur Menschenwürde des Fremden und der Fremdheit der Menschenwürde. Umso mehr wird freilich derjenige entlohnt werden, der sich der Mühe eines in diesem Falle sehr lohnenden Fremdverstehens unterzieht. Stoellger macht sich auf die Suche nach der Genesis der Geltung von Menschenwürde. Er gelangt dabei zur „Wahrnehmung des Fremden als orientierende ‚Urimpression' der Frage nach der Menschenwürde" (388). Hermeneutik im Zeichen bleibender Alterität kann in der Menschenwürde jedoch keinen universalen Integrationsort von Eigenem und Fremden im Sinne einer substantia communis mehr sehen. Vielmehr stellt diese eine laterale Größe, ein ‚Zwischen' beider Größen als locus communis dar (vgl. 392.400). Jenseits des Rechts begegnet in einem Humanismus des Anderen, in Antlitz und Anspruch des anderen Menschen das Andere des Rechts. Auf diese Weise gelangen wiederum andere Figuren ins Zentrum einer dennoch auf Universalisierung abzielenden Interpretation von Menschenwürde. Als Gabe verstanden lässt sie sich gleichsam „im Unterschied zum Tausch" (401) durch Teilen vermehren und vermitteln. Man hätte sich an dieser Stelle nur noch einen stärkeren Übergang in die normativen Niederungen des politischen Alltags gewünscht. Auch die Asyl- und Ausländergesetzgebung

müsste schließlich daran gemessen werden, wie stark sie Raum lässt für Fremderhaltung trotz permanenter Selbsterhaltung der eigenen Bezugsgrößen (Staat, soziale Sicherungssysteme, Nation).

7. Abschließend sei hinzufügt, dass an einem wesentlichen Punkt der Unterschied zwischen rechtswissenschaftlicher und theologisch-philosophischer Bearbeitung des Themas offenkundig wird: die Juristen schreiben das klarere und verständlichere Deutsch. Ihre Beiträge sprechen (mehr als andere) für sich. Das Programm der Buchreihe, „Religion und Aufklärung", erhält so noch einmal eine ganz eigene Bedeutung. Von daher kommt insbesondere die Theologie an *Petra Bahrs* Feststellung nicht vorbei: „Wer die Macht der Würdeanmutung verstehen will, muß auf das Rhetorische achten. Würdediskurse sind in erster Linie Überzeugungsdiskurse" (410).

Heidelberg   Christian Polke

Eilert Herms: In Wahrheit leben. Predigten. Leipzig: Evangelische Verlagsanstalt 2006. 424 Seiten. Kartoniert. € 24,00. ISBN 3-374-02368-1.

Leser, die sich mit dem wissenschaftlichen Werk von Eilert Herms beschäftigt haben, werden diesen Band, der 26 Predigten aus zweieinhalb Jahrzehnten enthält, mit Interesse zur Hand nehmen. Steht denn diesem gewiss als klar, aber auch als schwierig weil hohe Ansprüche an die Konzentrationsfähigkeit der Leser stellenden Systematiker überhaupt die Sprache der Predigt zu Gebote? Die Antwort ist eindeutig: Ja! Mehr noch: Diese Predigten zeigen, wie sehr systematische Klarheit eine unerlässliche Bedingung für das Gelingen jeder Kanzelrede ist. Sie widerlegen auch das abgeschwächte homiletische Vorurteil, dass zwar nicht schon klares Denken, wohl aber dessen Geschlossenheit in einer einheitlichen und bruchlosen Konzeption homiletisch abträglich sei.

Die theologische Konzeption dieses Predigers, die hier nicht im Einzelnen nachgezeichnet werden kann, wird nun aber in den Predigten nicht einfach auf die Verstehens- und Handlungspositionen der Hörer appliziert – nirgends wird deduziert –, sondern Herms lässt sie, und zwar hinsichtlich ihrer Grundlinien, im Hörer seiner Predigten gleichsam ab ovo entstehen, jeweils natürlich unter bestimmten erlebnisorientierten oder textspezifischen Aspekten. Das ist geradezu das theologische Grundcharakteristikum dieser Predigten: Sie rekurrieren beständig auf die Erlebnisgegenwart des Hörers und wissen sich dabei in Übereinstimmung mit den biblischen Texten, die uns zurufen: „Öffnet Herz und Sinn für die Gegenwart des Lebens, wie ihr sie selbst erlebt. Nehmt ernst, was das Erleben der Wirklichkeit euch zu verstehen gibt..." (5) Das entsprechende Hinsehen richtet sich auf zweierlei: Einmal auf das Bekannte und Vertraute und das, was in ihm grundsätzlich, d. h., bezüglich der dauerhaften Züge des Daseins, aufscheinen *kann* und in kontingenter christlicher Wirklichkeitswahrnehmung *faktisch* aufscheint. Zum anderen auf das, was unter dem Einfluss von Alltagsroutine, eingeschliffenen Denk-, Wahrnehmungs- und Bewertungsmustern sowie bestimmter Parolen des Zeitgeistes weithin aus dem Blick geraten ist, und zwar sowohl hinsichtlich der sinnlich-gegenständlichen Realität, als auch und ganz besonders hinsichtlich dessen, was allen konkret-gegenständlichen Impressionen und Handlungsimpulsen als Bedingung ihres Auftretens zugrunde liegt. So kann Herms beispielsweise anschaulich von konkreten Erlebnissen der Anwesenheit geliebter Personen und des Abschieds von ihnen reden, um dann den Blick zu lenken auf das „Geschehen von Anwesenheit" selbst (119ff.). Das umfassende Ziel dieser Predigten ist die „Aufgeschlossenheit für das Erleben unserer Lebensgegenwart selbst und als ganzer" (257), die dann im Glauben „als Tat Gottes" zu „erleiden" ist (146). Wobei aber dieses „Erleiden" des Daseins in seiner Kontingenz, Begrenztheit, Unvollkommenheit und Hinfälligkeit, aber auch in seinen glücklichen Höhepunkten „als Tat Gottes" eine solche Passivität ist, welche Lebensgenuss und Seligkeit nicht aus- , sondern einschließt (man vergleiche etwa die Predigt über das Paul-Gerhardt-Lied „Geh aus mein Herz und suche Freud") und im Blick auf das unfehlbare Vollendungshandeln Gottes unter der Verheißung ewiger Seligkeit als der vollendeten Gemeinschaft des Schöpfers mit seinen Geschöpfen steht; denn das Ganze des Weltprozesses „ist ein Werden zum Ende hin, ein Werden um zu enden" (400).

Der Lohn der Lektüre dieser Predigten ist ein erheblicher Gewinn an Sicht und Einsicht bezüglich des menschlichen Lebens in seiner strukturellen, individuellen und sozialen Gestalt in Einheit mit dem Wesen und der Leistungsfähigkeit des christlichen Glaubens. Dogmatisches, Ethisches und Ästhetisches sind in allen Predigten gemäß ihrem jeweiligen Thema eng miteinander verknüpft. Diese Verbindung gilt aber auch für den thematischen Gesamtbestand des Bandes, wie ein Blick auf die formal ganz unterschiedlichen Überschriften der Predigten zeigt: variatio delectat.

Damit ist schon gesagt, dass diese Predigten nicht nur in der beschriebenen Weise belehren, sondern auch erfrischen und erfreuen und damit alle Ansprüche erfüllen, die an christliche Rhetorik zu stellen sind. Die ungewöhnliche Länge der meisten Predigten mag einigen Lesern (wie wohl auch schon einigen Hörern) zwar etwas Mühe machen, aber die Diktion ist stets authentisch – Herms redet aus eigenem Erleben und gibt dabei auch signifikante biographische Details preis –, es gibt ausgesprochen amüsante und humoristische Passagen – ich verweise etwa auf die Predigten „Luxus" und „Den Seinen gibt's der Herr im Schlaf" – und man stößt immer wieder auf Überraschendes – so etwa in dem faszinierenden Loblied auf die „Einfalt".

Kritik? Kaum! Ein Prediger, der in so erfreulicher Weise neuartig formuliert, sollte vielleicht etwas vorsichtiger sein mit der Redefigur „das und das ist nichts anderes als ..."; denn der Hörer, dem die dann folgende originelle Formulierung neu ist, könnte sich fragen, ob er bisher zu wenig begriffen hatte.

Der Umschlag des Bandes zeigt Adolph Menzels „Ballsouper", eine passende Bildwahl. Denn das Christliche manifestiert sich nicht als religiöser Zusatz zum Leben, sondern zunächst als dessen Korrektur und dann als „ein besonderer Stil dieses unseren normalen Lebens selbst" (347).

Kiel   Reiner Preul

Andreas Kruse: Das letzte Lebensjahr. Zur körperlichen, psychischen und sozialen Situation des alten Menschen am Ende seines Lebens. Stuttgart: Kohlhammer 2007. 274 Seiten mit Abbildungen = Grundriss Gerontologie, 21 (Urban-Taschenbücher, 771). Kartoniert. € 19,80. ISBN 3-17-018066-5.

Andreas Kruse ist ein international bekannter und hoch angesehene Heidelberger Gerontologe, der nicht nur unsere Bundesregierung, sondern auch den Generalsekretär der Vereinten Nationen in Fragen der Alterns und des Alters berät. Er hat in diesem Taschenbuch, das zugleich der 21. Band der Reihe ‚Grundriss Gerontologie' ist, als Ergebnis seiner langjährigen und vielfältigen Forschungsarbeit zur Situation alter, insbesondere altersdementer Menschen acht Studien mit einer ausführlichen Einführung veröffentlicht, in denen ein weiter, umfassender thematischer Bogen abgeschritten wird. Das beginnt mit deskriptiven Befunden über Todesursachen, spezifische Krankheitskonstellationen und die Vorbereitung auf den Tod; es analysiert (unter partieller Rehabilitierung des Phasenmodells von Kübler-Ross) die psychische Situation sowie die religiösen und spirituellen Bedürfnisse schwerkranker und sterbender Menschen, thematisiert dann Einstellungen gegenüber Sterben, Tod und Sterbehilfe sowie das Themenfeld der aktiven Sterbehilfe und des ärztlich assistierten Suizids. Den Abschluss bildet die Analyse von Komponenten und Rahmenbedingungen einer fachlich und ethisch fundierten Sterbebegleitung.

Jedes Kapitel wird abgeschlossen mit einigen Kontrollfragen, die vermutlich für diejenigen, die den ‚Grundriss Gerontologie' als Studienmaterial verwenden, als Lesehilfe und als Verständniskontrolle dienen, aber durchaus auch für andere Leserinnen und Leser hermeneutisch hilfreich sein können und für Unterricht und Erwachsenenbildung sehr gut Anregungen bieten. Literaturangaben am Ende der einzelnen Kapitel sowie – sehr ausführlich – am Ende des Buches (240-267) sowie ein anschließendes ‚Sachwortverzeichnis' erhöhen den Informationsgehalt und die Benutzbarkeit dieses Taschenbuches.

Will man Kruses eigene Konzeption, sozusagen sein ‚gerontologisches Credo‘ kennen lernen, so befasst man sich am besten gründlich mit dem Abschnitt 9.2 (201-212), wo er sein Konzept von ‚Selbstverantwortung im Sterben‘ (nicht: Selbstbestimmung! erst recht nicht: Autonomie!) einfühlsam und gut nachvollziehbar in sechs Aspekten darstellt.

Zu den für theologisch gebildete bzw. interessierte Rezipienten besonders interessanten Charakteristika und Elementen des Buches gehören die Passagen, in denen der Verfasser, ein aus theologischen Gründen von der katholischen in die evangelische Kirche konvertierter überzeugter Christ, auf die Fragen von Religiosität und Spiritualität im Prozess des Sterbens zu sprechen kommt (so z. B. 132-136). Dabei wird freilich auch auf eine durchaus bedrückende Weise deutlich, dass sogenannte ‚extrinsische Religiosität‘, d. h. eine Religiosität, bei der „religiöse Akte primär aufgrund eines verbindlich betrachteten Normenkodexes ausgeübt“ werden (134), nicht zu einer Erleichterung, sondern offenbar eher zu einer Erschwerung des Sterbens und zu einer Erhöhung der Werte auf den Depressionsskalen führt.

Eine erwähnenswerte Besonderheit dieses gut lesbaren Buches besteht schließlich darin, dass der Verfasser von seinem immensen Kenntnisreichtum im Bereich der Lyrik (sowie anderer Literatur) reichlich Gebrauch macht, wodurch der Band auch zu einer Fundgrube qualitativ hochwertiger Gedichte zum Thema Alter, Lebensende, Sterben und Tod wird.

Für alle, die sich persönlich oder beruflich mit der Begleitung von Menschen am Lebensende und/oder im Zustand der Demenz befassen (müssen) oder die diese Thematik im schulischen Religionsunterricht, in der Konfirmandenarbeit oder im Rahmen der Erwachsenenbildung behandeln wollen, steht mit diesem Band ein vorzügliches, anregendes, hilfreiches Nachdenk- und Arbeitsmittel zur Verfügung.

Heidelberg   Wilfried Härle

MARBURGER THEOLOGISCHE STUDIEN

herausgegeben von

Hans Graß und Werner Georg Kümmel

ab Band 19 herausgegeben von

Wilfried Härle und Dieter Lührmann

ab Band 100 herausgegeben von

Friedhelm Hartenstein und Michael Moxter

Auswahl (ab Band 80):

Band 80: Systematisch praktisch. Festschrift für Reiner Preul. Hrsg. von Wilfried Härle, Bernd-Michael Haese, Kai Hansen und Eilert Herms, 2005.

Band 81: Volkmann, Stephan: Der Zorn Gottes. Studien zur Rede vom Zorn Gottes in der evangelischen Theologie, 2004.

Band 82: Kutting, Dirk: Gesinnungsbildung. Die humanistische Schul- und Bildungstheorie Hartmut von Hentigs in theologischer Sicht, 2004.

Band 83: Latzel, Thorsten: Theologische Grundzüge des Heidelberger Katechismus. Eine fundamentaltheologische Untersuchung seines Ansatzes zur Glaubenskommunikation, 2004.

Band 84: Marburger Jahrbuch Theologie XVI. Das Selbst in der Evolution. Hrsg. von Wilfried Härle und Reiner Preul, 2004.

Band 85: Patristica et Oecumenica. Festschrift für Wolfgang A. Bienert. Hrsg. von Peter Gemeinhardt und Uwe Kühneweg, 2004.

Band 86: Russische Religionsphilosophie und Theologie um 1900. Hrsg. von Karl Pinggéra, 2005.

Band 87: Holtmann, Thomas: Die Magier vom Osten und der Stern. Mt 2,1-12 im Kontext frühchristlicher Traditionen, 2005.

Band 88: Spengler, Franziska Friederike: Kindsein als Menschsein. Beitrag zu einer integrativen theologischen Anthropologie, 2005.

Band 89: Marburger Jahrbuch Theologie XVII. „Menschenwürde". Hrsg. von Wilfried Härle und Reiner Preul, 2005.

Band 90: Theologie zwischen Pragmatismus und Existenzdenken. Festschrift für Herrman Deuser, hrsg. von Gesche Linde, Richard Purkarthofer, Heiko Schulz und Peter Steinacker, 2006.

Band 91: Künstliche Intelligenz und menschliche Person, hrsg. von Wolfgang Achtner, Johannes Dittmer, Anja Haag, Christoph Keil, Martin Jung, Heike Preising, Axel Schumann-Luck, Vladislav Soskin, 2006.

Band 92: Lehmeier, Karin: Oikos und Oikonomia. Antike Konzepte der Haushaltsführung und der Bau der Gemeinde bei Paulus, 2006.

Band 93: Bäder-Butschle, Ivo: Interpretation der moralischen Welt. Michael Walzers Philosophie der moralischen Praxis als Impuls für die theologische Ethik, 2006.

Band 94: Marburger Jahrbuch Theologie XVIII. „Verstehen über Grenzen hinweg". Hrsg. von Wilfried Härle und Reiner Preul, 2006.

Band 96: Stock, Konrad: Die Gegenwart des Guten. Schriften zur Theologie, 2006.

Band 100: Menschenbild und Theologie. Beiträge zum interdisziplinären Gespräch. Festgabe für Wilfried Härle, hrsg. von Frank-Martin Brunn, Alexander Dietz, Christian Polke, Sibylle Rolf, Anja Siebert, 2007 (in Vorbereitung).

Band 101: Marburger Jahrbuch Theologie XIX. „Personalität Gottes". Hrsg. von Wilfried Härle und Reiner Preul, 2007.